대한민국
다시
걷고싶은
길

대한민국

다시 걷고 싶은 길

사단법인 한국여행작가협회 지음

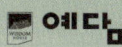

머리말

인생의 무게를 내려놓고
발걸음마다 소중한 추억을 쌓는 길

사단법인 한국여행작가협회의 새로운 공동 저작물이 마침내 세상 빛을 보게 됐습니다. 2003년 『7인7색 여행 이야기』 이후 열 번째 출간하는 소중한 결과물입니다. 새로운 저작물이 태어나기까지는 많은 노력과 시간과 열정이 필요합니다. 우리의 열 번째 저작물도 여러 여행작가들의 땀이 있었기에 가능했습니다. 이번에는 모두 16명의 여행작가들이 참여해 '길'이라는 주제로 재미있는 이야기 보따리를 풀었습니다. 각자 다른 시선으로 바라본 작가들의 이야기가 자못 궁금해집니다.

요즘은 '걷기'와 '힐링'에 대해 모두들 관심이 많습니다. 이 두 마리 토끼를 잡기 위해서는 자연으로 나가야 합니다. 다소 투박해 보이는 산길과 숲길과 바닷길을 천천히 걷습니다. 그리고 때론 그 길에서 마음씨 좋은 사람들을 만납니다. 사랑하는 연인, 가족, 친구들과 함께 한적한 길을 걸으며 소곤소곤 이야기를 나누는 풍경…… 상상만 해도 행복하지 않은가요?

그러면 어디로 가야 할까요?

바로 그 해답이 이 책에 있습니다. 우리나라의 수많은 길 가운데 50여 개를 엄선했습니다. 우선 많은 사람들이 궁금해 하는 제주 올레길, 지리산 둘레길, 북한산 둘레길, 동해 해파랑길을 심도 있게 다뤘습니다. 숲을 좋아하는 사람들을 위해서는 제주 사려니숲길, 울진 금강소나무숲길, 평창 오대산 천년의 숲길 등을 소개했습니다. 바다를 좋아하는 사람들을 위해서는 부안 변산마실길, 군산 신시도길, 태안해변길 등을 소개했습니다. 수도권에 사는 사람들을 위해서는 강화 나들길, 고양 서오릉길, 양평 두물머리 물래길 등을 소개했습니다. 그리고 많이 알려지지는 않았지만 재미있는 이야깃거리가 있는 예천 비룡산 둘레길, 경주 선덕여대왕길, 고창 선운산 뒤편길, 예산 느린꼬부랑길 등도 비중 있게 다뤘습니다.

  길을 걸으면 얻는 것이 참 많습니다. 그 장점들을 굳이 일일이 열거하지는 않겠습니다. 그렇지만 이것 한 가지는 꼭 기억해 주십시오. 길을 걸었던 장소보다는 함께 걸었던 사람과의 소중한 추억이 매우 오랫동안 지워지지 않는다는 것을…….

2014년 4월
사단법인 한국여행작가협회 회장
송일봉

CONTENTS

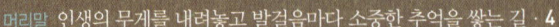

머리말 인생의 무게를 내려놓고 발걸음마다 소중한 추억을 쌓는 길 · 4

몇 시간쯤, 행복한 걷기 여행

걷고 또 걸어도 더 걷고 싶어지는 제주 올레길로 올래? 제주 올레길 | 이경
왼쪽 어깨에 바다를 걷는 우도 올레길, 천진항~우도봉 · 18
다채로운 제주 절경들로 지루할 틈이 없는 화순금모래해변~모슬포항 · 23
제주 올레의 진면목 애월 중산간 마을 길, 한림항~고내포구 · 29

삶의 무게를 지리산 깊은 계곡과 고을고을에 내려놓는 지리산 둘레길 | 박동식
길 위에서 아픔도 슬픔도 모두 치유하는 동강~수철 · 40
힘든 만큼 아름다움으로 보상받는 길, 어천~운리 · 46
조식 선생의 발자취를 따라가는 덕산~위태 · 52

도심에서 도심을 벗어나 자연의 위로를 받는 도시인의 힐링 로드 북한산 둘레길 | 채지형
단 몇 걸음으로 지상의 경계선을 넘어 천상으로, 소나무숲길~솔샘길 · 62
탕춘대성을 넘어 구름 타고 북한산 풍광을 즐기는 길, 옛성길~마실길 · 70
생생한 역사와 도봉산의 자연을 만날 수 있는 도봉옛길~왕실묘역길 · 76

햇빛도 달빛도 동해의 옥빛 바다와 일렁이는 길 동해 해파랑길 | 이신화
울창한 솔숲길, 청신한 기운 듬뿍, 강구터미널~영덕해맞이공원 · 88
푸른 바다, 그리고 먹을거리 풍성한 항구와 시내가 이어지는 속초해맞이공원~장사항 · 94
산소길 따라 바닷길 따라 내 마음도 함께 춤추는 곳, 거진항~마차진해수욕장 · 103

대한민국 골골이 숨겨진 힐링 로드

단 몇 발자국이면 검은 도시를 벗어나 초록빛 평화에 안길 수 있는 수도권

- 서울 　 아름다운 산책로와 토성 길을 걷는 즐거움, **몽촌토성길** | 유현영 · 114
- 서울 　 멀리 갈 필요 없잖아! 빌딩숲에서 만나는 자연, **서울둘레길 관악산 코스** | 이주영 · 120
- 서울·남양주 　 서울에 등 돌린 작은 산의 깊은 숲, **불암산 둘레길** | 진우석 · 126
- 인천 　 다채로운 풍경 속 강화의 역사와 문화를 돌아보는 심도역사문화길, **강화나들길 1코스** | 이민학 · 131
- 고양 　 늦가을 낙엽을 밟으며 걷는 '신들의 정원', **서오릉 길** | 이시목 · 136
- 시흥 　 갯골 방죽길 따라 소래포구 가는 늠내길, **갯골길** | 진우석 · 143
- 양평 　 북한강과 남한강이 조우하는 연꽃 길, **두물머리 물래길** | 이진곤 · 148
- 양평 　 산에는 생강나무 꽃, 마을에는 산수유 꽃이 지천! **추읍산 둘레길, 볼랫길** | 진우석 · 153
- 여주 　 아름다운 여강을 따라 옛 나루터의 이야기가 있는 길, **여강길** | 이진곤 · 158

숲길, 단풍길, 꽃길 따라 하늘까지 걸어가는 강원권

- 양양 　 남설악의 기암과 웅장한 계곡을 따라 걷는 길, **설악산 흘림골 트레킹** | 유정열 · 164
- 영월 　 산 따라 계곡 따라 강 따라 걷는 길, **동강 어라연길** | 임인학 · 169
- 인제 　 오색 단풍길 지나 점봉산 고갯마루에 오르는 **곰배령 트레킹** | 김혜영 · 173
- 정선 　 하늘과 맞닿은 야생화 꽃길, **하늘길** | 이종원 · 178
- 춘천 　 김유정의 삶과 문학을 따라가는 길, **실레이야기길** | 임인학 · 183
- 평창 　 천년을 이어온 숲의 지혜를 배우는 길, **오대산 천년의 숲길** | 구동관 · 188

일상의 시간을 멈추고 인생의 속도를 조율하며 소박한 풍경 속을 걷는 충청권

| 공주 | 백범의 상념이 실린 솔바람 따라, **마곡사 솔바람길** | 이주영 · 196
| 대전 | 억새와 갈대의 금빛 물결이 아름답게 반짝이는 추억길, **대청호반길** | 구동관 · 202
| 부여 | 금강 하류의 황홀한 풍경과 만나는 소나무 오솔길, **가림성 솔바람길** | 구동관 · 207
| 서산 | 백제의 미소로 온화해지는 소나무 오솔길, **아라메 솔바람길** | 구동관 · 212
| 예산 | 인생의 속도를 다시 조율해 잃어버린 나를 되찾는 대흥슬로시티 **느린꼬부랑길** | 이진곤 · 218
| 옥천 | 호반 정취 가득한 '내륙의 한려해상국립공원' 대청호 둘레길, **둔주봉과 금강길**
         | 진우석 · 224
| 제천 | 청풍호 푸른 물과 아름다운 옥순대교를 한눈에 담는 자드락길, **괴곡성벽길** | 이주영 · 229
| 태안 | 황홀한 노을에 물드는 바닷길, **태안 해변길** | 이종원 · 234

자연의 환상적인 색채에 물드는 걸음마다 마음도 아름다워지는 전라권과 제주

| 고창 | 칠산 바다와 람사르 갯벌을 한눈에 조망하며 사뿐사뿐, **선운산 뒤편길** | 김수남 · 242
| 군산 | 새만금방조제에서 고군산군도로 떠나는 비행, **신시도길** | 김수남 · 247
| 김제 | 마음은 풍요롭고 세상은 평화롭다! **금산사 가는 길** | 김수남 · 254
| 무안 | 물빛 강과 초록빛 들에 물들면서 영산강 둑길 따라 걷는 길, **영산강길** | 이민학 · 259
| 무주 | 뒷섬마을 아이들이 금강변 벼랑길 따라 학교 가던 추억길, **금강마실길** | 진우석 · 264
| 부안 | 바다와 갯벌과 문화가 공존하는 해안누리길, **변산마실길** | 김수남 · 271
| 임실 | 몽환적인 운해 속 꼬리치는 붕어섬, 용궁인가, 천상인가! **옥정호 물안개길** | 김수남 · 278
| 진도 | 푸른 다도해를 품고 숲과 예술이 만들어내는 **운림산방길** | 이진곤 · 283
| 서귀포 | 한라산 허리의 깊숙한 숲길을 걷다! **한라산 둘레길** | 임인학 · 290
| 제주 | 붉은 동백을 품은 제주의 초록 바다 곶자왈의 눈부신 속살, **선흘곶자왈 동백길**
         | 이진곤 · 296
| 제주 | 비밀의 정원으로 들어가는 검붉은 화산 송이길, **사려니숲길** | 이종원 · 301

산 따라 물 따라 들 따라 삶의 애환이 배어 있는 이야기 길 경상권

| 경주 | 불국정토의 심산을 걷다, **경주 남산길 삼릉~용장 코스** | 이민학 · 310
| 경주 | 봄빛 따라 통일신라의 흔적을 좇는 길, **선덕여대왕길** | 유정열 · 315
| 남해 | 산기슭에서 바다로 흘러내리는 다랭이논과 푸른 앵강만이 아름다운 **다랭이길** | 유정열 · 321
| 대구 | 골목골목 다채로운 이야기가 차곡차곡 포개져 있는 **근대문화유산 골목길** | 유정열 · 328
| 밀양 | 햇빛 가득한 소도시의 정겨운 정취를 간직한 **소도시 탐방길** | 유정열 · 334
| 상주 | 오르고 걷고 달린다, 낙동강의 산길, 강길, 들길! **MRF 낙동강길** | 구동관 · 339
| 예천 | 산길, 물길, 마을길 따라 걷는 길, **비룡산 둘레길** | 임인학 · 346
| 울진 | 보부상의 애환이 깃든 '동해의 차마고도', **금강소나무숲길** | 이주영 · 354
| 창원 | 가고파의 바다를 바라보며 그리운 사람 만나는 만날고개 너머까지, **무학산 둘레길** | 유정열 · 362
| 창원 | 진해 앞바다가 눈앞에 펼쳐지는 하늘숲길, **진해드림로드** | 이민학 · 367
| 창원 | 편백나무와 소나무 어우러진 세 산자락을 걷는 창원 시민의 산책길, **숲속나들이길** | 이민학 · 372
| 하동 | 꽃비 내리는 길을 걷다! **박경리 토지길** | 임인학 · 378
| 함양 | 옛 선비의 멋과 풍류를 따라가는 길, **선비문화탐방로** | 이시목 · 386
| 합천 | 물소리, 바람 소리, 세월 가는 소리를 따라 걷노라면! **해인사 소리길** | 이주영 · 391

1

몇 시간쯤,
행복한 걷기 여행

걷고 또 걸어도
더 걷고 싶어지는
제주 올레길로 올래?

제주 올레길

이겸

제주 올레길

　제주도를 걸어서 한 바퀴 돌아볼 수 있는 올레는 약 422km에 달한다. 제주 올레는 2007년 9월에 처음 선보였다. 총 26개 코스이며, 제주도 코스 21개와 부속 코스 5개로 이루어졌다. 가장 먼저 생긴 1코스는 성산일출봉 근처 바닷가에서 시작되며, 마지막으로 만들어진 21코스도 성산 바다가 보이는 곳에서 끝난다. 제주도를 걷는 올레꾼들은 주로 제주도 해안가에 형성된 마을과 그 주변을 걷게 되고, 몇 코스는 그보다 조금 더 들어간 내륙을 통과하기도 한다.

　제주 관광객들에게 인기 있는 코스는 1코스인 시흥~광치기 구간과 6코스인 쇠소깍~외돌개 구간, 그리고 7코스인 외돌개~월평 구간이다. 성수기에는 이 코스들에 여행자들이 집중적으로 몰린다. 그렇다고 이 코스들만 제주 올레를 대표하는 것은 아니다. 섬 속의 섬인 우도를 깊이 있게 돌아볼 수 있는 1-1코스, 산방산과 사계리 해변의 절경이 펼쳐지는 10코스, 제주의 속살을 드러내는 중산간 마을 따라 걷는 15코스 등 각 코스마다 특징적인 풍경과 마을 이야기를 품었다.

　제주 올레의 무엇이 여행자들을 끌어당길까? 놀라우리만큼 빼어난 풍광을 가장 먼저 들 수 있다. 여행작가들의 국내 여행지 1순위는 제주도이다. 세계 여러 곳을 여행한 사람들도 어느 곳과 비교해 봐도 제주 풍경이 손색없다고들 말한다. 둘

째, 걷기 편안하게 설계한 길 덕분에 남녀노소 누구나 편안하게 올레를 걸을 수 있다. 이따금 오름과 그 주변을 지날 때 경사로가 나타나지만, 급격한 경사가 오랫동안 이어지거나 위험한 구간을 통과해야 하는 길이 드물다. 셋째, 여성 여행자의 안전을 강화하기 위해 GPS 추적 장치와 소형 카메라가 장착되어 있는 '원터치 SOS 단말기'를 무료로 대여해 준다. 단말기의 긴급 버튼을 누르면 2분 이내에 112종합상황실로 전송되어 순찰대원이 현장에 즉각 출동하는 시스템이다. 이외에 코스별로 올레지킴이들을 배치했다. 타지를 여행하며 불쑥불쑥 엄습하는 불안감이 없는 것은 큰 매력이다.

　마지막으로 사람과 삶의 매력을 느낄 수 있다는 것이다. 제주도는 국내이긴 하지만 우리나라의 어떤 지역과도 매우 다른 언어와 풍습과 문화를 지녔다. 그래서 이곳을 터전으로 평생 살아온 이들의 삶은 육지와 사뭇 다르다. 제주도가 마치 해외 어느 곳처럼 느껴지기도 할 정도이다. 토속 제주어로 대화하는 현지인들을 지나칠 때면 이 땅이 정말 우리나라인지 의구심이 인다. 대한민국이면서도 이색적인 공간과 문화를 경험할 수 있는 제주의 매력을 누구나 편안하고 안전하게 만끽하는 길이 바로 제주 올레이다.

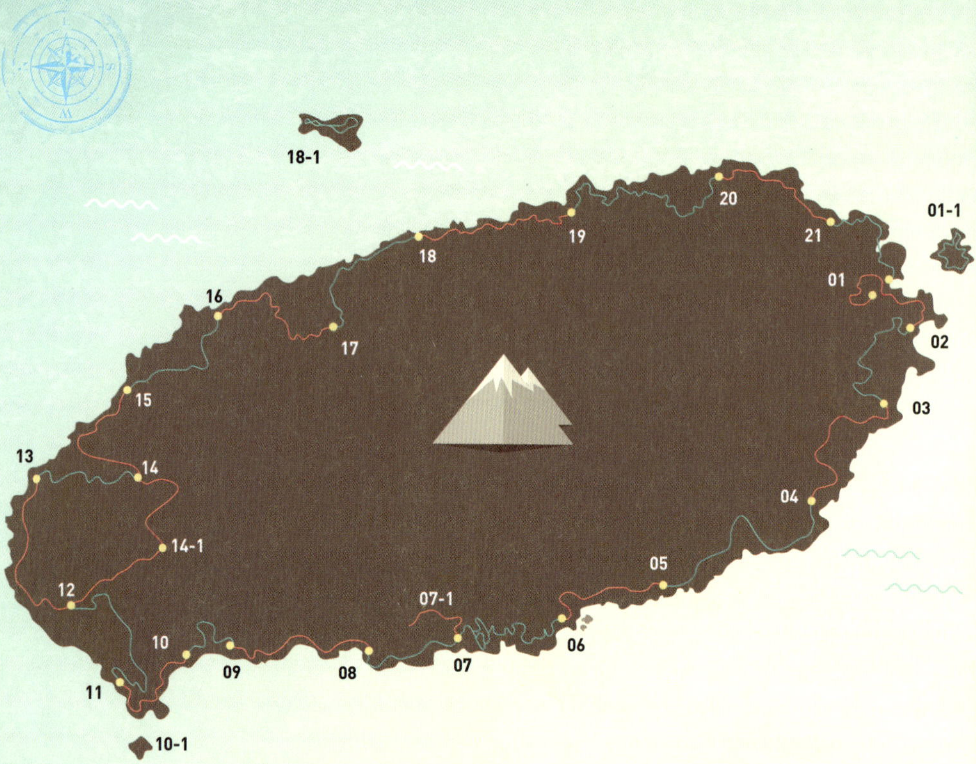

제주 올레길

1코스 시흥~광치기 올레(15km, 4~5시간) • 시흥초등학교→말미오름 입구→알오름 입구→종달초등학교→종달리 옛 소금밭→목화휴게소→성산갑문→수마포→광치기해변

2코스 광치기~온평 올레(14.8km, 4~5시간) • 광치기해변→식산봉→오조리성터→성산 하수종말처리장→고성 윗마을 갈림길→대수산봉 입구→말 방목장→혼인지→온평포구

3코스 온평~표선 올레(20.9km, 6~7시간) • 온평포구→중산간 입구→난산리→동오름 정상→김영갑갤러리 두모악→우물 안개구리 옆길→신천리 해녀탈의장→하천리 배고픈다리→표선해비치해변

4코스 표선~남원 올레(23.1km, 6~7시간) • 표선해비치해변→흰동산→해병대길→산여리통 입구→망오름 정상→영천사→삼석교→태흥2리 포구→남원포구

5코스 남원~쇠소깍 올레(14.4km, 4~5시간) • 남원포구→큰엉 입구→신그물→곤내골올레점방→조베머들코지→넙빌레→배고픈다리→예촌망→쇠소깍

6코스 쇠소깍~외돌개 올레(14km, 4~5시간) • 쇠소깍→제지기오름 정상→구두미포구→검은여→정방폭포→A 시공원 입구, B 새연교 주차장→삼매봉 입구→외돌개

7코스 외돌개~월평 올레(14.2km, 4~5시간) • 외돌개→돔베낭길→수봉로→법환포구→일강정 바당올레→악근천 다리→강정천→월평포구→월평마을 아왜낭목

8코스 월평~대평 올레(18.9km, 6~7시간) • 월평마을 아왜낭목→약천사→대포포구→주상절리 안내소→베릿네오름 입구→중문해수욕장→예래생태공원→논짓물→대평포구

9코스 대평~화순 올레(7.5km, 3~4시간) • 대평포구→물질→볼레낭길→월라봉→임금내 전망대→자귀나무 숲길→황개천 올레 화장실→화순금모래해변

10코스 화순~모슬포 올레(14.8km, 4~5시간) • 화순금모래해변→산방연대→사계포구→사계 화석발견지→송악산→섯알오름 추모비→알뜨르 비행장→하모해수욕장→모슬포항(하모체육공원)

11코스 모슬포~무릉 올레(17.5km, 5~6시간) • 모슬포항(하모체육공원)→암반수 마농마을→모슬포 숲길→보성 농로→정난주마리아성지→신평 사거리→무릉곶자왈 아름다운숲길→무릉2리 효자정려→무릉생태학교

12코스 무릉~용수 올레(17.1km, 5~6시간) • 무릉생태학교→신도생태연못→녹남봉 정상→신도 바당올레→신도포구→한장동 마을회관→자구내포구→생이기정→용수포구

13코스 용수~저지 올레(14.7km, 4~5시간) • 용수포구→충혼묘지 사거리→용수저수지→고목 숲길→고망 숲길→올레 농장→용선달리→저지오름 정상→저지마을회관

14코스 저지~한림 올레(19km, 6~7시간) • 저지마을회관→소낭 숲길→오시록헌 농로→굴렁진숲길→무명천 산책길→월령 선인장 자생지→해녀콩 서식지→옹포구→한림항비양도도항선 선착장

15코스 한림~고내 올레(19km, 6~7시간) • 한림항비양도도항선 선착장→평수포구→성로동 농산물집하장→헤린교회→납읍초등학교 금산공원 입구→백일홍길 입구→고내봉 입구→고내봉 아래 하가리 갈림길→고내포구

16코스 고내~광령 올레(16.9km, 5~6시간) • 고내포구→남두연대→구엄포구→수산봉 둘레길→수산 밭길→항파두리 항몽유적지→고성 숲길→청화마을→광령1리 사무소

17코스 광령~산지천 올레(19.1km, 6~8시간) • 광령1리 사무소→무수천 숲길→외도 월대→이호태우해변→도두 구름다리→어영소공원→용두암→제주목관아지→동문로타리 산지천 마당

18코스 산지천~조천 올레(18.2km, 6~7시간) • 동문로타리 산지천 마당→제주항→애기업은돌→화북포구→삼양 검은모래해변→불탑사→닭머루→대섬→조천 만세동산

19코스 조천~김녕 올레(18.6km, 6~8시간) • 조천 만세동산→신흥해수욕장→함덕 서우봉해변→너븐숭이 4·3기념관→북촌 등명대→북촌 동굴→동복리 마을 운동장→김녕 농로→김녕 서포구

20코스 김녕~하도 올레(17.2km, 5~6시간) • 김녕 서포구→김녕 성세기해변→월정 모살길→월정리해수욕장→행원포구→구좌농공단지→한동해안도로→뱅듸길→제주해녀박물관

21코스 하도~종달 올레(10.1km, 3~4시간) • 제주해녀박물관→연대동산→별방진→해안도로→토끼섬→하도해수욕장→지미봉 오르는 길→지미봉 정상→종달바당

1-1코스 우도 올레(15.9km, 4~5시간) • 천진항 쇠물동 언덕→홍조단괴해빈해수욕장 입구→하우목동항→망루 앞 삼거리→파평윤씨공원→하고수동해수욕장→검멀레해수욕장→우도봉→천진항

7-1코스 월드컵경기장~외돌개 올레(14.8km, 4~5시간) • 월드컵경기장→대신중학교→엉또폭포→배수지→고근산 정상→제남보육원→하논분화구→삼매봉 옆길→외돌개

10-1코스 가파도 올레(5km, 3시간) • 상동포구→냇골챙이→가파초등학교→게엄주리코지→큰 옹짓물→가파포구(하동포구)

14-1코스 저지~무릉 올레(17km, 6~7시간) • 저지마을회관→강정동산→문도지오름 정상→노루쉼터→오설록→무릉곶자왈 입구→영동케(봉근물)→인향마을→무릉생태공원

18-1코스 추자도 올레(18.2km, 6~8시간) • 추자항→추자등대→묵리 교차로→신양항→황경헌의 묘→엄바위 장승→돈대산→추자교→추자항

왼쪽 어깨에 바다를 걷는 우도 올레길, 천진항~우도봉

서울 면적의 3배에 이르는 제주도. 이렇듯 넓은 제주도에서 눈에 꼭 담아야 할 풍경은 오름과 바다이다. 우도는 본섬의 축소판이어서 짧은 시간에 제주도를 한꺼번에 느낄 수 있다.

천진항 입구 →2km→ 홍조단괴해빈해수욕장 입구 →1.2km→ 하우목동항 →2.4km→ 망루 앞 삼거리 →0.9km→ 파평윤씨공원 →1km→ 하고수동해수욕장 →4.5km→ 검멀레해수욕장 →2km→ 우도봉 →1.9km→ 천진항

 총 15.9km, 4시간 30분

도시에서 생활하는 현대인들은 아침에 일어나 출근을 하고 일과를 마칠 때까지 걸을 기회가 많지 않을뿐더러 포장도로가 아니라 흙을 직접 밟을 일은 더더욱 드물다. 대중교통을 이용하거나 약속 장소로 이동하면서 잠깐 걷는 것이 전부인데,

드넓은 경사면 풀밭에서 말이 한가로이 풀을 뜯는 우도봉

검은 모래밭이 펼쳐져 있는 검멀레 해안

그마저도 탁한 공기와 붐비는 인파들을 피해 걸음을 재촉하기 일쑤이다. 걷는 내내 즐거움이 끊이지 않는다면 얼마나 좋을까? 다만 도시 거리에 익숙한 사람들도 난이도를 걱정할 것 없이 쉽게 걸을 수 있다면 금상첨화이다.

 제주도는 섬 62개를 거느리고 있는데 그중에서 가장 큰 섬이 우도이다. 우도가 '소섬'이라고도 불리는 것은 바다 건너편 종달리 해안에서 바라보면 마치 소가 누워 있는 듯하기 때문이다. 올레 1-1코스는 우도를 두 발로 돌아볼 수 있는 길로 무엇보다 평탄하여 편안하게 걸을 수 있다. 지속적으로 걷는 데 자신 없는 사람일지라도 무난하게 소화할 수 있는 길이다. 특히 아이와 함께 여행하는 이들에게 적극 추천하고 싶다. 천진항에서 출발하면 걷는 내내 왼쪽 어깨에 바다를 두는데, 푸른 빛깔의 바다를 바라보노라면 지루할 틈이 없다. 한 가지 아쉬운 점이 있다면 4륜 오토바이로 질주하는 여행객들이다.

우도를 걸으며 놓치지 말고 꼭 가봐야 하는 곳들이 있다. 홍조단괴해빈은 순간적으로 탄성이 터져 나오게 한다. 순백의 해안선과 옥빛 물결이 아름답게 어우러지는 풍경에서 눈을 떼지 못해 주변 도로를 달리는 자동차는 늘 서행하기 일쑤이다. 한낮의 풍경도 좋지만 가장 아름다울 때는 노을 녘이다. 퍼머넌트 오렌지빛이 해안선에 떨어지기 시작하면 홍조단괴해빈은 숨을 멈출 만큼 감동적인 분위기를 자아낸다. 이곳 해안에서 바라보는 제주 본섬은 마치 섬이 아니라 육지 같다.

천진항 반대편에는 하고수동해수욕장이 있다. 항구와 떨어져 있는 덕분에 조금은 한산한 편이다. 특히 물이 깊지 않은 상태로 바다가 150여m 이어져서 안전하게 해수욕을 즐기기에 적당하다. 최근에 이 해변 주위에 캠핑하기 좋은 환경이 조성됐다.

순백의 해안선과 옥빛 물결이 아름답게 어우러지는 홍조단괴해빈

'소머리 오름'이라고도 불리는 우도봉에서는 우도를 한눈에 조망할 수 있다. 우도봉의 백미는 정상에서 북서쪽으로 보이는 비양도와 하고수동해수욕장의 풍경이다. 우도봉에서 이어진 능선 너머로 보이는 그 풍경을 바라보면 황홀경에 도취되고 만다. 샹그릴라를 발견한 듯한 착각을 불러일으킨다. 하고수동 해안에 밀려드는 새하얀 포말과 깊은 하늘이 만들어내는 코발트블루의 하모니는 우리를 천상의 세계로 안내한다.

그리고 우도를 빠져나가는 마지막 배를 타지 않는다면 진정한 휴식과 만날 수 있다. 우도의 밤, 더 정확히 말하자면 마지막 배가 떠나고 첫 배가 들어오기 전 시간 동안 우도에 남게 된다면 자연의 소리와 자연의 냄새가 무엇인지 비로소 알게 될 것이다.

새하얀 포말과 짙푸른 하늘의 하모니 속으로 조용히 안내하는 하고수동 해안

여행작가의 소곤소곤

우도를 걸을 때는 4륜 오토바이를 조심해야 한다. 빈번하게 나타나는 데다 사고가 잦은 편이고 소음이 심해 주변 사람들을 불편하게 한다. 우도봉과 해변을 제외한 거의 모든 길은 포장도로라 여름철에는 복사열이 심하다. 우도의 대표적인 먹거리로 우도 땅콩을 추천한다. 타원이 아니라 동그란 원에 가까운 우도 땅콩은 볶지 않아도 안 비리고 고소하다. 땅콩아이스크림이 인기가 높다. 땅콩 가루를 뿌려놓은 소프트아이스크림보다 땅콩을 거칠게 갈아 아이스크림과 섞어놓은 것이 제맛이다.

 지역번호 064

위치 제주시 우도면 연평리
음식 동굴밥상(한치물회·자리회, 784-6675)에서는 검멀레 해안을 감상하기 좋고, 우도 숯불갈비(숯불갈비, 784-2992)는 현지인들이 많이 찾는 식당이다. 오가네국수(땅콩콩국수·열무국수, 784-6282)에서는 우도봉으로 올라가기 전에 깔끔한 국물을 즐길 수 있다.
숙박 우도의 숙박시설들은 대부분 바다를 전망하기 좋은 해안가에 자리한다. 해와달그리고섬(784-5740, www.woodo.or.kr), 로그하우스(782-8212, www.log-house.co.kr), 등머울쉼터(011-341-3604, www.deungmouwool.com) 등을 추천할 만하다.
찾아가는 길 제주국제공항에서 100번 좌석버스에 승차해(15분 소요) 남서광마을에서 하차한다. 시외버스 동일주행 버스(하루 22회 운행하는 71번 버스, 약 2시간 소요)를 타고 성산여객터미널에 도착한다. 성산여객터미널에서 우도 천진항행 여객선에 승선한다(하루 1~12회 운항(계절별 변동 있음), 성산대합실 782-5671, 우도대합실 783-0448, 15분 소요). 제주국제공항에서 시청종합경기장 방면으로 진행, 국립제주박물관 사거리에서 우회전한 다음 97번 도로를 따라 성읍민속마을까지 직진한다. 여기에서 1119번 도로를 따라 성산 방향으로 달리면 성산여객터미널에 도착한다(약 2시간 소요).

다채로운 제주 절경들로 지루할 틈이 없는
화순금모래해변~모슬포항

서귀포시에서 걷기 아름다운 길을 꼽으라면 서슴없이 올레 10코스를 든다. 앞으로 걸어갈 길에 대한 기대감과 이미 지나온 길에 대한 아쉬움이 공존해 천천히 아끼며 걷게 된다.

화순금모래해변 →2.4km→ 산방연대 →1.2km→ 사계포구 →2.1km→ 사계 화석발견지 →2.7km→ 송악산 →1.7km→ 섯알오름 추모비 →1.4km→ 알뜨르 비행장 →1.4km→ 하모해수욕장 →1.7km→ 모슬포항, 하모체육공원

 총 14.6km, 4시간 30분

왜 걷기 위해 굳이 먼 곳까지 떠나려 할까? 걷기에 이동 수단 이상의 의미를 부여하기 때문이다. 단조롭고 고단한 일상의 쳇바퀴에서 벗어나 무엇에도 쫓기지 않

송악산에서 바라본 형제바위

제주 올레길

기기묘묘한 바위들로 이루어진 용머리 해안

고 낯설지만 아름다운 길로 들어서는 일은 세상에서 가장 행복한 휴식과 재충전의 시간을 선사한다. 올레 코스들이 대체로 그렇듯이 누구나 쉽게 걸을 수 있는 올레 10코스는 다채로운 풍광들 덕분에 처음부터 끝까지 지루할 틈이 없게 한다.

　이 길은 화순금모래해변에서 시작된다. 그 이름으로도 짐작할 수 있듯이 이 해변은 곱디고운 모래로 소문난 곳이다. 해안선도 가파르지 않으며 사진 촬영 포인트로 유명한 형제섬이 4km 앞에 놓여 있다. 더 가깝게는 서쪽으로 용머리 해안의 돌출된 지형을 즐길 수 있다. 용머리 해안은 제주도를 통틀어 가장 아름답다고 손꼽히는 곳이다.

　용머리 해안으로 들어서는 서쪽 입구는 평탄한 데 비해 동쪽 입구는 가파른 계단 절벽을 내려가야 한다. 이 두 곳의 출입구는 원의 형태로 이어져 있다. 서쪽 입구로 들어서면 바다 쪽에서 산방산의 절경을 감상할 수 있고, 동쪽 입구로 들어

하모해수욕장으로 이어지는 해송 가득한 솔밭

서면 가파른 대신 계단 절벽 아래의 기기묘묘한 바위들을 만날 수 있다. 바위 터널을 통과하듯 아치형으로 뚫린 구멍 사이로 산책로가 이어지며, 이 지점을 통과하면 바다에 놓인 징검다리도 건널 수 있다.

 제주도에서 산이라는 이름이 붙은 곳에는 신성한 기운이 서려 있는데, 송악산도 그러하다. 송악산 정상에 오르면 남쪽으로 3.2km에 있는 가파도가 한눈에 들어온다. 그 너머에는 9km 떨어진 마라도가 보인다. 손에 잡힐 듯이 가깝고도 환상적인 풍광에서 발길을 돌리기란 쉽지 않다.

 하모해수욕장으로 이어지는 주변 솔밭은 해송으로 가득하다. 이 길은 어느 때 걸어도 좋지만 해가 낮은 오전이나 노을이 물드는 오후 시간이 가장 좋다. 뾰족뾰족한 솔잎이 오래도록 켜켜이 쌓여서 만들어진 오솔길은 그야말로 최고이다. 안타깝게도 등산화를 신고 스틱을 짚으며 이 오솔길을 걷는 여행객들이 늘어나

화순금모래해변

면서 조금씩 훼손되고 있다.

 여행작가의 소곤소곤

송악산 일대는 제주도에서도 바람이 가장 센 곳이다. 송악산에 올라갈 때는 특히 바람에 유의하자. 정상에 오르면 해발에 비해 바람이 센데도 의지하거나 숨을 데가 전혀 없기 때문이다. 또한 산에 오르는 길도 미끄러운 편이다. 푸석푸석한 돌은 언제나 부서질 준비를 하고 있는데, 그렇게 부서진 돌가루들이 사방에 깔려 있다. 올라갈 때보다는 내려올 때 안전사고가 일어나기 쉬우니 앞사람과 뒷사람 사이를 멀찍이 벌려서 하산하는 것이 좋겠다.

 지역번호 064

위치 제주도 서귀포시 안덕면 화순리~서귀포시 대정읍 하모리
음식 송악산 부근에는 맛집들이 많고 대개 해안도로변에 자리한다. 바닷가에맛(해물뚝배기·갈치조림, 794-0092), 해야떠라(감귤돈까스, 794-1902), 춘심이네(뼈없는은갈치조림, 794-4010) 등이 맛있다.
숙박 산정호수와 그 주변에 펜션과 민박을 포함한 숙박시설이 많다. 탁이네펜션(010-5148-0723), 두그루(900-9584), 화순민박(792-1949) 등이 추천할 만하다.
찾아가는 길 제주국제공항에서 37번 좌석버스에 탑승해 15분쯤 후 제주한라병원에서 하차한다. 평화로 경유 시외버스로 갈아탄 뒤 화순1리 정류장에서 하차한다. 약 1시간 30분 소요된다. 제주국제공항에서 중문, 한림 방향으로 달리다가 1135번 도로를 타고 서광2교차로에서 좌회전한다. 서광동로를 따라 직진하다가 화순사거리에서 화순금모래해변 방향으로 직진한다(약 1시간 소요).

제주 올레의 진면목 애월 중산간 마을 길,
한림항~고내포구

제주 올레의 진면목을 들여다보려면 제주도민들의 삶을 알아야 한다. 올레 15코스가 지나는 중산간 지역은 제주도의 과거와 오늘을 고스란히 담고 있다.

한림항비양도도항선 선착장 → 0.7km → 평수포구 → 4km → 성로동 → 농산물집하장 → 4.2km → 혜린교회 → 1.6km → 납읍초등학교 → 금산공원 입구 → 1.6km → 백일홍길 입구 → 2.8km → 고내봉 입구 → 2.3km → 고내봉 아래 하가리 갈림길 → 2.4km → 고내포구

총 19.6km, 6~7시간

중산간 마을의 돌담길

납읍리의 돌담길 풍경

<u>관광</u> 책자에 나열된 관광지를 섭렵하며 돌아다니는 제주도 여행에 질렸다면, 진짜 제주도의 속살을 느끼고 싶다면 이에 적격인 올레 코스가 있다. 바로 중산간 마을들을 지나는 15코스이다. 중산간 마을은 제주도의 속살을 여과 없이 보여준다. 관광객들이 흔히 말하는 원주민들의 생활을 직접 보고 느낄 수 있다.

총 19km에 이르는 전체 코스 가운데 특히 애월의 납읍리와 하가리로 이어지는 5km 구간은 이 코스의 백미라 해도 과언이 아니다. 제주도의 오래된 초가와 마을 제단이 그대로 보존되어 있는 등 중산간 여정의 핵심인 납읍리의 납읍초등학교 바로 옆 '금산공원'은 빼놓지 말고 꼭 가봐야 할 곳이다.

3.4km^{2}에 이르는 금산공원은 사철 푸른 나무들로 가득해 숲을 돌아보는 것만으로 하루 일정을 짜도 좋을 정도이다. 후박나무, 동백나무, 종가시나무, 아왜나무 등 이름부터 생소한 난대성 수목이 빽빽이 들어차 마치 휴양림에 들어선 듯하다. 한낮에도 해가 들지 않을 만큼 울창한 숲은 평소 걷기 싫어하는 사람일지라

검은 돌담을 따라 이어지는 아름다운 올레

도 저절로 발걸음을 떼게 만든다. 완만한 굴곡과 평지가 잘 어우러져 오래 걸어도 지루하지 않아 아이들을 동반한 가족에게도 추천할 만하다. 금산공원의 가장 중요한 포인트는 포제단이다. 중산간 지역은 마을마다 고유의 마을제를 치르는데, 금산공원의 포제단은 특히 유교 형식을 잘 갖춘 곳이다. 포제단 마당 안으로 들어가면 성스러움과 생경함이 동시에 느껴진다.

납읍리사무소 윗길을 따라 올라가면 계절마다 달리 피어나는 꽃들이 길손을 반긴다. 올레를 따라 마을을 걷노라면 유채, 매화, 감귤 꽃, 동백을 쉽게 만날 수 있다. 어디 꽃뿐일까, 사계절 내내 초록 잎들이 싱그럽다.

납읍리에는 올레의 옛 모습이 아직도 고스란히 남아 있다. 올레는 관광 코스로 짜인 걷기 코스와는 전혀 다르다. 제주도의 올레는 집과 마을을 연결해 주는 작은 길로, 공공의 길이라기보다는 주로 가족이 쓰는 길이다. 대문을 두지 않는 제주도의 전통을 반영해 올레는 집과 집으로 구불구불하게 이어진다. 사생활을 보

고내포구 가는 길

호하면서도 거센 바람을 누그러뜨려 집 안으로 들이려는 노력의 산물이다. 납읍리와 하가리에는 이런 특징을 오롯이 반영한 올레가 곳곳에 남아 있다. 검은 돌담을 따라 이어지는 오솔길. 두 사람이 간신히 스쳐 지나갈 정도로 좁고도 소담스러운 길. 올레를 만나는 행운은 중산간 여정의 작은 기쁨이요, 소득이다.

  길을 계속 따라가다 보면 하가리사무소에 닿는다. 하가리사무소 뒤편에는 중산간 마을의 오랜 전통 가옥인 초가가 엎디어 있다. 지붕의 이엉을 비롯해 지금은 민속마을에서나 구경할 수 있는 제주도 전통 가옥의 구조를 이곳에 가면 살

고내포구 주변의 강태공들

펴볼 수 있다. 지금은 좀처럼 찾기 힘든 통시(뒷간)도 온전하게 보존되어 있다.

우영팥(집 주변의 작은 텃밭) 사이로 빠져나와 집과 마을을 이어주는 올레의 다정한 풍경은 검정과 초록이 만들어낼 수 있는 가장 아름다운 길이다. 제주도가 깊숙이 간직한 진짜 얼굴을 마주하고 싶은 여행자라면 꼭 납읍리와 하가리를 잇는 중산간을 돌아보길 권한다. 제주도에는 푸른 바다만 있는 것이 아니다.

여행작가의 소곤소곤

제주 올레는 대부분 바다를 끼고 걷도록 설계되어 있는데 간혹 마을 안쪽을 지나기도 한다. 올레 15코스는 해안가 마을을 지나는 것이 아니라 바다에서 산간 지역으로 올라가 형성된 마을인 중산간 지역을 지난다. 중산간 마을은 해안 마을과 달리 외지인이 별로 출입하지 않았던 터라 다른 올레 코스에 비해 관광객을 위한 편의시설이 많지 않다.

 지역번호 064

위치 제주도 제주시 한림읍 한림리

음식 주로 현지인을 상대하다 보니 토속적인 맛을 자랑하는 음식점이 많다. 금산식당(가정식, 799-1330), 도치돌가든(한우숯불갈비, 799-1415), 어사촌 도야지(제주도흑돼지, 799-5559) 등 소박하지만 따뜻한 제주의 맛을 느껴보자.

숙박 다래산장(799-7064, www.daraesanjang.com), 조화로운삶(010-3696-2655), 송림원(799-4000, www.songrimwon.com) 등을 추천할 만하다.

찾아가는 길 제주시내에서 제주~사계~서귀행 서일주 시외버스를 타고 한림여중 정류장에서 하차한다. 1시간 24분 정도 소요된다. 제주국제공항에서 한림 방향으로 일주서로를 따라 약 20km 주행한다. 납읍리 금산공원에서 중산간서로를 따라 4.2km 진행하면 하가리사무소에 도착한다.

삶의 무게를
지리산 깊은 계곡과
고을고을에 내려놓는

지리산 둘레길

박동식

지리산 둘레길

　국립공원 제1호인 지리산은 예부터 민족의 영산으로 불렸다. 금강산, 한라산과 더불어 삼신산(三神山) 중 하나로 지리산의 반야봉, 종석대, 영신대, 노고단은 모두 신앙과 관련 깊은 이름들이다. 전북 남원시, 전남 구례군, 경남 산청·하동·함양군에 걸쳐 있으며 최고봉은 천왕봉(1915m)이다. 천왕봉에서 노고단을 잇는 주능선의 거리는 약 25.5km이며, 해발 1500m가 넘는 봉우리도 무려 20여 개에 이른다. 웅장한 능선들 사이에는 칠선계곡, 한신계곡, 대원사 계곡, 피아골, 뱀사골 등 깊은 계곡들이 자리하고 있다.

　지리산을 찬찬히 음미할 수 있는 길이 바로 지리산 둘레길이다. 2007년 조성되기 시작해 5년 만인 2012년에 모든 구간이 개통됐다. 읍면 21개와 마을 120여 개를 잇는 지리산 둘레길은 함양 23km, 산청 60km, 하동 68km, 남원 46km, 구례 77km 등 총 274km에 이른다.

　지리산 둘레길은 자연과 역사와 문화가 숨 쉬는 길이다. 논밭 사이를 걷노라면 어느새 숲이 나타나고, 물길을 따라 걷다가도 높은 언덕을 넘는다. 계절에 따라 들판은 초록색과 황금색 옷을 번갈아 갈아입고, 대숲과 솔숲은 제각기 독특한 향기를 품었다. 길에서 만나는 마을은 우리 모두의 고향이며, 반가운 미소로 여행자를 맞이하는 주민들은 고향에 남아 있는 우리의 이웃이자 가족들이다.

　운봉~인월 구간은 지리산 서북 능선을 조망하며 걸을 수 있는 코스로, 황산대첩비와 송흥록 생가 등 역사와 문화가 녹아 있는 길이다. 금계~동강 구간도 지리산의 고즈넉한 사찰인 서암정사와 벽송사 등을 돌아볼 수 있어 인기가 많다. 어천~

운리 구간은 다소 가파른 길을 따라 해발 800m를 힘들게 올라가야 하는 코스이지만 단속사지의 동서 삼층석탑을 만날 수 있어 만족스럽다. 아름다운 섬진강과 발걸음을 맞추고 싶으면 기탄~송정 구간을 걸으면 된다. 오미~방광 구간에서는 운조루, 쌍산재, 곡전재 등을 돌아보며 유서 깊은 고택의 정취를 한껏 느낄 수 있다. 이 구간을 지날 때는 코스에 포함되어 있지 않지만 잠시 여유를 가지고 화엄사에 들를 것을 추천한다.

불교 화엄사상을 고스란히 담고 있는 화엄사는 여느 사찰이 대웅전을 중심으로 가람을 배치한 데 비해 비로자나불을 모신 각황전(국보 제67호)이 중심 가람이다. 석등(국보 제12호)과 사사자삼층석탑(국보 제35호)을 비롯해 다양한 국보급 문화재를 보유한, 말 그대로 문화재의 보고인 사찰이다.

현재 지리산 둘레길은 모두 22개 코스로 이루어져 있다. 그중 하동읍~서당 코스와 목아재~당재 코스는 본 코스에 연결된 편도 코스이다. 하동읍~서당 코스는 하동읍에서 대중교통을 이용하지 않고 본 코스까지 걸어갈 때 이용하기 편리하며, 목아재~당재 코스는 지리산 주능선인 형제봉과 피아골을 감상할 수 있지만 둘레길을 계속 걷기 위해서는 되돌아 나와야 한다는 것을 염두에 두자.

지리산 둘레길은 숫자를 넣어서 코스 이름을 만들지 않았다. 숫자를 넣으면 외우기 좋을 듯도 싶지만 그것은 인위적으로 시작과 끝을 알리는 일에 불과하다. 숫자 대신 지명이 그대로 드러나도록 코스를 명명한 덕분에 이름 그대로 마을과 마을을 잇는 '둘레'길, 지리산을 한 바퀴 도는 '둘레'길이 되었다.

지리산 둘레길

주천~운봉(14.3km, 6시간)·주천면→내송마을→솔정지→구룡치→회덕마을→노치마을→덕산저수지→질매재→가장마을→행정마을→양묘장→운봉읍

운봉~인월(9.4km, 4시간)·운봉읍→서림공원→북천마을→신기마을→비전마을→군화동→흥부골자연휴양림→월평마을→인월면

인월~금계(19.3km, 8시간)·인월면→중군마을→수성대→배너미재→장항마을→장항교→삼신암 삼거리→등구재→창원마을→금계마을

금계~동강(11km, 4시간)·금계마을→의중마을→서암정사→벽송사→의중마을→모전마을(용유담)→세동마을→운서마을→구시락재→동강마을

동강~수철(11.9km, 5시간)·동강마을→점촌마을→방곡마을→상사폭포→쌍재→고동재→수철마을

수철~어천(성심원, 14.5km, 5시간)·수철마을→지막마을→평촌마을→대장마을→내리교→내리한밭→바람재→성심원→어천마을

어천~운리(13.3km, 4시간 30분)·어천마을→아침재→웅석봉 하부헬기장→점촌마을→탑동마을→운리마을

운리~덕산(13km, 5시간)·운리마을→백운계곡→마근담 입구→덕산마을

덕산~위태(10.3km, 4시간)·덕산마을→시천면사무소→천평교→중태마을→유점마을→중태재→위태마을

위태~하동호(11.8km, 5시간)·위태마을→지네재→오대사지→오율마을→궁항마을→양이터마을→양이터재→본촌마을→하동호

하동호~삼화실(9.3km, 4시간)·하동호→청암체육공원→평촌마을→화월마을→관점마을→상존티마을회관→존티재→동촌마을→삼화초등학교

삼화실~대축(16.9km, 7시간)·삼화실→이정마을→서당마을→우계저수지→괴목마을→신촌마을→신촌재→먹점마을→먹점재→미점마을→대축마을

하동읍~서당(7.1km, 2시간 30분)·삼화실~대축 구간에서 만나는 하동읍에서 차밭 길을 따라 서당마을까지 걷는 구간

대축~원부춘(8.6km, 4시간 30분)·대축마을→악양천 둑길→입석마을→개서어나무숲→아랫재→너럭바우→묵답→원부춘마을

원부춘~가탄(12.6km, 7시간 30분)·원부춘마을→형제봉 임도삼거리→헬기장→중촌마을→정금차밭→대비마을→백혜마을→가탄마을

가탄~송정(11.3km, 6시간 30분)·가탄마을→법하마을→작은재(어안동)→기촌마을→목아재→송정마을

목아재~당재(7.8km, 3시간)·가탄~송정 구간에서 만나는 목아재에서 당재로 이어지는 구간

송정~오미(9.2km, 5시간 30분)·송정마을→송정계곡→원송계곡→노인요양원→오미마을

오미~난동(18.6km, 7시간)·오미마을→용두갈림길→서시교→구례센터→연파마을→구만마을→온동마을→난동 갈림길

오미~방광(12.2km, 5시간)·오미마을→용두갈림길→하사마을→상사마을→지리산탐방안내소→당촌마을→수한마을→방광마을

방광~산동(13.1km, 6시간)·방광마을→참새미골→상대→대전리 석불입상→당동마을→난동갈림길→구리재→구례수목원→탑동마을→산동면사무소

산동~주천(15.9km, 7시간)·산동면사무소→산수유 시목지→편백숲→밤재→지리산유스호스텔→주천면

길 위에서 아픔도 슬픔도 모두 치유하는 동강~수철

지리산 둘레길 중 동강~수철 구간은 현대사의 아픔이 새겨진 길이다. 한국전쟁 중에 일어난 산청 함양사건으로 희생된 영령들을 추모하는 공원이 조성되어 있다. 조금은 숙연한 마음으로 길을 나서게 되는 구간이다.

동강마을 →2.5km→ 방곡마을 →1.8km→ 상사폭포 →2.2km→ 쌍재 →0.7km→ 산불감시초소 →1.1km→ 고동재 →3.6km→ 수철마을

총 11.9km, 5시간

동강~수철 구간은 함양군 휴천면 동강마을에서 시작된다. 그리 크지 않은 마을이라 걷다 보면 이내 마을을 벗어난다. 드넓은 논밭 너머에는 넓은 품을 간직한 임천이 흐른다. 드문드문 이어진 민가들을 지나 1.2km쯤 걸으면 삼거리를 만

지리산 둘레길 중 개인사유지를 알리는 안내판

난다. 이곳에서 좌회전하면 완만한 오르막이 나타난다. 잘 포장된 도로를 1.3km 정도 걸으면 방곡마을이 보인다.

방곡마을에는 '산청함양사건추모공원'이 세워져 있다. 산청함양사건은 1951년 2월에 국군이 지리산 공비를 토벌하기 위한 작전을 수행하면서 산청군과 함양군의 무고한 주민 705명을 희생시킨 민간인 대량 학살 사건이다. 많은 사람들의 노력으로 그 상처가 서서히 치유되고 있지만 여전히 쓰라린 우리 현대사의 슬픈 현장이다. 대리석 계단을 오르면 참배광장에 거대한 위령탑이 우뚝 솟아 있다. 그 뒤편은 드넓은 합동 묘역이고, 언덕을 오르면 위패 봉안각이 있다. 공원 입구의 역사교육관에서는 당시의 참상을 자세히 살펴볼 수 있다.

방곡마을을 지나면 본격적으로 산길을 걸어야 한다. 농경지와 냇가를 지나면 곧 비포장 오솔길이 시작되는데 이 길은 산으로 향한다. 한 사람이 겨우 지날 수 있는 산길은 번잡한 세상과 점점 멀어지는 경계선이나 다름없다. 방곡마을을 기준으로 1.8km 지점에서 왕산과 상사폭포로 갈라지는 삼거리를 만난다. 비좁은

현대사의 뼈아픈 상처를 안고 있는 산청함양사건추모공원

아침 햇살을 받으며 지리산 둘레길을 걷는 여행자

산길이지만 이정표가 있으니 길을 잃을 염려는 없다. 둘레길을 따라가려면 왕산 방향으로 직진해야 하지만 잠시 상사폭포에 들러 숨을 고르자. 30여m 높이인 상사폭포는 한 동네에 살던 부잣집 처녀를 연모했으나 사랑을 이룰 길 없어 상사병을 앓다가 폭포 아래로 몸을 던진 총각 이야기를 전설로 품고 있다. 숲과 계곡으로 이어지는 주변 풍광과는 다른 멋을 선사한다.

폭포를 지나 이어지는 산길은 계속 오르막이다. 산길을 오르다 보면 임도가 나타난다. 이곳을 따라 100m 남짓 더 오르면 정상인 쌍재이다. 쌍재에서 오른쪽 산길로 들어선다. 여기부터 산불감시초소까지는 약 0.7km에 불과하다. 오르막이 계속되지만 방곡마을에서 쌍재 구간으로 이어지는 길을 생각한다면 크게 어려울 것 없는 무난한 코스이다.

길을 걷다가 갑자기 바위 계단이 나오는데, 이곳이 바로 동강~수철 구간에서

드넓은 시야가 시원하기 그지없는 산불감시초소 앞 전경

가장 탁월한 전망을 자랑하는 산불감시초소이다. 좌우로 막힘없이 펼쳐진 능선들을 바라보노라면 가슴까지 시원해진다. 배낭을 내려놓고 잠시 휴식을 취하기에 좋다.

산불감시초소에서 고동재까지는 오르막과 내리막이 반복되지만 대체로 내리막길이라고 생각하면 된다. 고동재는 쌍재처럼 또 다른 임도를 만나는 지점이다. 이 임도는 동강~수철 구간의 종점인 수철마을까지 이어지는데, 길이 넓고 잘 정비되어 오르막에 지친 발걸음으로도 걷기에 편하다. 거리는 3.6km 정도로, 구불구불 이어지는 내리막을 2.5km 걸어오면 민가와 과수원이 드문드문 나타난다. 마을을 1km 남기고 시멘트 포장도로가 시작된다. 고단한 발걸음이지만 가슴이 뿌듯해지는 순간이다.

여행작가의 소곤소곤

방곡마을에서 상사폭포까지는 매우 비좁은 산길이다. 아침에 길을 떠나면 바지와 등산화가 이슬에 모두 젖기 일쑤이다. 쌍재 갈림길에서는 둘레길 유도 말뚝이 잘 보이지 않을 수 있으니 주변을 잘 살펴보자. 아무 생각 없이 걷다가는 임도를 따라 곧바로 하산할지 모른다.

지역번호 055

위치 경남 함양군 휴천면 동강리~산청군 금서면 수철리

음식 작은 마을이라 음식점도 소박하다. 동강~수철 구간이 시작되는 지점인 동강마을에는 식당과 민박을 겸하는 동강식당(회, 962-9888)이 있다. 방곡마을에는 형제식당(흑돼지삼겹살, 010-5267-5831)이, 도착지인 수철마을에는 수철가든민박(청국장, 973-2758)이 있다.

숙박 동강식당, 형제식당, 수철가든민박은 모두 숙박을 겸하는 업소이다. 이 밖에 동강마을의 유키네민박(962-8976), 방곡마을의 영동민박(973-5865, 011-837-5865), 수철마을의 청솔펜션(973-2252, 010-6552-7845) 등이 있다.

찾아가는 길 동서울터미널에서 함양행 시외버스(07:00~17:30, 하루 8회 운행, 3시간 소요)를 탄다. 함양시외버스터미널에서 하차한 후 동강을 경유하는 군내 버스로 갈아타고 동강마을에서 내린다. 도착지인 수철마을에서 돌아오려면 산청시외버스터미널과 수철마을(종점)을 오가는 버스에 탑승한다. 단, 별도의 버스 번호가 없으니 표지판을 눈여겨 봐야 한다. 통영~대전고속도로에서 생초IC를 지나 화계리 방면으로 5.42km 달린다. 유림삼거리에서 마천·함양·자연휴양림 방면으로 좌회전한 뒤 동강마을·운서마을 방면으로 진입한다. 이후 동강마을 주차장에 주차한다.

안타까운 사랑 이야기를 전하는 상사폭포

산청

힘든 만큼 아름다움으로 보상받는 길, 어천~운리

지리산 둘레길의 난이도를 상중하로 나눈다면 어천~운리 구간은 상에 해당한다. 처음부터 가파른 등산 구간이 이어지기 때문이다. 하지만 운리마을의 단속사지에 이르면 모든 고단함이 한꺼번에 씻겨 나간다.

어천마을 입구→2km→아침재→3.2km→웅석봉 하부헬기장→6km→점촌마을→1.5km→탑동마을/단속사지→0.6km→운리마을

★ 총 13.3km, 4시간 30분

경호강을 끼고 있는 어천마을은 수려한 경관을 자랑한다. 어천마을에서 아침재까지의 2km 구간은 마을을 통과하는 길이지만 언덕이 제법 가파르다. 길을 오를수록 경호강은 점점 아래로 내려가고 옹기종기 들어선 민가와 펜션들이 정겨

아침재에 오르는 구간은 제법 가파른 언덕이다.

운 모습을 드러낸다. 마을이 끝나는 지점에서 오른쪽으로 접어드는 길도 콘크리트로 포장된 가파른 구간이다. 아침재에 올라서 뒤돌아보면 저만치 아래로 고즈넉한 어천마을이 보인다.

이제부터 길은 비포장 임도로 이어진다. 임도가 끝나갈 무렵 둘레길 안내판은 왼쪽을 가리키는데, 여기서 둘레길 중 가장 힘든 구간이 시작된다. 원래는 웅석산 등산로였으나 둘레길이 만들어지면서 둘레길로 이용되는 구간이다. 길은 오르고 또 오르기만 한다. 이마와 등줄기에서 땀이 흐르고 숨소리도 거칠어진다. 하늘이 보이지 않을 정도로 숲이 울창해 한여름에도 뜨거운 햇빛을 피할 수 있지만 더위를 식히기에는 역부족이다. 좌우로 구불구불 이어지는 등산로는 몇 분마다 한 번씩 쉬지 않고는 도저히 오르기 힘들 만큼 가파르다. 숨을 몰아쉬며 힘든 구간을 빠져나오면 꽉 막혔던 하늘이 환하게 밝아온다. 갑자기 나타나는 널찍한 공간은 웅석산 하부헬기장이다. 벤치가 놓여 있어 잠시 쉬면서 간단하게 요기하기에 좋다.

아침재에서 하늘이 보이지 않을 정도로 빽빽한 숲길을 오르면 웅석봉 헬기장이 느닷없이 나타난다.

어천~운리 구간 최고의 전망 포인트. 피어오르는 운해가 여행자의 발길을 붙잡고 눈길을 사로잡는다.

웅석산 하부헬기장부터는 다시 임도인데, 평지 아니면 내리막이라 발걸음을 떼기가 한결 편하다. 임도의 첫머리는 아름다운 풍광을 자랑한다. 허리까지 닿는 우거진 수풀은 곱게 빗질한 듯 가지런히 정렬되어 있다. 멀찍이서 좌우로 굽은 길은 아련한 느낌을 준다. 길과 바람과 풀들의 속삭임에 귀 기울이노라면 어느새 길은 한참을 지나 있게 마련이다. 눈앞에 깊은 협곡이 펼쳐진 지점에 이르면 웅장한 산세를 한눈에 감상할 수 있다. 산봉우리를 넘는 운해라도 만나는 날이면 그야말로 장관이 펼쳐진다.

이후의 임도는 콘크리트 포장길이다. 웅석산 하부헬기장에서 6km 지점에 이르면 민가가 보이는데, 출발지인 어촌마을 이후 처음 만나는 집이다. 이곳을 지나면 곧 삼거리이고, 둘레길은 여기에서 오른쪽으로 돌아야 한다.

운리마을의 단속사지 삼층석탑

 가파른 내리막길 끝에는 탑동마을이 자리한다. 탑동마을에 남아 있는 삼층석탑 2개는 지금은 사라진 단속사의 예전 모습을 짐작케 해주는 흔적이다. 예전에는 이 절에 사람들이 너무 많이 찾아와 아침저녁으로 절간에서 쌀을 씻은 쌀뜨물이 10리 밖에까지 흘러갈 정도였다고 한다. 이처럼 지나친 속세와의 인연을 끊으려고 세상과의 인연을 끊는다는 '단속(斷俗)'이라는 이름으로 바꿨다는데, 이젠 석탑만 남아 사라진 단속사와 속세의 오랜 인연을 겨우 연결한다. 동탑과 서탑으로 이루어진 단속사지 삼층석탑은 균형미와 안정감이 돋보이는 전형적인 신라 석탑이다. 탑동마을을 벗어나면 1001번 지방도에 이른다. 도로를 따라 600m쯤 걸으면 종착지인 운리마을에 도착한다.

어천마을을 끼고 흐르는 경호강

여행작가의 소곤소곤

어천~운리 구간을 걸을 때는 초반 코스에 주의해야 한다. 어천마을에서 아침재까지 이어지는 길이 둘로 나뉘어 있기 때문이다. 한 길은 마을을 거치고 다른 길은 숲을 지난다. 어떤 길로 걷든 아침재에 도착할 수 있으니 취향에 따라 선택하자.

 지역번호 055

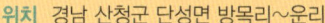

위치 경남 산청군 단성면 방목리~운리

음식 어천~운리 구간에서는 식당을 찾아보기 힘들다. 어천마을을 떠나면 운리마을에 도착하기 전까지는 민가가 거의 없기 때문이다. 도시락이나 간식을 미리 준비하자. 거의 유일한 식당은 운리마을의 농원민박(국수, 010-5313-7688)이지만 이곳도 미리 전화로 문의해야 한다.

숙박 어천마을에는 물가민박(010-7666-3334)과 경관이좋은펜션(010-3882-7015) 등이, 운리마을에는 가람솔펜션(010-4378-7307)과 농원민박(010-5313-7688) 등이 있다.

찾아가는 길 🚌 서울남부터미널에서 산청행 시외버스(08:00~23:00, 하루 8회 운행, 3시간 10분 소요)를 탄다. 산청시외버스터미널에서 하차 후 어천마을을 경유하는 버스를 타고 3번 국도 어천마을 입구에서 내린다. 이후 어천교를 걸어서 경호강을 건너면 어천마을에 도착한다. 어천마을행 버스는 산청군 신안면 원지터미널에서만 운행한다. 도착지인 운리마을에서는 원지터미널과 청계를 잇는 버스(하루 4회)가 유일한 노선이다. 🚗 통영~대전고속도로 산청IC를 나와 산청 방면으로 좌회전한 후 진주 방향 이정표를 따라 직진한다. 1001번 지방도에서 심거·청계·어천 방면으로 우회전한 뒤 호암로를 따라 직진하다가 어천마을에 주차한다.

조식 선생의 발자취를 따라가는 덕산~위태

덕산~위태 구간은 문화와 역사와 강이 어우러진 길이다. 조선시대의 뛰어난 사상가이자 학자인 남명 조식 선생의 흔적을 뒤쫓으며 고즈넉한 덕천강을 따라 걷는다. 감나무로 유명한 유점마을도 만난다.

덕산마을 →1.7km→ 천평교 →3.2km→ 중태마을 →2.1km→ 유점마을 →2.3km→ 갈치재 →1km→ 위태마을

총 10.3km, 4시간

덕산~위태 코스가 시작되는 덕산마을은 행정구역상 산청군 시천면 사리다. 덕산마을로 더 널리 알려진 사리는 조선시대의 유명한 학자인 남명 조식 선생의 유

남명 조식 선생이 학문에 매진한 산천재

적지로 유명하다. 사상가이자 교육자인 조식 선생은 평생 학문에 몰두해 천문, 역학, 지리, 의약, 군사 등 다양한 분야에서 뛰어난 업적을 남겼으며 제자를 기르는 데 힘썼다. 이곳에는 그가 머물며 학문을 익힌 산천재와 남명기념관이 있다. 남명기념관 뒤편 동산에는 그의 묘소도 남아 있다.

남명기념관 앞 인도를 따라 1km쯤 걸으면 제법 번화한 면소재지를 만난다. 이곳을 지나 작은 다리를 건넌 후 다시 한 번 왼쪽 다리를 건너면 둘레길로 이어진다. 본격적으로 둘레길을 걷기에 앞서 이곳에서 100m 남짓 떨어져 있는 덕천서원에 꼭 들러볼 것을 권한다. 조식 선생의 또 다른 흔적이 남아 있는 이곳은 선조 9년(1576년)에 세워진 후 1926년에 고쳐 지었다. 덕천서원 맞은편에 있는 정자인 세심정도 빠뜨리지 말길 바란다.

둘레길로 되돌아와 다리를 건너면 바로 곶감 경매장이 보인다. 곶감으로 유명한 산청답게 경매장 앞 농가에는 곶감을 소재로 벽화가 그려져 있다. 곶감 경매

조식 선생을 기리는 남명 기념관

가장 높은 갈치재를 지나 위태마을로 내려가는 숲길

장을 지나면 감 과수원이 즐비한 천평마을이다. 이곳을 지나면 길은 덕천강을 따라 이어진다. 고즈넉하게 흐르는 덕천강의 아름다움에 눈길을 빼앗기며 걷다 보면 도로 옆 작은 약수터와 마주친다. 식수로도 이용할 수 있으니 차가운 물로 목을 축이고 수통에 채워 넣자. 덕천강을 끼고 1.4km 걸으면 길이 오른쪽으로 굽으면서 덕천강과 점점 멀어진다.

덕천강을 벗어나면 감나무와 밤나무 과수원이 펼쳐진다. 이곳이 바로 중태마을이다. 둘레길 중태안내소가 있어서 필요한 정보나 자료를 얻고 잠시 쉬어 가기에 좋다. 중태안내소를 지나면 곧 농로가 시작된다. 중태안내소를 기준으로 1km쯤 걸으면 길이 점점 가팔라진다. 유점마을부터는 오르막이 본격적으로 시작된다. 숨이 턱까지 차오를 때쯤 아담한 숲을 만나지만 아직 오르막은 끝이 아니다.

유점마을을 다 빠져나가면 비포장 임도로 이어진다. 그리고 얼마 지나지 않

산들바람에 댓잎만 고요하게 서걱이는 대숲의 호젓함

아 숲으로 들어선다. 숲길을 300m쯤 오르면 덕산~위태 구간에서 가장 높은 갈치재를 만난다. 아쉽게도 숲이 우거져서 전망은 그다지 좋지 않다. 그저 가장 힘든 구간을 지나 이제 내리막길만 남았다는 위로를 얻을 뿐이다. 이제부터는 하동군이다.

그런데 숲길을 터벅터벅 내려가다 보면 뜻하지 않게 멋진 선물을 하나 만난다. 울창한 대숲이 바로 그것이다. 굵직한 대나무가 빼곡하게 들어선 숲은 고요하기 그지없다. 어쩌다 바람이라도 불어오면 가지와 잎이 서걱이는 소리만 들릴 뿐, 숨을 내쉬기조차 조심스러울 만큼 온 사방이 고요하다. 대숲을 빠져나오면 평범한 산길이 이어진다. 작은 저수지를 지나 시멘트 포장도로를 걸으면 곧 넓은 농토가 펼쳐진다. 그 길의 끝이 위태마을이다. 상촌마을이라고도 불리는 위태마을은 농가가 한적하게 흩어져 있는 시골 마을이다.

여행작가의 소곤소곤

행정구역상 출발점인 덕산마을은 산청군이지만 종착점인 위태마을은 하동군이다. 따라서 위태마을에서 산청군으로 돌아가는 버스가 없으니 참고해야 한다. 유점마을 구간은 제법 가파르다는 점도 염두에 두자.

 지역번호 055

위치 경남 산청군 시천면 사리~하동군 옥종면 위태리
음식 덕산마을에는 상권이 크게 형성되어 다양한 음식을 맛볼 수 있다. 물레방아식당(민물고기조림, 972-8290)과 수풀林(해물탕, 972-4066)을 추천할 만하다. 위태마을에서는 정돌이(884-3727)의 소박한 백반을 먹을 수 있다.

숙박 덕산마을에는 해와달의정원(010-8777-9153), 조미원(010-5188-7316) 등이 있으며 삼보파크텔(972-9200)도 깨끗한 모텔이다. 위태마을에서는 정돌이민박(884-3727)을 추천한다.
찾아가는 길 서울남부터미널에서 산청군 원지터미널을 경유하는 진주행 버스(06:00~24:00, 하루 26회 운행, 3시간 10분 소요)를 탄다. 원지터미널에서 하차 후 덕산행 버스에 탑승해 덕산마을에서 내린다. 덕산마을과 산청시외버스터미널을 연결하는 버스는 없다. 위태마을에서는 진주행 버스를 타거나, 옥종행 버스에 탑승했다가 옥종에서 진주행 버스로 환승해야 한다. 통영~대전고속도로 단성IC를 나와 지리산국립공원·삼장·시천 방면으로 우회전한다. 약 12km 직진하다가 사리교차로에서 산청·삼장·시천 방면으로 우회전한 후 남명로를 따라 1km 직진하면 덕산마을에 도착한다.

도심에서 도심을 벗어나
자연의 위로를 받는
도시인의 힐링 로드

북한산 둘레길

채지형

북한산 둘레길

　북한산 둘레길은 우리나라의 수도 서울을 대표하는 길이다. 여행을 떠나고 싶지만 시간이 없는 서울 사람들에게 북한산 둘레길은 생명수 같은 길이다. 걸어본 사람은 안다. 가까이 있다는 것만으로도 얼마나 든든한지. 북한산 둘레길은 길 자체도 아름답고 훌륭하지만, 우리 곁에 있어서 더욱 귀하고 고마운 길이다.

　북한산 둘레길은 북한산과 도봉산 자락을 끼고 커다란 원을 그리며 이어져 있다. 기존에 있던 작은 길들을 연결해서 환경친화적으로 다시 만들었다. 전국 국립공원 중에서 첫 번째로 생긴 둘레길로 총 길이 71.8km에 이른다. 2010년 9월에 13개 구간 45.7km가 먼저 개통됐고, 2011년 6월 말에 도봉산 구간 26.1km가 추가되어 모두 21개 구간으로 완성됐다. 대부분의 길들은 아무 때나 마음대로 걸을 수 있지만, 우이동에서 교현동에 이르는 21구간인 우이령길만은 인터넷으로 미리 예약해야 걸을 수 있다.

　북한산 둘레길이 있는 북한산국립공원은 수도권의 허파 역할을 하는 곳으로, 서울시 강북구·도봉구·은평구·성북구·종로구와 경기도 고양시 덕양구에 걸쳐 있다. 북한산은 백운대(836m), 인수봉(810m), 만경대(799m) 세 봉우리가 모여 있어 삼각산(三角山)이라고도 불렸다. 북한산에는 아름다운 자연과 함께 2천여 년의 역사가 담긴 북한산성을 비롯한 문화유산들이 무수히 숨 쉬고 있다. 연평균 500만 명 이상이 찾아 '단위면적당 가장 많은 탐방객이 찾은 국립공원'으로 기네스북에 등재되기도 했다.

　북한산을 오르는 맛과 북한산 둘레길을 걷는 맛은 사뭇 다르다. 북한산의 화려한 암릉을 넘나드는 스릴에 매혹되어 있다면 북한산 둘레길은 다소 심심하게 느껴질지 모른다. 그러나 속도가 아니라 작은 발자국, 한 걸음이 더 소중하고, 인생을 이야기하며 자연을 호흡하고 싶다면 북한산 둘레길이 훨씬 좋다. 시원한 피톤

　치드 속에서 가족과 손을 맞잡고, 혹은 마음 맞는 친구와 어깨를 나란히 하고 걷다 보면 마음 한 구석이 후련해진다. 전체적으로 경사가 그다지 급하지 않아 남녀노소 누구나 어렵지 않게 걸을 수 있으며, 마을과 숲길이 굽이굽이 이어져 편안하게 산책할 수 있다. 곳곳에 설치된 안내판 덕분에 처음 이곳을 걷는 사람도 길을 잘못 들 가능성은 거의 없다. 만약 10분 동안 걸으면서 안내판을 못 만났다면 지나온 길을 다시 한 번 체크하자.

　북한산 둘레길 21개 구간은 크게 1~12구간이 이어지는 북한산 구간과 13~21구간으로 이루어진 도봉산 구간으로 나뉜다. 시작과 끝은 모두 북한산 산행의 대표적인 출발점인 우이동이다. 21개 구간은 거리가 각기 다른데, 가장 짧은 구간은 9구간인 마실길로 1.5km이며, 가장 긴 구간은 21구간인 우이령길로 6.8km에 이른다. 대부분의 구간이 3km 내외로, 하루 일정을 잡는다면 3~4개 구간을 걷는 것이 좋고, 반나절 천천히 산책하고 싶다면 2개 구간 정도를 걸으면 적당하다.

　북한산 둘레길이 시작되는 1구간인 소나무숲길은 이름대로 솔향 그윽한 숲속을 거니는 즐거움을 만끽할 수 있다. 이어지는 순례길은 순국선열들의 넋을 따라가는 구간이다. 시원한 전망을 보고 싶다면 8구간 구름정원길로 향하자. 북한산의 장엄한 곡선을 품에 안을 수 있다. 인터넷 예약을 해야만 걸을 수 있는 우이령길은 숲의 진정한 아름다움을 느끼기에 좋은 길이다. 북한산 둘레길은 전체적으로 걷기 어려운 편이 아니지만, 다른 길에 비해 5구간 명상길은 다소 힘들게 느껴질 수 있다. 길이 힘해 이름처럼 명상을 하는 것은 어림도 없다고 투덜거리는 사람들도 있지만, 명상길은 북한산 둘레길을 걸어본 사람들에게 가장 기억에 남는 구간으로 자주 꼽힌다. 도심에서 벗어나고 싶은 사람들에게 6구간인 평창마을길은 적합하지 않다. 이야깃거리는 많지만 자연을 만나기는 쉽지 않기 때문이다.

북한산 둘레길

1구간	**소나무숲길(3.1km, 1시간 30분)** • 우이령길 입구→손병희 묘역→만고강산 옹달샘→솔밭근린공원 상단
2구간	**순례길(2.3km, 1시간 10분)** • 솔밭근린공원 상단→4.19묘지 전망대→북한산둘레길 탐방안내센터→이준열사묘역 입구
3구간	**흰구름길(4.1km, 2시간)** • 이준열사묘역 입구→구름전망대→빨래골→전망데크→북한산생태숲 앞
4구간	**솔샘길(2.1km, 1시간)** • 북한산생태숲 앞→쉼터→정릉주차장
5구간	**명상길(2.4km, 1시간 10분)** • 정릉주차장→배드민턴장→북악산 갈림길→형제봉 입구
6구간	**평창마을길(5km, 2시간 30분)** • 형제봉 입구→혜원사→구기동 버스정류장→탕춘대성 암문 입구
7구간	**옛성길(2.7km, 1시간 40분)** • 탕춘대성 암문 입구→우수조망전망대→쉼터→북한산생태공원 상단
8구간	**구름정원길(5.2km, 2시간 30분)** • 북한산생태공원 상단→불광사→하늘전망대→스카이워크→기자촌전망대→진관생태다리 앞
9구간	**마실길(1.5km, 45분)** • 진관생태다리 앞→느티나무→진관사→방패교육대 앞
10구간	**내시묘역길(3.5km, 1시간 45분)** • 방패교육대 앞→경천군 송금물침비→백화사→탐방지원센터→효자동 공설묘지
11구간	**효자길(3.3km, 1시간 30분)** • 효자동 공설묘지→효자비→밤골공원지킴터→국사당→사기막골 입구
12구간	**충의길(3.7km, 1시간 45분)** • 사기막골 입구→사기막 전망대→솔고개→교현우이령길 입구
13구간	**송추마을길(5km, 2시간 30분)** • 교현우이령길 입구→오봉탐방지원센터→송추주차장→원각사 입구
14구간	**산너머길(2.3km, 1시간 10분)** • 원각사 입구→안골전망대→안골계곡
15구간	**안골길(4.7km, 2시간 20분)** • 안골계곡→직동공원→범골공원지킴터→회룡탐방지원센터
16구간	**보루길(2.9km, 1시간 30분)** • 회룡탐방지원센터→사패산 3보루→안말공원지킴터→원도봉 입구
17구간	**다락원길(3.1km, 1시간 30분)** • 원도봉 입구→망월공원지킴터→신흥대학→다락원캠프장→다락원
18구간	**도봉옛길(3.1km, 1시간 30분)** • 다락원→국립공원생태탐방연수원→도봉사→무장애 탐방로→무수골
19구간	**방학동길(3.1km, 1시간 30분)** • 무수골→쌍둥이전망대→바가위 약수터→포도밭→정의공주묘
20구간	**왕실묘역길(1.6km, 45분)** • 정의공주묘→연산군묘→원당샘→우이령길 입구
21구간	**우이령길(6.8km, 3시간 30분)** • 우이령길 입구→우이탐방지원센터→유격장→교현탐방지원센터→교현우이령길 입구

1~4구간

단 몇 걸음으로 지상의 경계선을 넘어 천상으로,
소나무숲길~솔샘길

시원한 솔향기에 온몸을 맡길 수 있는 소나무숲길에서 출발해 호국선열들의 발자취를 따라가는 순례길을 거쳐 시원한 전망을 자랑하는 흰구름길, 야생화를 만날 수 있는 솔샘길로 이어지는 역사와 자연을 함께 느낄 수 있는 코스이다.

우이령길 입구 →3.1km→ 솔밭근린공원 상단 →2.3km→ 이준열사묘역 입구 →4.1km→ 북한산생태숲 앞 →2.1km→ 정릉탐방안내소

 총 11km, 5~6시간

호젓하게 걷기 좋은 소나무숲길

북한산 둘레길은 어디서부터 시작해도 좋지만 첫 구간인 소나무숲길은 꼭 걸어보길 바란다. 소나무숲길로 들어서는 출발점인 우이동은 북한산에 오르기 위해 각지에서 모여든 사람들과 그들을 겨냥한 음식점, 등산용품점들로 어수선해 다소 실망스러울 수 있다. 그러나 소나무숲길 입구에 들어서자마자 타임머신을 탄 것처럼 순식간에 다른 세상이 펼쳐진다. 그저 몇 발자국 들어섰을 뿐인데, 선계(仙界)와 인계(人界)의 경계선을 넘은 것 같다.

소나무숲길의 마지막 코스인 우이동 솔밭근린공원

우이동의 번잡함이 없었다면 그 감동이 덜할지도 모르겠다.
  소나무숲길은 아름드리 소나무들이 빼곡한 길로, 경사가 완만해 가볍게 산책하기에 좋다. 이곳에 들어서면 청아한 새소리와 함께 짙은 솔향이 감지된다. '바로 이거야!'라는 감탄이 절로 흘러나온다. 비가 옅게 내린 후에는 초록이 더 싱싱해지고 향도 더 진하게 퍼진다. 소나무가 뿜어내는 기운들이 머릿속을 맑게 해주는 것 같다. 어지러운 마음도 가지런해지는 듯하다. 우이계곡을 따라 흐르는 시원한 물소리가 지친 가슴을 다독여준다.
  행복감에 빠져 걷다 보면 솔밭근린공원이 나타난다. 이곳에는 생태연못, 개울 산책로, 장기바둑쉼터 등 다양한 놀이 공간이 마련되어 있다. 삼삼오오 정겹게 모여서 두런두런 이야기를 나누는 정경은 바라보는 것만으로도 빙그레 미소 짓게 한다.

솔밭근린공원을 지나면 강재 신숙 선생의 묘소부터 헤이그 밀사 이준 열사의 묘소까지 12기의 독립유공자 묘역이 조성되어 있는 2구간 순례길이 시작된다. 이 땅의 민주주의를 위해 목숨을 바친 분들이 잠들어 있는 4·19민주묘지도 빼놓지 말자. 거리는 2.3km밖에 되지 않아 1시간 정도면 충분히 걸을 수 있지만, 전체 묘역들을 찾다 보면 두세 시간이 걸릴 수도 있다. 순례길에 갈 때는 시간도, 마음도 여유를 갖는 것이 좋다. 특히 이 길은 학교에 다니는 자녀가 있다면 꼭 추천하고 싶은 길이다.

순례길 전망대에서 내려다본 4.19민주묘지

3구간인 흰구름길은 순례길의 마지막 지점에 위치한 이준열사묘역 입구에서 출발한다. 이 구간은 1, 2구간보다는 다소 오르막길이다. 그러나 힘든 만큼 보람이 있다. 독특한 원형 모양으로 만들어진 구름전망대에 오르면 북한산과 도봉산을 비롯해 수락산, 불암산, 용마산, 아차산을 한눈에 조망할 수 있다. 여기서는 두 팔을 벌리면 서울 도심도 한 품에 안긴다. 전체적으로 울창한 숲과 아담한 숲길이 이어지는 중간에는 빨래골이 있다. 물이 맑아 대궐의 무수리들이 휴식처로 삼으면서 '빨래골'이라는 이름을 얻게 됐는데, 지금도 동네 사람들의 휴식처

순례길 중간에 시원하게 땀을 식힐 수 있는 개울가

흰구름길에 있는 구름전망대로 가는 길. 초목이 무성하다.

로 사랑을 받는다.

　흰구름길에서 하산해도 되지만, 조금 아쉬운 생각이 든다면 4구간 솔샘길까지 내처 걸어보자. 북한산생태숲 앞에서 정릉주차장까지 2.1km 정도 이어져 1시간만 더 걸으면 된다. 꽃을 좋아한다면 북한산생태숲의 작은 꽃길을 따라 조성되어 있는 야생화들을 찬찬히 둘러보는 것도 좋다.

 여행작가의 소곤소곤

순례길을 걸을 때는 넉넉히 시간 여유를 갖는 게 좋다. 둘레길 부근에는 독립유공자 묘소가 다수 조성돼 있다. '순례'에 초점을 맞춰 다른 코스와 함께 걷기보다는 순례길만을 걸으며 그 의미를 되새겨보는 것도 의미 있다. 찬찬히 역사를 더듬다 보면 예상보다 시간이 많이 걸린다. 4구간이 시작되는 북한산생태숲에서는 자연을 탐구할 수 있는 생태체험 프로그램이 다양하게 진행되고 있다(성북구청 공원녹지과, 02-920-3785, cafe.naver.com/sbgreensharing).

 지역번호 02

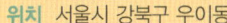

위치 서울시 강북구 우이동

음식 국립4·19민주묘지 근처에 있는 메기한마당(996-0180)은 메기와 참게 음식 전문점으로 얼큰한 양념의 메기구이와 메기매운탕이 인기 있다. 멀지 않은 곳에 있는 대보명가(제천약초밥상, 907-6998)는 약초로 담근 효소와 장으로 음식을 만드는 식당으로 유명하다. 강북청소년수련원 근처 샘터마루(902-6456)는 육개장이 유명한데, 개울을 끼고 있어 막걸리 한잔하는 재미도 쏠쏠하다.

숙박 수유역 주변과 우이동 등산로 입구에 숙박시설이 다수 몰려 있다. 우리산장(996-3535), 디자인호텔 다니엘 캄파넬라(906-6383, hotelcampanella.com), 호텔아카데미하우스(993-6181, www.academyhouse.co.kr) 등을 추천할 만하다.

찾아가는 길 수유역 3번 출구에서 120, 153번 버스를 타고 우이동 차고지 종점에서 내리면 도보 3분 거리에 우이령길 입구가 보인다. 혹은 수유역 3번 출구에서 120, 153번 버스를 타고 덕성여대입구에서 내린 뒤 길을 건너 5분쯤 걸으면 솔밭근린공원 상단에 도착한다. 국립4·19민주묘지까지 온 다음 입구 사거리에서 우이동 방면으로 좌회전해 계속 직진한다. 삼양로를 따라 1.7km 간 뒤 우이동 성원상떼빌아파트 앞에서 우회전해 들어가 천변을 따라가면 강북구 견인차량보관소 내 주차장(유료)에 도착한다.

이준열사묘역 입구에 있는 자유평화수호상

탕춘대성을 넘어 구름 타고 북한산 풍광을 즐기는 길,
옛성길~마실길

도심 속 휴식을 선사하는 녹음과 역사의 현장이 함께하는 북한산. 그중 옛성길~마실길은 서울시가 선정한 우수조망명소가 있을 정도로 뛰어난 풍경을 자랑한다. 오르막과 내리막이 이어지는 북한산의 풍광을 즐긴 뒤 고즈넉한 사찰의 분위기에 취해 본다.

탕춘대성 암문 →2.7km→ 북한산생태공원 상단(옛성길 끝 지점) →5.2km→ 진관생태다리 앞 →1.5km→ 방패교육대 앞

총 9.4km, 5시간

북한산 둘레길은 우리의 소중한 문화유산을 여럿 품고 있다. 그중에서도 7구간인 옛성길은 북한산 둘레길 중 유일하게 성문을 통과하는 구간으로, 조선시대 도

옛성길 출발점인 탕춘대성 암문 입구

탕춘대 성벽 위에서 바라본 옛성길

성과 북한산성을 연결해 축성된 탕춘대성 암문을 지나게 된다. 탕춘대성은 숙종 41년(1715년)에 한양 도성과 북한산성의 방어 시설을 보완하기 위해 만들어졌다. 7구간의 출발점인 탕춘대성 암문 입구에 서면 역사의 흔적을 더듬으며 시작하는 기분이 남다르다.

　성문을 지나면 흙길보다 바위가 더 자주 보인다. 발걸음도 성큼성큼 커진다. 바위에 걸터앉아 서울 도심을 내려다보며 밀린 이야기를 나누는 모습들이 정겹다. 미소를 머금고 몇 차례 오르내리다 보면 서울시에서 지정한 우수조망명소가 나타난다. 이곳에 서면 족두리봉과 향로봉을 비롯해 비봉, 사모바위, 승가봉, 나월봉, 문수봉, 보현봉이 파노라마처럼 펼쳐진다. 잠시 숨을 고르고 그림 같은 풍광에 푹 빠져본다. 우수조망명소를 지나서도 아름다운 풍경은 계속 이어진다. 차나 간식거리를 준비해 왔다면 적당한 바위에 걸터앉아 멋진 북한산을 느껴보

구름정원길에서 가장 아름다운 길로 손꼽히는 스카이워크

마실길 구간 중 진관사에 가기 전에 있는 진관야생동물보호구역

는 것도 좋다.

　7구간의 종착점인 북한산생태공원 상단 바로 전부터 경사가 급해지니 조심해서 내려와야 한다. 조심스레 발걸음을 떼다 보면 8구간인 구름정원길이 기다린다. 이 구간의 명물은 하늘전망대와 스카이워크이다. 구름정원길에 들어서면 자그마한 사찰인 불광사가 나타난다. 불광사를 지나 오르막길을 오르면 하늘전망대가 보인다. 하늘전망대에서는 손에 닿을 듯 바로 앞에 놓인 건설 현장의 골리앗이 눈에 들어온다. 현재진행형인 서울의 공사 현장이다. 그러나 실망할 필요는 없다. 조금 더 가면 마음을 놓기에 좋은 기자촌전망대를 만날 수 있기 때문이다.

　하늘전망대를 지나면 스카이워크부터 등장한다. 스카이워크는 은평구 구기터널 상단 지역의 계곡을 횡단하는 길로, 이 길을 걸으면 마치 구름 위를 걷는 듯한 기분이 든다. 또한 아래에서만 올려다보던 나무를 옆에서도 위에서도 바라볼 수 있어 색다른 즐거움을 선사한다. 단점이라면 길이가 60m밖에 되지 않아 다소 아쉬움이 남는다는 것이다.

　스카이워크를 지나면 불광중학교 후문이 나타난다. 그냥 지나치기 힘들 정도로 맛있는 집들이 많다. 뭔가 먹고 싶다면 이 부근에서 식사를 하고 가는 것이 좋은 선택이다.

　불광중학교 후문에서 야산을 따라 걸으면 다시 울창한 숲이 시작된다. 숲길은 곧 오르막길로 이어지는데, 이 길은 오르막이라 더 고맙다. 오를수록 탁 트인 하늘이 가슴을 시원하게 해준다. 오르막길 끝에 나타나는 기자촌전망대는 시원한 조망과 함께 주변의 억새가 낭만적인 분위기를 자아낸다. 기자촌전망대에서 내려오면 세종대왕의 아홉 번째 아들인 화의군 이영의 묘소와 사당이 나타난다. 이곳을 잠시 둘러보고 가벼운 마음으로 가장 짧은 구간인 마실길을 걷기 시작한다.

　마실길은 그 이름처럼 옆집에 살랑살랑 놀러 가는 기분으로 걸으면 된다. 그렇

불광중학교에서 진관동으로 가는 개울가에 활짝 핀 물봉선화

다고 마실길이 마냥 가벼운 마음으로 걸을 수 있는 길은 아니다. 신령스러움이 느껴지는 수백 년 된 느티나무와 빼어난 계곡을 품은 진관사가 이곳에 자리하고 있기 때문이다. 진관사는 고려 현종이 왕위에 오르기 전에 자기 목숨을 구해준 진관조사의 은혜에 보답하기 위해 지은 절로, 서울에서 보기 드물게 고요하고 아름답다. 진관사를 여유롭게 산책하고 다시 자그마한 숲길을 따라가면 방패교육대 앞에 이른다. 이곳에서 알찬 북한산 둘레길 산책이 마무리된다.

 여행작가의 소곤소곤

2009년, 진관사에서 1919년 3·1운동 당시 스님들이 독립운동에 참여한 것으로 보이는 유물이 발굴됐다. 칠성각을 해체·보수하면서 당시에 사용했던 태극기와 독립신문 등 6

종 21점을 발견했다. 그 가치가 높으므로 꼭 확인하자. 길은 험하지 않지만 산길을 걷기 때문에 등산화를 신는 것이 좋다. 간단하게 먹을 수 있는 간식거리도 준비하자. 북한산 둘레길에 대해 더 자세한 정보를 알고 싶다면 웹사이트(ecotour.knps.or.kr/dulegil/index.asp)를 참고하자. 스마트폰을 가지고 있다면 안드로이드 마켓과 앱스토어에서 '북한산 둘레길'로 검색해 상세한 정보를 담은 어플을 다운받을 수 있다.

지역번호 02

위치 서울시 종로구 구기동

음식 구산역에서 연신내 방향으로 가면 마산종가아구찜(388-5679)이 있다. 정갈한 반찬이 나오고 아삭한 콩나물과 어우러진 아구의 식감이 괜찮다. 구기동 옛날민속집(379-6100)은 국산 콩을 직접 갈아 만든 손두부와 콩비지를 내놓는다. 대표 메뉴인 보리밥정식은 푸짐해서 더 좋다. 연신내에서 40년 넘게 영업한 한식당인 불오징어집(355-3130)은 불오징어 원조집으로, 갖은 야채에 고춧가루로 양념해 볶아낸 오징어불고기가 대표 메뉴이다. 남은 양념에 볶은 밥은 또 다른 별미다.

숙박 연신내역 주변, 불광역과 구기동에 숙박시설이 다수 있다. 킴스관광호텔(379-0520), 한려옥레지던스호텔(385-1788), 서울레저관광호텔(383-2010) 등을 추천할 만하다.

찾아가는 길 🚌 불광역 2번 출구로 나와 길을 건너 7022, 7211번 버스를 탄다. 구기터널 앞에서 하차한 후 길을 건너 탕춘대성 암문 입구까지 도보로 10분 정도 이동한다. 마실길 끝 지점에서 진관생태다리 앞으로 가서 7211번 버스를 타면 3호선 연신내역으로 향한다. 🚗 경복궁역에서 자하문터널을 지나 상명대부속초등학교 앞 세검정삼거리에서 홍은사거리 방향으로 좌회전해 300m 정도 가면 홍은1동 제2공영주차장이다. 여기에 주차한 뒤 택시를 타고 구기터널 삼거리 자하문호텔까지 가야 한다.

생생한 역사와 도봉산의 자연을 만날 수 있는
도봉옛길~왕실묘역길

북한산은 조선 왕조 500년 흥망성쇠의 역사를 지켜본 역사의 산 증인이다. 나라에 큰 일이 생길 때마다 제 몸에 붙은 불로 경고한 방학동 은행나무부터 왕가의 피비린내 나는 역사를 보여주는 연산군묘, 한글의 창제 과정을 되새겨볼 수 있는 정의공주묘까지, 자연과 역사 학습을 겸할 수 있어 특히 자녀를 둔 가정에 추천할 만하다.

다락원 →3.1km→ 무수골 →3.1km→ 정의공주묘 →1.6km→ 우이령길 입구

 총 7.8km, 4시간

18구간 도봉옛길부터 19구간 방학동길, 20구간 왕실묘역길로 이어지는 길은 도봉산의 아름다움과 역사를 만날 수 있는 길이다. 이번 산책은 다른 때와 달리

영험한 기운으로 널리 알려진 방학동 은행나무

방학동 은행나무와 연산군묘 사이에 있는 정자공원

20구간의 종점인 우이동에서 시작한다. 닿기 쉬운 곳에서 길을 시작하는 것이 편하기 때문이다. 어느 방향으로 가든 길은 다 통한다.

  우이동을 출발해 야트막한 산을 넘으면 북한산의 살아 있는 역사인 방학동 은행나무가 나타난다. 서울시 지정 보호수로 높이 24m, 둘레 9.6m에 수령이 830여 년이나 된 나무이다. 이 나무에 불이 붙을 때마다 나라에 큰 변이 생겼다는 전설이 전해진다. 나무의 영험한 기운에 그 앞에 서면 절로 숙연하고 경건해진다.

  은행나무 앞에는 조선 성종의 맏아들로 중종반정 때 폐위된 연산군의 묘가 있다. 유배지인 교동도에 안장됐다가 1513년에 현재 자리로 이장됐으며, 2006년 7월부터 일반인에게 공개됐다. 이곳에서 좀더 들어가면 세종대왕의 둘째 딸로 훈민정음 창제에 크게 기여한 정의공주묘가 있다. 이 두 기의 묘 때문에 이 길에

늦여름 적자공원 연못에 핀 노랑어리연꽃

세종대왕의 둘째 딸인 정의공주 묘와 그녀의 남편인 안맹담 묘

왕실묘역길이라는 이름이 붙여졌다. 길지 않은 길이지만 역사를 돌아보게 하는 중요한 길이다.

정의공주묘를 지나면 길은 다시 산으로 이어져 19구간 방학동길이 시작된다. 포도밭과 바가지 약수터를 지나 능선을 따라가면 전망대 두 곳이 붙어 있는 쌍둥이전망대가 나타난다. 도봉산 둘레길의 유일한 전망대로 한쪽은 북한산 조망이, 다른 한쪽은 도봉산 쪽 조망이 멋지다. 곳곳에 '걷기'에 대한 아름다운 시들이 걸려 있어 풍경을 조망하면서 시에 빠져보는 것도 좋다. 전망대에 오른 사람들의 크고 작은 소원이 적힌 동그란 나뭇조각들도 대롱대롱 매달려 있다.

쌍둥이전망대에서 계곡을 따라 내려오면 19구간과 18구간을 이어주는 무수골이 등장한다. 근심이 없다는 이름(無愁)처럼 잠시 신발을 벗고 계곡물에 발을 담그면 신선이 따로 없을 정도로 기분이 환해진다. 무수골은 여름이면 아이들의 물놀이 장소로 인기가 높고, 주말농장을 일구는 사람들도 많이 찾는다.

한결 가벼워진 발걸음으로 걷다 보면 호젓한 도봉사에 도착한다. 도봉사 경내

우암 송시열의 '도봉동문(道峰洞門)' 바위

도봉옛길에서 다락원으로 향하는 길에 있는 돌탑 포토존

도봉탐방지원센터에서 만난 동고비

를 한가롭게 돌아보고 내려오면 갑자기 북적거리는 소리가 들린다. 바로 도봉산 산행의 시작점인 도봉탐방지원센터 앞이다. 길을 가득 채운 파전 냄새와 '50% 세일'을 외치는 등산용품점을 뒤로하고 계속 걸으면 우암 송시열의 '도봉동문(道峰洞門)' 바위가 보인다. 시간이 허락한다면 우리나라의 산악 역사를 전시해 놓은 국립공원산악박물관도 둘러보자.

  18구간의 종점은 18세기 후반 도매상들이 물자를 공급하던 중요한 거점인 다락원이다. 지금은 옛 모습이 거의 남아 있지 않아, 과거에 북적거렸을 정경을 눈앞에 그리는 것은 상상에 맡겨야 한다. 한적한 길 한쪽에는 사람들의 기원을 담은 돌탑들이 소담하게 쌓여 있다. 집으로 돌아가는 길에 돌탑에 작은 돌을 올리며 가슴속에 작은 소망 하나를 품고 일상으로 돌아간다.

여행작가의 소곤소곤

국립공원산악박물관에서 도봉계곡을 따라가면 조선 중종 때의 개혁정치가 조광조를 기리는 도봉서원이 나온다. 1696년에 세워진 사당으로 우암 송시열의 위패도 모셔져 있다. 도봉산역 가까이에는 서울창포원이 있다. 붓꽃원, 약용식물원, 습지원 등 12개 테마로 조성된 이곳은 5~6월이면 활짝 핀 붓꽃으로 가득하다.

 지역번호 02

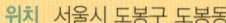

위치 서울시 도봉구 도봉동

음식 우이동 버스정류장 근처에 있는 원석이네(김치찌개, 906-4059)는 산꾼들 사이에서 소문난 20년 맛집이다. 멀지 않은 곳에 있는 우리콩순두부집(순두부정식·비지찌개, 995-5918)은 파주에서 직접 재배한 콩을 사용하는 식당으로 순두부와 콩비지가  주요리다. 황태정식과 김치가 들어간 비지찌개도 맛깔나다. 정의공주묘 인근에 있는 대문한정식(대문정식, 956-0843)은 천연 재료로 만든 영양솥밥과 15가지 밑반찬이 기본으로 나오는 한정식 전문점이다.

숙박 도봉산역 주변에는 모텔이 다수 있고 창동역과 노원역 주변에 괜찮은 숙박시설이 모여 있다. 론스타호텔(992-6969), 모텔베르사유(998-9092), 노블레스관광호텔(935-7161) 등을 추천할 만하다.

찾아가는 길 도봉산역 1번 출구에서 106, 107, 108번 버스를 타고 다락원에서 내린 후 다락원매표소까지 도보로 8분 정도 이동한다. 동부간선도로를 따라 의정부, 태릉 방면으로 직진하다가 수락고가도로에서 도봉역 방향으로 좌회전한다. 도봉역 사거리에서 다시 좌회전해 직진한 후 양지빌라트 옆 도봉공용주차장(유료)에 주차한다. 이후 도봉역에서 전철로 이동해 도봉산역으로 간다.

햇빛도 달빛도
동해의 옥빛 바다와
일렁이는 길

동해 해파랑길

이신화

해파랑길

오래전부터 국내에서 손꼽히는 해안 드라이브 코스는 동해의 옥빛 바다를 보면서 달려가는 7번 국도였다. 그와 엇비슷하게 걸을 수 있는 국내 최장의 걷기 코스가 개발되고 있다. 부산 오륙도해맞이공원부터 강원도 고성 통일전망대까지 국내 최장의 동해안 트레일 코스 '해파랑길'이다. 동해의 상징인 '떠오르는 해'와 푸른 바다색인 '파랑', '함께한다'는 의미의 조사 '랑'을 합쳐 이름 붙인 해파랑길은 '떠오르는 해와 푸른 바다를 바라보며 함께 걷는 길'이라는 의미를 지닌다.

총 770km, 50개 코스로 이루어진 해파랑길은 2009년 문화체육관광부 주관으로 기존 길들을 충분히 활용하고 자연을 파괴하지 않으면서 친환경적으로 정비한 길이다. 동해 아침, 화랑 순례, 관동팔경, 통일 기원 등 몇 가지 큰 테마가 있는 해파랑길은 그저 풍경을 즐기며 걷기만 하는 길이 아니다. 동해안의 유무형 유산과 정철, 수로 부인, 처용, 박제상, 신라 화랑 등 역사 속 인물들을 길 위에서 만날 수 있을 뿐만 아니라 수많은 포구와 바닷가 마을의 숨은 이야기를 찾아갈 수 있는 스토리텔링 로드로 만들어졌다. 그래서 세계인들이 찾아드는 스페인의 '산티아고 가는 길(800km)'처럼 동북아를 연결하는 국제적인 해안 도보 명소로 자리매김하겠다는 포부를 가지고 있다.

하지만 해파랑길은 아직 미완성이다. 이미 있는 길을 연계하는 것은 물론 없는 길을 새로 만들어야 하는 어려움에 부딪쳤기 때문이다. 현재 50개 코스가 조성됐

지만 대부분 현장 안내 시스템이 제대로 갖춰지지 않았다. 위험 지역의 방호시설이 미비하거나 사유지 침범이 우려되는 곳도 있다. 그래서 해파랑길을 걸으려면 표지판이 잘 갖춰진 인기 있는 길부터 찾아보는 것이 현명하다.

 부산부터 고성까지 각 지역마다 특색을 살려 이미 만들어놓은 길들만 걸어도 해파랑길의 매력을 느끼기에 충분하다. 부산의 미항을 연결하는 문탠로드와 영덕의 블루로드는 걷기에 전혀 염려 없는 길이다. 강원권의 낭만가도는 최북단 고성에서 속초, 양양, 강릉, 동해, 삼척을 잇는 240km 구간으로 동해안의 해안 절경을 따라 이어진다.

 문화체육관광부에서 해파랑길 중 걷기 좋고 다양한 볼거리와 이야깃거리가 있는 '걷기 좋은 베스트 5'를 선정했는데, 그 길을 먼저 걸어보는 것도 좋은 방법이다. 동해 아침이 아름다운 부산의 오륙도~송정해수욕장 구간(24km), 화랑과 삼국유사의 흔적을 더듬어보는 경주 봉길해수욕장~포항 양포항 구간(23km), 블루로드라는 이름만큼 푸른 바다가 눈부신 영덕의 강구항~고래불해수욕장 구간(50km), 석호가 아름다운 강릉 강릉항~양양 광진리해수욕장 구간(27km), 해파랑길의 끝자락을 장식하는 고성의 송지호~화진포 구간(28km)이 뽑혔다. 다만 고성권의 해파랑길은 아직 팻말이 미흡하니 주의하자.

 **해파랑길**

부산권역

1코스	총 17.7km, 5시간 50분	오륙도해맞이공원→이기대길→광안리해변→수영2호교(민락교)→부산요트경기장→해운대해변→미포
2코스	총 16.5km, 5시간 30분	미포→달맞이공원 어울마당(청사포)→구덕포→송정해변→대변항
3코스	총 20.2km, 6시간 30분	대변항→기장읍성→기장군청→일광해변→임랑해변
4코스	총 19.7km, 6시간 40분	임랑해변→간절곶→진하해변

경상권역 : 울산~경주~포항~영덕~울진권

5코스	총 18km, 6시간 10분	울산 진하해변→남창역→옹기문화관→우진휴게소→덕하역
11코스	총 18.9km, 6시간 50분	경주 나아해변→봉길해변(문무대왕릉)→감은사지→이견대→나정해변→전촌항→감포항
14코스	총 15.3km, 5시간 20분	포항 구룡포항→구룡포해변→호미곶 등대
20코스	총 18.8km, 7시간 30분	영덕 강구항→고불봉→영덕풍력발전단지→영덕해맞이공원
26코스	총 16.2km, 5시간 40분	울진 망양정→울진엑스포공원→연호공원→봉평해변→죽변등대

강원 강릉 남부권역 : 삼척~동해~강릉권

30코스	총 14.6km, 6시간 30분	삼척 임원항 입구→문암해수욕장→공양왕릉 입구
32코스	총 22.6km, 8시간	삼척 덕산해변→상맹방해수욕장→삼척역→새천년해안유원지→삼척해수욕장→추암해변
33코스	총 13.3km, 4시간 20분	동해 추암해변→동해역→한섬해수욕장→묵호역
35코스	총 13.4km, 5시간 10분	강릉 옥계시장→옥계해변→금진항→심곡항→정동진역
37코스	총 17.6km, 6시간	강릉 안인해변→수변공원→오독떼기전수관

강원 강릉 북부권역 : 양양~속초~고성권

40코스	총 12.4km, 4시간	강릉 사천진리해변공원→연곡해변→주문진→주문진해변
44코스	총 12.5km, 4시간 30분	양양 수산항→낙산도립공원→낙산사→정암해변→속초해맞이공원
45코스	총 16.7km, 6시간 30분	속초 속초해맞이공원→대포항→속초항→보광사→장사항
46코스	총 15km, 5시간 10분	고성 장사항→청간정→천학정→능파대→삼포해변
49코스	총 16km, 6시간 30분	고성 거진활어센터→역사안보전시관→화진포해양박물관→대진등대→금강산콘도→명파초등학교
50코스	총 8km, 3시간	명파초등학교→제진검문소→DMZ박물관→통일전망대

20 코스

울창한 솔숲길, 청신한 기운 듬뿍,
강구터미널~영덕해맞이공원

한두 사람이 어깨를 나란히 걸을 정도의 소나무 숲길이 연이어진다. 소나무의 청신한 기운을 한 몸에 쓸어 담으며 걷는 길은 원 없이 청아하다.

강구터미널 →0.8km→ 등산로 입구 →3.4km→ 구름다리 →3.6km→ 고불봉 →6.7km→ 풍력발전단지 →1.8km→ 창포마을 갈림길 →2.5km→ 영덕해맞이공원

총 18.8km, 7시간 30분

해파랑길 20코스를 시작하는 지점은 강구터미널이다. 도로변에 그려진 노란 화살표가 길 안내자이다. 초입 마을의 좁은 골목길은 약간 경사져 있는데, 오름길에는 잠시 한숨 돌리라고 일부러 만들어놓은 듯한 자그마한 정자가 있다. 등산로 팻말을 따라 발길을 옮기면 드디어 한적한 숲길에 들어선다. 바위 없는 흙길이 평평하게 이어지는데, 이 오솔길은 다리에 전혀 무리가 가지 않는 최상의 산행길이다. 피톤치드가 폐부까지 스며드는 것 같다. 그렇게 1시간 이상 걸으면 금진도로를 가로지르는 구름다리를 만난다.

구름다리에서 고불봉까지의

강구항 어시장

고불봉에서 바라본 영덕 시내

길도 별반 다르지 않다. 약간의 오르내림이 있지만 대체로 경사가 완만해 걷기에 좋다. 이대로라면 한없이 걸어도 지칠 것 같지 않은 산행이다. 함께 걷는 사람이 아무도 없어도 무섭지 않다. 이 길에는 사람을 편안하게 해주는 마력이 있다. 갈림길이 많지 않고 이정표를 잘 설치해 놓아 불편할 일도 없다. 무념무상으로 풀숲을 살펴보고 한 떨기 야생화를 바라보며 지칠 만큼 걷고 또 걸으면 어머니의 가슴처럼 봉곳하게 솟아오른 고불봉의 위치가 가늠된다.

고불봉(207m)을 앞두고 나무 계단이 만들어져 있다. 화림산(374m)과 무둔산(208m) 산줄기가 뻗어내려와 형성된 고불봉의 옛 이름은 망월봉이다. 예전에는 동쪽 기슭에 망월암이 있었다고도 한다. 고불봉이라고 쓰인 표시석 주변은 평평한 공간으로 간단한 체육시설이 갖춰져 있다. 쉬어 가라는 듯 벤치도 놓여 있다. 발길을 조금씩 옮기면 동쪽으로는 바다를 배경으로 풍력발전단지가 건너다보인

간단한 운동기구와 벤치를 마련해 놓은 고불봉 정상 표시석 주변

다. 남쪽으로는 산줄기 너머로 강구항이 내려다보인다. 그 뒤로 동대산(791.3m), 바대산(646m), 내연산(710m) 줄기가 길게 이어져 있다. 서쪽으로는 오십천 줄기와 영덕 읍내가 내려다보인다. 특히 영덕 읍내는 마치 헬기를 타고 내려다보는 듯 한눈에 조망된다. 이 멋진 풍경은 영덕8경 중 하나인 '불봉조운(佛峰朝雲, 동해의 붉은 해가 떠오를 무렵 새벽 구름에 휩싸여 있는 모습)'이다.

고불봉의 장관을 한껏 감상하고 내려오면 임도가 이어진다. 임도는 영덕읍과 하저를 잇는 국도와 만난다. 아스팔트 길을 조금 내려가면 왼쪽에 풍력발전단지와 이어지는 임도가 있다. 산길이 아닌 임도를 걷는 것은 그리 쉬운 일이 아니니 마음을 추슬러 인내심을 갖자. 드디어 해풍에 빙빙 돌아가는 풍력기가 보인다.

영덕해맞이공원의 이색적인 대게 모양 등대

해풍이 부는 대로 빙빙 도는 풍력기의 모습은 엄청난 소리만큼이나 장관이다.

풍력발전단지로 깊숙이 들어갈수록 풍력기 수는 많아지고 그만큼 소리도 커진다. 이곳에는 풍력기 외에 별반산 봉수대도 있다. 남쪽의 황석산, 북쪽의 대소산과 더불어 영덕 앞바다의 위급함을 알리는 전령 역할을 했던 곳이다. 신에너지재생관, 오토캠핑장, 윤선도 시비 등도 둘러볼 만하다. 이곳의 장점은 무엇보다 빼어난 전망이다. 산과 바다를 한꺼번에 조망할 수 있는 지점에 서면 하루 종일 걷느라 뻐근해진 다리의 아픔도 잊는다.

이제 걷기 막바지 지점인 창포마을이다. 해양수산부가 '4월의 가장 아름다운 어촌'으로 선정한 마을이다. 창포마을의 해안에 영덕해맞이공원이 있다. 사시사철 꽃이 피고 지면서 아름다움을 더하고 대게 모양의 등대가 독특한 풍경을 만들어낸다. 저녁 무렵이면 루미나리에 조명등에 불이 밝혀지는 이곳은 그저 아름답다는 말을 연거푸 할 수밖에 없다.

여행작가의 소곤소곤

고불봉까지의 임도는 길고 지루하다. 먹을거리, 마실 거리, 챙 있는 모자를 꼭 준비하자. 20코스를 전부 걷고 싶지 않다면 영덕~호저를 잇는 국도에서 영덕 읍내 택시를 불러 곧바로 영덕해맞이공원으로 가는 방법도 있다. 전체 '블루로드(해파랑길 영덕 구간을 일컫는 이름)'에는 도로 바닥에 노란 화살표가 그려져 있고 이정표와 안내판 등이 잘 설치되어 있다. 강구항 초입에 해파랑 탐방길을 따라 지정된 식당 5곳에는 안내 팸플릿이 비치되어 있으니 참고하자(영덕군청 산림경영과 054-730-6311).

 지역번호 054

위치 경북 영덕군 강구면 오포리~영덕군 영덕읍 대탄리
음식 강구항 일대에는 대게 전문점이 100곳 이상이나 된다. 대게를 직접 사서 따로 돈을 내고 찜통에 쪄서 먹을 수도 있다. 그 외에 야성숯불가든(불고기, 733-3993), 현해탄(한식, 733-3413), 청화대(대게, 733-4130) 등이 괜찮다.
숙박 창포2233펜션(734-1661, www.창포2233펜션.kr), 창포해맞이공원펜션(010-7749-9114, www.창포펜션.kr), 펜션큐브(733-8464, www.pensioncube.co.kr), 풍차마을펜션(www.gowindmill.com), 하저펜션(734-6654, www.hajeo.com), 락엔라이프(733-6054, www.락엔라이프.한국) 등 숙박시설이 많다.
찾아가는 길 동서울터미널에서 영덕행 직행버스(07:00~17:30, 하루 8회 운행, 4시간 20분 소요)를 탄다. 영덕읍에서는 강구항을 오가는 시내버스를 이용한다. 영동고속도로를 타고 만종IC를 지나 중앙고속도로로 들어선다. 서안동IC를 지나 안동에 접어든 뒤 34번 국도를 타고 청송, 진보, 영덕읍을 지나면 강구항이다. 또 다른 방법으로는 강릉~동해를 잇는 고속도로를 이용해도 된다. 동해에서 7번 국도를 타고 영덕 읍내로 온다. 안동을 거치는 것보다 30분 정도 더 걸리지만 직선 길이라 편하고 바닷가의 멋진 풍치를 감상할 수 있다.

푸른 바다, 그리고 먹을거리 풍성한 항구와 시내가 이어지는 속초해맞이공원~장사항

속초항, 대포항, 외옹치항, 동명항, 장사항…… 싱싱한 활어를 파는 어시장이 유혹의 손길을 던지는 곳. 아바이마을의 순대는 물론 중앙시장에도 먹을거리가 지천이다. 부른 배를 비우라는 듯 호젓한 영랑호반길이 여행자를 반긴다.

속초해맞이공원 →1.6km→ 대포항 →4.9km→ 속초항 →3.6km→ 보광사 →6.6km→ 장사항

 총 16.7km, 6시간 30분

속초해맞이공원의 인어연인상

해파랑길 45코스는 속초해맞이공원에서 시작된다. 이곳에는 여행자의 발걸음을 붙잡는 볼거리로 가득하다. 바닷가에는 다정한 인어연인상을 비롯해 다채로운 조각품들, 바다를 향해 이어지는 산책로, 관광안내소까지 갖춰져 있다. 공원을 비껴 대포항까지는 바다를 바라볼 수 있는 찻길이 이어진다. 활어 시장에서 즉석 회를 구입해 먹을 수 있다는 것은 대포항의 가장 큰 매력이다.

사람 냄새 물씬 풍기는 항구의 좁은 길을 따라 안쪽으로 계속 걸어가면 속

푸른 앞바다와 방파제 등대

초8경의 하나로 손꼽히는 외옹치마을로 이어진다. 독을 엎어놓은 모양이라는 데서 지명이 유래된 전통 어촌이다. 장독처럼 생긴 고개 바깥에 있다고 하여 밧독재라고도 불린다. 마을로 가는 길 오른쪽, 바닷가에는 횟집촌이 있고 마을 입구에는 장승이 반긴다. 속초에서 유일한 장승으로 3년마다 새롭게 깎아 세운다고 한다. 마을 안쪽에는 민가 몇 채와 성황당이 있고 언덕 정상에 서면 속초 시가지, 등대, 조도, 그리고 백사장으로 밀려드는 파도가 한눈에 들어와 눈이 시원해진다.

길은 속초해수욕장으로 이어진다. 해안선 길이는 약 2km, 백사장 길이는 약 500m로 수심이 얕고 경사가 완만하며 도심과 인접해 사람들이 많이 찾는 해수욕장이다. 걷는 내내 자그마한 무인도인 조도가 눈길을 잡아끈다. 부서지는 파도, 작은 섬, 등대, 배들이 어우러진 해안길은 걷는 피로를 덜어준다.

해변을 벗어나면 청호동 골목으로 접어든다. 청호동은 실향민이 모여 만들어진 아바이마을로 이어진다. 실향민 1세대는 대부분 세상을 떠났지만 여전히 순대집들이 남아 옛 모습을 떠올리게 한다. 청호동 아바이마을에서 속초 시내 중앙동으로 들어가려면 갯배를 타야 한다. 도심과 도심을 이어주는, 폭이 좁은 해협에 걸쳐놓은 줄을 이용해 오가는 갯배는 지름길 역할을 한다. 줄을 끌어당기면 어느새 속초 시내에서도 가장 번화한 중앙동에 이른다. 큰길로 나와 길을 건너면 속초 중앙시장이다. 물건을 사고팔면서 흥정하는 사람들의 번뜩이는 시선

조도가 보이는 속초 해변 풍경

들이 생기를 뿜어낸다.

 중앙시장의 활력을 이끌고 도심을 벗어나 찾는 곳은 영금정이다. 영금정 일출과 등대는 속초8경 중 하나이다. 영금정은 바위에 부딪히는 파도 소리가 신령한 거문고 소리 같다고 하여 붙여진 이름이다. 도로를 내면서 바위들이 부서진 지 오래지만 주변 풍치는 여전히 아름답다.

 길은 또다시 해안길로 접어든다. 금방이라도 파도가 들이칠 것 같은 해안로가 이어지는데, 그 길목에서 속초등대전망대로 오르는 길을 만난다. 전망대에 올라

청호동 아바이마을과 속초 시내 중앙동을 잇는 갯배

영금정의 아름다운 여명

속초8경 중 하나인 범바위

서면 푸른 동해와 속초가 파노라마처럼 펼쳐진다.

전망대에서 내려와 해안길이 끝나는 지점까지 걸어가면 다시 큰길이 나타나고, 그 길을 건너면 영랑호반길로 접어든다. 때론 부드럽게 구부러지기도 하고 곧게 뻗은 직선 길도 있다. 걷는 길목에는 보광사도 있는데, 1937년에 세워진 사찰로 그리 오래되지 않은 터라 유서 깊은 문화재는 없지만 잠시 걸음을 멈추고 한숨을 돌리기에 좋다.

곧이어 만나는 속초8경 중 하나인 범바위의 기암은 매우 독특하다. 그 범바위에 오르면 영랑정이 있다. 영랑, 술랑, 안상, 남석이라는 네 화랑이 명경처럼 맑

하늘과 산을 맑게 비추는 영랑호

은 물에 취한 나머지 집에 돌아갈 생각을 잊은 채 무술 수련에 열중했다는 곳이다. 이를 테마로 영랑호 화랑도 체험지(www.hwarangdoexperience.com)도 만들어놓았다. 영랑호반길이 끝나는 지점에서는 여름철이면 수상스키나 스킨스쿠버를 즐긴다. 여기에서 여정을 마무리해도 좋지만, 45코스의 종착점은 장사항이다. 장사항에는 횟집들이 즐비하게 늘어서서 시장기 도는 여행자의 지친 발걸음을 잡아 세운다.

여행작가의 소곤소곤

45코스에는 이정표가 잘 갖춰져 있지 않지만 길을 찾는 데 어려움은 없다. 도심에서는 굳이 정해진 길을 고집하지 않아도 된다. 아예 골목길을 따라 자신만의 여정을 만들어보자. 속초에서 하룻밤 머문다면 조양동 선사유적지에서 속초 시내 야경을 바라보는 것도 괜찮다. 청초호도 매력적인 호수이다.

 지역번호 033

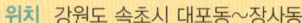

위치 강원도 속초시 대포동~장사동

음식 속초 시내에 봉포머구리횟집(성게물회, 631-2021), 사돈집(물곰탕, 633-0915), 송도횟집(참가자미회, 633-4727), 감나무집(감자옹심이, 633-2306), 함흥냉면집(함흥냉면, 633-2256), 양반댁(함흥냉면, 636-9999), 감자바우(감자옹심이, 632-0734), 진양횟집(오징어순대, 635-9999), 단천식당(아바이순대, 632-7828), 장사항 횟집단지(www.jangsahang.com)의 일월횟집(활어회, 635-5533)이 괜찮다. 이외에 대포항, 동명항, 외옹치의 난전어시장도 들러볼 만하다.

숙박 속초에는 대규모 숙박시설이 갖춰져 있다. 설악한화리조트(635-7711, www.hanwharesort.co.kr), 영랑호리조트(633-0001, www.yrhresort.co.kr), 금호설악리조트(636-8000, www.kumhoresort.co.kr), 호텔마레몬스(630-7000, www.hotelmaremons.com), 산과바다스포츠호텔(구 그배호텔, 635-6644) 등이 추천할 만하다. 숙박협회 속초시 지부(033-633-4471)에 문의해도 된다.

찾아가는 길 서울 센트럴시티터미널에서 속초행 고속버스(06:30~23:30, 40~120분 간격 운행, 2시간 40분 소요)를 이용한다. 동서울터미널에서는 속초행 고속버스(06:25~23:30, 2시간 10분 소요)가 수시로 운행된다. 속초에 도착하면 시내버스 7, 9-1번 설악산 입구행 버스를 타고 속초해맞이공원에서 내린다. 서울(강남)에서 신갈IC를 지나 호법IC를 거쳐 영동고속도로를 탄다. 현남IC에서 7번 국도를 타고 양양, 속초로 달린다.

49코스

산소길 따라 바닷길 따라 내 마음도 함께 춤추는 곳, 거진항~마차진해수욕장

해파랑 최북단에 속하는 49코스는 민간인이 자유롭게 출입할 수 있는 길 중에 대미를 장식한다. 특히 거진항~화진포로 이어지는 산소길에서는 옮기는 걸음 따라 발밑으로 파도가 친다.

거진활어센터 →3.7km→ 역사안보전시관 →2.3km→ 화진포해양박물관 →3.6km→ 대진등대 →1.7km→ 금강산콘도 →4.7km→ 명파초등학교

 총 16km, 6시간 30분

화진포해수욕장

해파랑 49코스는 거진항을 출발하여 강원도에서 슬로건으로 내건 '해맞이 산소길'을 따라 걷게 되어 있다. 깎아지른 듯한 철제 계단을 넘어서면 멋진 산길이 펼쳐진다. 산정을 따라가다 맨 처음 만나게 되는 것은 등대이다. 등대를 지나치면 평지나 다름없는 오솔길이 나타난다. 각종 조형물, 팔각정, 체육시설, 지압길, 쉼터, 해맞이봉 일출각 등이 이어진다. 중간중간 쉬어 가라고 벤치도 놓여 있다. 거진리가 한눈에 들어오는 곳

온몸이 상쾌해지는 해맞이 산소길

해맞이 산소길에서 바라본 바다

도 있고 해안길이 보이기도 한다. 마치 구름 위를 걷는 듯 사뿐사뿐한 발걸음 아래로는 파도가 일렁인다. 그렇게 해맞이 산소길은 지루함 없이 2.2km 이어진다.

이 길이 끝나는 지점에서 해안도로를 따라 좀더 올라가면 공군부대이다. 이곳에서 다시 산길을 오른다. 능선을 따라 오르내리기를 반복하는 동안 멀리서 화진호와 바다가 손짓한다. 그렇게 1km 남짓 걸으면 화진포 해변으로 가는 내림길이다. 근처 숲속에는 일명 '김일성 별장'으로 불리는 화진포의 성(城)이 있다. 1938년에 독일에서 나치를 피해 망명한 H. 베버가 지은 2층 돌집으로, 1948~1950년 김일성이 부인 김정숙, 아들 김정일, 딸 김경희와 함께 여름 휴양지로 사용했고 공산당 간부들도 이용했다고 전해진다. 1948년 당시 여섯 살이던 김정일이 이곳 입구에서 찍은 사진이 아직도 남아 있다. 현재는 한국전쟁과 북한 관련 자료를 전시한다.

이제 길은 바다가 시원하게 펼쳐지는 화진포 해변으로 이어진다. 동해 최북단의 깨끗한 해변은 〈가을 동화〉, 〈파이란〉, 〈태양은 없다〉 등을 촬영한 곳으로도 유명하다. 바닷길을 따라 걸어도 좋고 그 주변에 펼쳐지는 멋진 솔숲을 에둘러 가도 좋다. 시간이 넉넉하다면 차도를 따라 걷다가 화진포나 이승만 별장에도 들러보자. 화진포에는 해양박물관(www.hwajinpoaquarium.com)까지 있어 또 다른 볼거리를 선사한다.

바다를 향해 휘어진 길을 계속 따라가면 초도항이 나온다. '성게의 산지'라는 팻말로 마을이 가까워졌음을 알린다. 초도항 바로 앞에는, 고구려 장수왕 2년(414년)에 광개토대왕의 시신을 안장했다는 기록이 전해지는 거북 모양의 금구도라는 조그만 섬이 있다. 초도항과 금구도 사이의 바다가 성게를 잡는 어장이다. 봄철에는 성게 축제가 열린다. 금구도에는 화강암으로 축조한 이중구조의 성벽과 보호벽, 방파성 등의 흔적이 남아 있다는데, 아쉽게도 군사 지역이라 민간

조업을 나가기 위해 대기 중인 어선들이 즐비한 대진항 풍경

인은 들어갈 수 없다.

 해안길을 따라 좀더 내려가면 대진항이다. 동해안 여느 어촌과 별다르지 않지만 최북단이라는 점 때문에 생경하게 다가온다. 선착장에 있는 등대 2개와 항구 끝, 언덕 위에 있는 거대한 등대가 눈길을 끈다. 대진항 오른쪽 방파제 끝으로 가면 언덕으로 올라가는 사잇길이 나오는데, 이 길을 따라가면 등대로 갈 수 있다. 등대는 불을 밝히는 최상층 조명실을 제외하고 일반인에게 개방된다. 등대에 오르면 북녘 땅이 가깝게 다가선다.

 대진마을을 벗어나 걷기 끝 지점인 마차진까지는 차가 다니는 국도를 걸어야 한다. 마차진 해변 앞에는 무송대라 불리는 섬이 있어 동해의 아름다움을 더한다. 이렇게 해파랑 49코스는 통일전망대를 3.5km 남겨놓고 마차진리에서 끝맺는다.

여행작가의 소곤소곤

이정표가 전혀 없어서 여행자가 알아서 길을 가늠해야 하지만, 거진항부터 시작되는 도로는 별로 불편하지 않고 산과 바다가 지속적으로 어우러져 멋진 풍치를 보여준다. 화진포부터는 눈 시리게 맑은 바다를 눈에 계속 담을 수 있다. 이왕 나선 김에 통일전망대까지 가도 좋다. 돌아오는 길에 건봉산(911m) 자락의 건봉사를 찾아보자. 신라시대 법흥왕 7년(520년) 아도화상이 창건한 천년 고찰로 옛 절터와 대웅전, 불이문(강원문화재자료 35), 9층탑을 비롯한 7기의 탑, 48기의 부도, 31기의 비가 있다.

 지역번호 033

위치 강원도 고성군 거진읍 거진리~고성군 현내면 마차진리
음식 거진 읍내에는 성진식당(생태탕, 682-1040), 거포식당(생선 요리, 682-5201), 염광 활어횟집(활어·털게, 682-3131) 등이 괜찮다. 쉼터 포장마차에서는 아침 식사를 할 수 있는데 아주 맛있다. 그 외에 우리식당(막국수, 682-0042), 산북막국수(막국수, 682-1733), 봉평막국수(막국수, 681-3668), 부흥면옥(명태식해냉면, 681-3292) 등이 유명하다. 가진항에 가면 맛있는 물회를 먹을 수 있다.
숙박 금강산콘도(680-7800, 02-511-0203, www.mibong.co.kr), 하얀집펜션(681-3786, www.하얀집.kr), 제뉴어리펜션(682-2630, www.januarypension.com), 겨울바다펜션(682-7792, www.e-wintersea.com), 초록담쟁이펜션(682-2958, www.greenivysp.com), 화진포콘도(www.welfare.mil.kr) 등을 추천할 만하다.
찾아가는 길 동서울터미널에서 거진행 시외버스(06:35~21:10, 하루 16회 운행, 3시간 15분 소요)를 탄다. 서울~춘천고속도로를 타고 동홍천IC에서 44번 국도로 접어들어 인제, 원통으로 이어지는 46번 국도를 이용한다. 민예삼거리에서 용대리로 좌회전한 뒤 용대삼거리에서 진부령을 넘으면 대대삼거리에 도착한다. 이후 7번 국도로 좌회전한 후 거진 읍내로 우회전한다.

해맞이 산소길에서 바라본 거진읍

2

대한민국 골골이
숨겨진 힐링 로드

단 몇 발자국이면
검은 도시를 벗어나
초록빛 평화에 안길 수 있는

수도권

아름다운 산책로와 토성 길을 걷는 즐거움, 몽촌토성길

몽촌토성 산책로는 계절의 변화를 보여주는 아름다운 숲과 나지막한 언덕길이 매력적인 산책로이다. 올림픽공원의 45만 평 녹지에 몽촌토성과 해자가 어우러져 20여 년이 넘도록 도심 속 쉼터로 사랑받아왔다.

몽촌토성역 평화의 문, 평화의 광장, 국기광장 →0.7km→ 몽촌토성 산책로 →2.3km→ 몽촌역사관 →0.1km→ 88호수 →0.3km→ 88마당 →0.3km→ 한성백제박물관 →0.7km→ 올림픽공원역

총 4.4km, 1시간 20분

몽촌토성역을 나오면 거대한 문과 마주친다. 88서울올림픽을 기념해 세워진 '평화의 문'이다. 화려한 오방색 옷을 입은 문은 하늘을 향해 날개를 활짝 펼친 채 서 있다. 평화의 문을 지나 안으로 들어선다. 활활 타오르는 성화와 국기광장을 지나 왼편으로 들어선다. 몽촌토성의 해자를 복원해 놓은 물길 위 다리를 건

올림픽공원 평화의 문

몽촌토성으로 이어지는 완만한 언덕의 산책로

너머 완만한 언덕이 보인다. 몽촌토성(사적 제297호)이다.

　몽촌토성길은 해자를 따라 토성 아래를 걷는 길부터 시작된다. 연못 너머 풍경과 물 위에 비친 나무 그림자를 바라보며 걷다가 쉬다가 하기 좋은 길이다. 곳곳에 쉼터가 마련되어 있고 스피커에서 흘러나오는 음악이 잔잔하게 길 위로 내린다. 걸음을 재촉해 토성길로 올라서면 지나쳐 왔던 풍경이 발아래로 펼쳐지며 시원하게 트이는 전망이 자꾸 발길을 멈추게 한다. 양옆으로 푸른 녹지가 펼쳐지고 계절마다 다른 빛깔 옷으로 갈아입는 나무들은 계절의 절정을 느끼게 한다. 바람결에 일렁이는 갈대밭도 지나고 완만한 구릉을 따라 시선을 편안하게 내려놓기도 한다. 삼삼오오 스치는 사람들의 걸음은 급할 것 없고 주거니 받거니 하는 대화들은 길 위에 소복하게 내려앉는다.

88호수와 팔각정

　길은 몽촌역사관으로 이어진다. 아담한 몽촌역사관은 아이들의 눈높이에 맞춰진 공간이다. 한강 유역에서 발굴된 한성시대의 백제 유물, 암사동 신석기 마을의 움집 모형, 서울에서 발굴된 다양한 무덤 모형, 몽촌토성과 풍납토성에서 발굴된 유물들을 전시한다. 몽촌역사관에서 88호수를 거쳐 88마당까지 이어지는 길은 편안한 소풍 장소이다. 유모차를 밀고 나온 가족들과 한창 웃음이 많은 사춘기 아이들로 가득하다.
　몽촌토성길이나 공원 산책로는 모두 넉넉하고 여유롭다. 위로는 몽촌토성을 걷는 사람들이 보이고 아래로는 호돌이 열차가 달린다. 88광장과 조각공원을 지나면 한성백제박물관이 나온다. 서울 지역의 유적과 유물을 효율적으로 조사하고 연구하기 위해 만들어진 이 박물관은 678년에 이르는 백제사 중 493년 동안

올림픽공원 안에 있는 조각공원

한성백제박물관

완만한 곡선의 몽촌토성길

이나 백제 수도였던 서울의 역사를 담고 있다. 백제 건국신화에 따르면, 주몽의 아들 온조가 한강 남쪽 위례성에 도읍을 정한다. 정확한 위치는 파악되지 않았지만 몽촌토성은 풍납동 풍납토성(사적 제11호)과 더불어 유력한 추정지다. 박물관 안으로 들어서면 제일 먼저 풍납토성 단면 전사벽이 보인다. 높이 10m에 달하는 벽면은 층과 층을 오가는 도중에 볼 수 있다. 2층 난간에 기대어 바라보면 오랜 역사의 흔적이 한눈에 들어온다. 제1~2전시실에서는 한강을 중심으로 나라를 건국하고 화려한 문화를 꽃피우며 동아시아와 교역하던 백제인의 삶을 엿볼 수 있고, 제3전시실에서는 한성 이후 웅진과 사비를 중심으로 전개된 백제사를 만날 수 있다.

거리를 따지면 두어 시간 남짓으로도 충분히 걸을 수 있는 길이지만, 걷고 멈춰 서고 누리고 때론 되돌아서서 쉬어 가려면 반나절은 훌쩍 지나간다. 볕 좋은 자리, 마음에 드는 나무 옆에 앉아 향기로운 과일 한 알, 따끈한 차 한 잔 나눠 마시며 쉬어 가기 좋은 곳이다. ●유현영

여행작가의 소곤소곤

올림픽공원에는 호반의 길, 토성의 길, 추억의 길, 연인의 길로 불리는 산책 코스와 자전거 순환도로인 젊음의 길이 있다. 거리는 대략 1~3km로 시간을 내서 산책 삼아 거닐기에 좋다. 정해진 코스가 아니더라도 사방에서 진입할 수 있는 문 11개와 주차장 6개가 있어 어느 방향으로든 접근하기 좋다. 올림픽공원에 대한 정보를 담은 애플리케이션도 있다. 앱스토어나 안드로이드마켓에서 다운받아 이용하자.

 지역번호 02

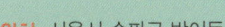

위치 서울시 송파구 방이동
음식 올림픽공원 평화의 문을 들어서면 양옆으로 식당과 매점이 있다. 한성백제박물관 2층에는 이탈리안 레스토랑 아리안나(415-8410), 한성백제박물관 쪽 출구인 남3문 인근에는 이탈리안 레스토랑 코벤트가든(3431-5565), 한국식 디저트 카페 수수꽃다리(418-1516)가 있다.
숙박 올림픽공원 내에 서울올림픽파크텔(410-2114, www.parktel.co.kr)이 있고, 평화의 문 맞은편에는 모텔들이 많다. 석촌동 호텔레이크(422-1001, www.hotellake.co.kr), 잠실동 롯데호텔월드(419-7000, www.lottehotelworld.com) 등도 괜찮다.
찾아가는 길 8호선 몽촌토성역으로 나오면 평화의 문이 보인다. 소마미술관, 한성백제박물관, 서울올림픽기념관 등으로 갈 수 있다. 5호선(마천 방향) 올림픽공원역으로 나와 올림픽공원으로 들어서면 각종 공연이 열리는 올림픽체조경기장 앞이다.

멀리 갈 필요 없잖아! 빌딩숲에서 만나는 자연, 서울둘레길 관악산 코스

산의 능선과 정상을 오르는 코스가 아니라 주택가에서 숲속으로 200~300m 이내, 주민들이 늘 이용하는 숲길을 연결했다. 교통이 편리하고 걷기 난이도가 낮아 편안하게 걸을 수 있다.

사당역 6번 출구 →1.35km→ 관음사 →1.1km→ 무당골 →1.5km→ 낙성대(낙성대공원) →0.32km→ 서울영어마을 관악캠프 →1.3km→ 서울대(관악산공원 입구) →1.5km→ 돌산 →1.8km→ 삼성산 성지 →1.33km→ 호압사 →3.3km→ 석수역

총 13.5km, 5시간

걷기에 불편하지 않도록 놓인 나무 계단

서울에도 서울의 역사를 배우고 문화를 체험하며 자연과 경관을 즐기는 트레킹 코스가 만들어지고 있다. 공모를 통해 시민들에 의해 직접 이름 붙여진 서울둘레길은 '서울을 둘러싼 산과 강을 자연스럽게 연결해 주는 자연숲 산책로'라는 의미를 가지고 있다.

총 길이 202km에 달하는 서울둘레길은 남산~인왕산~북악산~낙산 등 서울 내부를 연결하는 내사산길 20km와 북한산~용마산~관악산~봉산 등 서울 경계부를 잇는 외사산길 182km로 이루어

관악산을 에둘러 걷는 서울둘레길

져 2014년에 완공될 예정이다.

 그중 2011년 9월에 개통된 관악산 코스는 서울둘레길 중 가장 먼저 개통된 구간이다. 도심 한복판에 있는 사당역에서 출발해 서울과 경기도 안양의 경계인 석수역에서 끝난다. 관악산, 삼성산, 돌산, 그리고 호암산을 에둘러 걷는 길은 일부 구간이 관악산 둘레길과 겹치기도 한다.

 해발 629m인 관악산은 그 꼭대기가 마치 큰 바위기둥을 세워놓은 듯한데 그 모습이 마치 갓을 쓴 것처럼 보여서 '갓 모습의 산'이라는 뜻의 '갓뫼' 또는 '관악(冠岳)'이라고 불렀다. '삼성산'은 원효대사가 의상, 윤필과 함께 삼막사라는 사찰을 짓고 수도했다고 해서 붙여진 이름이다. 길은 관악산의 남쪽 줄기를 따라 관음사, 무당골, 삼성산 성지를 지나 호압사까지 이어진다.

 호압사는 조선을 건국한 태조 이성계가 새로운 수도를 결정할 때 한양이 풍수

서울둘레길을 지키며 방향을 안내해 주는 솟대

지리의 모든 조건을 갖춘 명당이긴 하지만 관악산 줄기인 삼성산이 '한양을 향해 호랑이가 달려가는 형국'인 것이 아쉬워 이를 제압하기 위해 호랑이의 꼬리 부분에 지은 사찰이다. 18세기 전국 사찰의 소재, 현황, 유래 등을 기록한 『가람고』나 『범우고』에도 호압사를 호랑이 기운을 누르는 '비보(裨補) 사찰'로 소개했다.

　서울둘레길 관악산 코스는 산의 능선과 정상을 오르는 등산로가 아니라 주택가에서 숲속으로 200~300m 이내에서 주민들이 늘 이용하는 숲길을 연결한 것이다. 사당역에서 시작된 길은 나무숲과 빌딩숲을 여러 차례 교차하며 통과한다. 모든 구간을 다 걷기에는 조금 힘들 만큼 긴 코스이지만 곳곳에서 서울둘레길로 자유롭게 드나들 수 있어 부담감을 완화시킨다. 또한 교통이 편리한 도심과 가까

시원한 나무 그늘 아래 쉬어 갈 수 있는 잣나무 삼림욕장

운 길이라 등산객도 많이 찾을 뿐만 아니라, 다소 경사진 구간도 일부 있지만 초등학생 정도라면 충분히 걸을 수 있는 수준이어서 무엇보다 가족 단위로 많이 찾는 편이다. 특히 낙성대나 이경직신도비 같은 문화재들, 전통 사찰, 잣나무 삼림욕장, 천주교 성지는 물론 서울영어마을, 서울대 미술관 등이 연계되어 있어 관련 시설도 이용할 수 있다. ● 이주영

🐦 여행작가의 소곤소곤

편하게 걷는 만큼 시원한 전망을 바라볼 수는 없는 코스이다. 뻥 뚫린 전망을 원한다

면 서울둘레길에서 출발해 도중에 연결되는 등산로로 오르길 권한다. 해발 315m인 호암산 정상에는 사계절 마르지 않는 신비로운 우물이 있다. '한우물'로 불리는 네모지고 널찍한 우물은 통일신라시대에 가로 17.8m, 세로 13.6m, 깊이 2.5m로 만들어졌다가 조선시대에 위치를 약간 옮겨 가로 22m, 세로 12m, 깊이 1.2m로 다시 축조됐다. 한우물을 보려면 서울둘레길을 걷다가 조금 돌아가야 하지만 충분히 수고를 감수할 만하다.

 지역번호 02/031

위치 서울시 동작구 사당1동

음식 도심에서 출발해 도심으로 돌아오는 구간이라 먹거리에 대해서는 고민하지 않아도 된다. 종착점인 석수역 인근에 주인장이 직접 채취한 약초들로 음식을 만들어주는 만남의광장(산야초삼계탕, 031-473-3339)이 있다.

숙박 석수역 인근 안양예술공원(승용차로 5분 이내) 안에 유스호스텔 블루몬테(031-471-8111, blumonte.amco.co.kr)가 있다. 사당역 인근에는 과천그레이스호텔(02-504-6700)을 추천한다.

찾아가는 길 사당역 6번 출구로 나온다. 남부순환로를 따라 낙성대 방향으로 직진하여 고갯마루에 위치한 생태다리에서 왼쪽 돌계단을 따라가면 관음사 쪽으로 방향을 잡을 수 있다.

낙성대를 보존하고 강감찬 장군을 기리기 위해 조성된 낙성대공원

서울에 등 돌린 작은 산의 깊은 숲, 불암산 둘레길

불암산은 산세나 규모 면에서 북한산과 비교되지 않지만 둘레길만 떠올리면 걷는 맛과 풍광이 북한산보다 한 수 높다.

덕능고개 →4km→ 104마을 갈림길 →1.8km→ 서울여대 앞 →3.5km→ 태릉

📍 총 9.3km, 4시간

북한산 둘레길에 이어 서울에서 두 번째로 불암산 둘레길이 2010년 9월에 열렸다. 소문 없이 조용히 열린 불암산 둘레길은 풍광 좋고 호젓한 산길을 내놓는다. 서울을 등지고 앉은 불암산은 하늘 높이 치솟은 거대한 화강암 봉우리 덕분에 정상의 풍모가 돋보이는 산이다. 북한산, 도봉산, 수락산에 비해 산세가 작지만, 이런 남성적인 기품이 서울의 명산으로 큰 산들과 어깨를 나란히 하기에 모자람이 없게 해준다.

불암산 둘레길은 크게 두 코스로 이루어져 있다. 자연·생태·경관 중심인 하루길(10km)과 공릉동 일대의 역사·문화 유적 중심인 나절길(8km)이 그것이다. 여기에서는 하루길과 나절길의 장점을 섞은 덕능고개→넓은 마당

화랑로 서울여대~태릉~삼육대로 이어진 나절길은 버즘나무 가로수가 일품이다.

덕능고개 아래에 있는 작은 전망대에서 바라본 전경. 북한산 연봉이 일필휘지로 펼쳐진다.

→104마을 갈림길→서울여대 앞→태릉 코스를 소개한다. 불암산 풍광을 만끽하되 코스에서 정상 일대를 빼는 대신 공릉동(태릉) 유적지를 포함시킨 것이다.

덕능고개는 수락산과 불암산을 잇는 능선의 고갯마루로 서울 상계동과 경기도 별내면을 이어준다. 여기서 수락산과 이어진 생태다리를 건너지 않고 왼쪽 길을 따라 걷는다. 산길을 굽이굽이 타고 돌면 나무 데크로 꾸며진 작은 전망대를 만난다. 이곳에 오르면 눈앞에 북한산 연봉이 일필휘지로 펼쳐져 장관을 이룬다.

전망대에서 100m쯤 내려오면 아파트가 나오고 그 앞에 정자가 있다. 정자 앞에서 시야가 넓게 열린다. 수락산 머리에 앉은 바위들이 선명하게 보이고, 왼쪽 멀리에서는 북한산이 다정하게 내려다본다. 정자를 지나면 불암약수터공원이다. 불암산 둘레길에서는 이곳을 '넓은 마당'이라고 부른다. 넓은 마당을 지나면 덕암초등학교 앞부터 학도암 입구의 넓적바위까지 2km쯤 '불암산 횡단형 건강산책로'가 이어진다. 이 길은 불암산 둘레길의 백미라 해도 과언이 아닐 만큼 풍

불암산 둘레길의 핵심인 '불암산 횡단형 건강산책로'는 가을이면 단풍이 곱게 물드는 숲길이다.

광이 빼어나고 걷기에도 좋다. 건강산책로 덕분에 불암산 둘레길은 조성 예산을 줄이고 인공시설물을 최소화할 수 있었다.

생성약수터와 불암계곡을 지나면 길은 평지와 다름없다. 모퉁이를 돌 때마다 새로운 길을 만나게 되고 위아래와 양옆 사방에서 사람들이 교차한다. 건강산책로의 종점인 넓적바위는 양지초소 사거리를 지나 500m쯤 가면 나온다. 여기서 가던 길을 잠깐 멈추고 가까운 학도암에 들러보자. 암자 뒤편에 높이 13.4m에 이르는 거대한 바위에 양각 기법으로 새겨진 마애관음보살좌상이 볼만하다.

넓적바위부터는 인적이 뚝 끊긴다. 산책 나온 주민들은 사라지고 순수하게 불암산 둘레길을 걷는 사람들만 남는다. 20분쯤 걸으면 아래쪽으로 허름한 집들이 눈에 들어온다. 서울 북부에 유일하게 남은 달동네인 104마을이다. 104마을 갈림길에서 하루길과 나절길이 갈린다. 그 갈림길에서 나절길로 접어들자. 30분쯤 지나면 공릉산 백세문 앞에 이른다. 여기서 불암산 둘레길은 대로(大路)인 화랑

불암산 둘레길 나절길에서는 호젓한 태릉을 구경할 수 있다.

로를 따른다. 갑자기 도심으로 내려와 어리둥절하지만 서울여대 후문을 지나면서 버즘나무 가로수 길이 펼쳐져 그런대로 분위기가 괜찮다. 이어지는 곳은 태릉 입구이다. 태릉 입구에는 유네스코 세계문화유산으로 등재된 조선 왕릉을 한눈에 둘러볼 수 있는 전시관이 있다.

　조선왕릉전시관을 돌아보고 태릉 안으로 들어서면 미끈한 소나무와 참나무가 울창하다. 소나무들이 둘러싼 봉분의 12면 병풍석에는 12지 신상과 구름 문양이 새겨져 있다. 중종의 두 번째 계비인 문정왕후 윤씨의 무덤인데, 단릉이라고는 믿기 힘들 만큼 그 규모가 웅장해 저절로 경외심이 들 정도이다. 당시 문정왕후의 세력이 얼마나 컸는지 짐작하게 한다. 길을 스치고 지나가는 바람에 세월의 무상함이 느껴진다. ●진우석

여행작가의 소곤소곤

불암산 둘레길은 서울시 노원구와 남양주시가 함께 조성한 길이다. 길을 새로 만든다고 일부러 산을 훼손하지 않고 기존 산길을 하나로 연결해서 산길의 자연스러운 선이 살아 있다. 여기에 소개한 덕능고개~104마을 갈림길~태릉 코스는 불암산 둘레길의 정취를 느끼기에 가장 좋은 길이다. 불암산 정상을 걷기 코스에 넣고 싶으면 불암사를 들머리로 먼저 정상에 오른 후 느긋하게 둘레길을 걷는 것이 좋다.

 지역번호 02/031

위치 서울시 노원구와 경기도 남양주시 별내면 불암산 일대
음식 상계동에서는 40년 전통의 현가당고개냉면(02-936-6481)이 유명하다. 달짝지근한 동치미 육수에 쫀득한 면발이 잘 어울린다. 불암동 함흥장터토종순대(031-527-5774)가 산꾼은 물론 주민도 즐겨 찾는 맛집이다. 아바이순대의 느끼함을 적당히 제거해 요즘 사람들의 입맛에 맞게 개량했고 24시간 끓여낸 순댓국은 진한 육수가 일품이다.
숙박 상계동 쪽 노블레스관광호텔(02-935-7161), 리츠호텔(02-2091-0014), 태릉역 쪽 태릉W호텔(02-975-1911), 공릉동 쪽 호텔시네마(02-975-1177) 등을 이용한다.
찾아가는 길 당고개역 1번 출구로 나와 33-1, 17번 버스 등을 타고 덕능고개에서 내린다. 불암사로 가려면 석계역과 화랑대역 1번 출구로 나와 1155번 버스를 타고 불암동에서 내리면 된다.

다채로운 풍경 속 강화의 역사와 문화를 돌아보는
심도역사문화길, 강화나들길 1코스

강화나들길 중에 가장 아기자기한 심도역사문화길은 강화도에 남아 있는 고려의 궁궐과 조선의 흔적을 찾아보고 강화의 들판과 돈대를 돌아보는 길이다.

강화버스터미널→1.5km→동문→0.7km→성공회강화성당→0.05km→용흥궁→0.3km→고려궁지→0.5km→북관제묘→0.6km→강화향교→0.2km→은수물→1.2km→북문→0.8km→북장대→0.6km→오읍약수→5.1km→연미정→0.8km→옥개방죽→5.35km→갑곶성지→0.3km→갑곶돈대

총 18km, 6시간

강화도를 빙 두르는 강화나들길 14개 코스 가운데 첫 번째 코스인 심도역사문화길은 강화의 역사와 문화를 한눈에 돌아볼 수 있는 길이다. 이 길의 이름 중 '심도(沁都)'는 대몽항쟁 당시 고려 왕조가 머물렀던 강화도의 옛 지명이다.

강화버스터미널에서 군청 뒤편으로 올라가면 강화성 동문이 나온다. 동문에서 성공회강화성당과 용흥궁을 거쳐 고려궁지와 북관제묘, 강화향교와 은수물을 둘러보게 되는데 시간이 꽤 걸린다. 각각의 유적지가 각기 한 시대의 애환을 대표하는 만큼 단순한 걷기 코스로만 여기지 말고 역사적인 의미도 함께 생각하자.

성공회강화성당은 개화기에 지은 2층 한

2층 한옥으로 지어진 우리나라 최초의 성당, 성공회강화성당

수도권 **131**

강화의 너른 들을 품은 들길

옥으로 특이한 양식이 눈길을 끈다. 용흥궁은 조선 후기 철종이 보위에 오르기 전에 가족과 함께 강화도에 유배됐을 때 살았던 집이다. 철종이 왕위에 오르고 나서 용흥궁으로 집 이름이 격상됐다. 고려궁지는 대몽항쟁기에 고려 왕조가 천도해 머물렀던 궁터이다. 고려궁지에서 왼편으로 조금 오르면 북관제묘가 나온다. 고려 고종 때 지은 사당으로 유비, 관우, 장비의 영정을 봉안한 곳이다. 원나라의 침략을 막아내고자 하는 발원(發願)이 담겨 있는 셈이다. 이처럼 고려 말기와 조선 말기, 개화기의 흔적을 더듬는 심도역사문화길은 각 구간 사이의 거리가 짧은 편인데도 유적지를 살피다 보면 시간이 꽤 흘러간다. 이런 사정을 염두에 두고 시간을 조절해야 한다.

  은빛을 띤다 해서 은수물이라 불리는 우물이 강화성 동문에서 시작한 둘러보기의 끝 지점이다. 이곳에서 강화성 북문까지는 포장도로인데 경사가 심하지 않아 20여 분이면 충분히 올라갈 수 있다. 북문에서부터 다시 본격적인 걷기가 시작된다. 북문 옆으로 난 성벽을 따라가다가 북장대에서 숲으로 내려간다. 심도역사문화길에서 유일한 숲길로 그 끝에는 오읍약수터가 있다. 오읍약수터를 내려오면 마을이 나타나고, 여기서부터는 마을길과 도로를 따라가는 길, 그리고 들길을 번갈아 걷는다.

이처럼 다채로운 풍경은 심도역사문화길의 장점 중 하나이다. 들머리에서 역사와 문화를 살펴보고, 성벽에 올라 멀리 북한 땅까지 내다본다. 숲을 지나 약수터를 만나고 곧이어 마을과 들이 이어진다. 지루할 틈이 없

심도역사문화길의 유일한 숲길

다. 강화의 너른 들을 바라보노라면 수난의 역사는 온데간데없이 지워지고 절로 평화로움이 느껴진다. 들길을 따라 한참 걷다 보면 월곶돈대가 나온다. 연미정은 돈대 안에 있다.

연미정에 올라서면 멀리 바다 건너 북한의 연백평야가 보인다. 이곳에서 바라보는 풍경이 아름다워 오래전에 정자가 만들어졌는데, 최초 건립 연대는 불분명하다. 고려 때 이곳에 학생들을 모아놓고 공부시켰으며, 조선 때 공신 황형에게 하사했다는 기록이 남아 있다. 안타깝게도 연미정은 임진왜란과 병자호란, 그리고 한국전쟁까지 겪으면서 파괴되어 여러 차례 중수와 보수와 복원 과정을 거쳤다.

연미정에서 옥개방죽을 따라 해협을 내려오는 길은 시간이 꽤 많이 걸린

수백 년 묵은 느티나무 두 그루가 정취를 더하는 연미정

다. 하지만 길이 평탄해 걷기 힘들지는 않다. 강화대교를 지나 갑곶성지를 거쳐 갑곶돈대에 이르면 심도역사문화길을 온전히 걸은 셈이다. 갑곶돈대에서 다시 48번 국도를 타고 강화 읍내로 돌아오는 데도 30분 정도 걸리니 염두에 둬야 한다. ●이민학

여행작가의 소곤소곤

오읍약수터부터 갑곶돈대까지는 그늘이 드물고 마을을 지나도 가게가 없는 곳이 많다. 모자와 물, 간식거리를 챙겨 가는 것은 필수이다. 강화버스터미널 앞은 강화 5일장이 열리는 풍물장터이다. 예전만은 못해도 시골 장터의 흥겨움을 충분히 느낄 수 있는 곳이다. 장터 한구석에서 순무김치 한 조각에 인삼막걸리 한 잔을 들이켜는 여유를 부려보자. 끝자리가 2와 7인 날 장이 열린다.

 지역번호 032

위치 인천광역시 강화군 강화읍 남산리~갑곶리

음식 강화버스터미널과 고려궁지 입구에 음식점들이 많다. 왕자정묵밥집(묵밥, 933-7807)이 유명하고 우리옥(백반, 934-2427)은 백반집으로 무난하다. 종주를 마치고 저녁 시간이라면 초지대교 근처 황산도 어시장 음식센터를 추천한다. 강화 해산물을 푸짐하게 맛볼 수 있다.

숙박 강화도는 펜션이 700여 곳에 이를 정도로 많은 곳이다. 메종드라메르(937-7460, www.boonori.com)에서는 바다를 보며 바비큐를 먹을 수 있다. 여름향기(937-8938)에서는 아름다운 낙조에 취할 수 있다.

찾아가는 길 강화버스터미널(934-9811, www.ganghwaterminal.co.kr)에서 도보로 이동한다. 서울 올림픽대로에서 48번 국도를 타고 김포, 강화 방향으로 달리다가 강화대교를 건너서 고려궁지 앞 주차장에 주차한다.

늦가을 낙엽을 밟으며 걷는 신들의 정원, 서오릉 길

때를 다한 자연은 아이러니하게도 사람을 처음 자리로 되돌려놓는 힘을 지녔다. 우리가 때를 다한 삶에서 그다음을 기약하게 되는 것처럼……. 한 번쯤은 생각을 정리해 처음 시간으로 되돌아가보자. 삶과 죽음이 병존하는 만추의 서오릉 길이라면 제격이다.

서오릉 → 매표소 →0.75km→ 명릉 →0.75km→ 서오릉 → 매표소 →0.25km→ 수경원 →0.25km→ 익릉 →3km(서어나무 길 1.92km 포함)→ 창릉 →1.5km(창릉·홍릉·대빈묘·경릉·순창원)→ 서오릉 매표소

 총 6.5km, 2시간

늦가을이면 괜히 마음이 분주해진다. 이것저것 정리할 것은 많은데 머리는 복잡하기만 하고……. 이럴 때 숲을 찾아보면 어떨까? 늦가을의 숲은 시선을 분산시키지 않아 좋다. 알록달록한 단풍이 없으니 내처 길에만 집중할 수 있다. 그러니 생각할 게 많다면 숲으로 갈 일이다. 더욱이 그 숲이 왕릉을 끼고 있다면 한적

호젓한 가을 서오릉 길

능원을 개방하고 있는 명릉

해 더없이 행복하다.

　500년 조선의 시간이 잠들어 있는 왕릉은 삶과 죽음의 경계에 있는 '명상의 공간'이다. 수백 년 시간의 더께가 낙엽처럼 내려앉아 만추의 서정이 더해져 생각을 정리하는 데 더없이 좋다. 이왕이면 낙엽 밟기 좋은 곳을 골라 가자. 고양시 용두동에 있는 서오릉은 서울에서 가까운 데다가, 소나무숲과 낙엽활엽수림이 적당하게 조화를 이룬 산책로를 끼고 있어 생을 반추하며 걷기에 좋다.

　산책 기점은 '세계문화유산 안내판'이 서 있는 서오릉 입구이다. 서오릉은 규모 면에서 구리의 동구릉에 이어 우리나라에서 두 번째로 큰 왕릉군이다. 왕릉 수도 경릉, 창릉, 익릉, 명릉, 홍릉 5기로 동구릉에 이어 두 번째로 많다. 그중 세간에 자주 회자되는 능은 단연 숙종과 같은 시대를 살았던 네 여인의 능이다. 인경왕후 김씨와 인현왕후 민씨, 인원왕후 김씨, 그리고 대빈묘의 주인 장희빈의

명릉을 지키는 무인석과 문인석

능(묘)인데, 숲길을 따라 천천히 걸으며 그들 삶과 죽음의 상관관계를 밀도 있게 살펴보는 것도 흥미로운 일이다.

먼저 외따로 떨어진 명릉부터 둘러보자. 명릉은 서오릉에서 유일하게 능원을 개방한 곳이다. 명릉의 능원에서는 조선 왕릉이 공유하는 공간 철학인 '밖에서의 은밀성과 안에서의 개방감'을 확실하게 느낄 수 있다. 정자각이 있는 제향 공간에서는 결코 보이지 않는 왕릉의 구조를 볼 수 있으니 빠뜨리지 말자.

명릉을 보고 난 후 서오릉 매표소로 돌아와 출입구로 들어서면 채 10분이 안 돼 익릉에 닿는다. 익릉은 숙종의 정비인 인경왕후 김씨의 무덤이다. 서오릉에서 장명등(長明燈)의 표현 기법이 가장 뛰어나다고 하는데, 능원을 개방하지 않아 참으로 안타깝다.

익릉에서 창릉으로 이어지는 길은 걷기 좋은 숲길이다. 15분 정도 걸으면 소나무 길과 서어나무 길이 나뉘는데, 이왕이면 오른쪽 서어나무 길을 걷자. 야트막한 오르막과 내리막이 생각에 집중하기 딱 좋은 리듬으로 이어진다. 호젓한 숲길 사이로는 맑은 새소리가 낙엽처럼 날아들고 향긋한 나무 향도 바람같이 찾아든다.

숲길이 끝나면 길은 다시 왕릉으로 이어진다. 창릉이다. 창릉부터 홍릉, 대빈묘, 경릉, 순창원을 지나 매표소까지 이르는 구간은 왕릉 주인의 신분 차이를 구분할 수 있는 길이다. 왕과 왕비의 무덤인 '능'과 왕세자·세자비·세손·왕의 생모와 생부의 무덤인 '원', 그리고 대군과 공주의 무덤인 '묘'가 함께 있으니 비교해보자. 특히 홍릉을 지나 대빈묘에 이르면 그 차이가 확연하게 느껴진다. 숙종의 후궁인 희빈 장씨가 잠들어 있는 대빈묘는 그녀의 화려한 생애에 비하면 초라하다고밖에 말할 수 없을 정도로 그 품격이 보잘것없다.

하지만 굳이 품계를 따져 무엇하랴. 생사의 공간이 우리에게 던지는 물음은 하나이다. 그리고 해답도 하나이다. 칼릴 지브란이었던가, 그의 말처럼 '어제는 오늘의 기억이고 내일은 오늘 꾸는 꿈'이다. 오늘은 어영부영 보낸 시간의 기억을 딛고 일어나 다시 꿈꿀 일만 남았다. ●이시목

여행작가의 소곤소곤

서오릉 산책로는 크게 소나무, 단풍나무, 서어나무 길로 나뉜다. 매표소에서 수경원~익릉~순창원~경릉~대빈묘~홍릉~창릉을 잇는 길(2km)은 낙엽이 수북하게 쌓인 단풍나무 구간으로, 특히 순창원에서 경릉으로 이어지는 길은 낙엽이 절정이다. 잘 튀긴 부각처럼 기분 좋은 낙엽 향이 짙고, 걸음을 옮길 때마다 발아래에서 바스락거린다. 익릉과 창릉을 잇는 서어나무 길은 서오릉이 자리한 앵봉산 높은 자락을 휘돌며 이어진다. 매

명릉의 장명등 사이로 보이는 문인석

끈하게 잘생긴 나무들이 시원한 바람 소리를 내는데, 오래 산책하고 싶다면 서어나무 길을 걸은 후 단풍나무 숲길을 지나 매표소로 돌아오는 6.5km 구간을 추천한다. 이보다 짧은 구간을 걷고 싶다면, 익릉과 순창원 사이 갈림길에서 오른쪽으로 접어드는 소나무 길을 거쳐 단풍나무 길로 돌아오는 코스를 선택하자. 소나무 길은 단풍나무 숲과 서어나무 숲 사이의 구간을 층을 이루듯 지나는데, 1km 정도 거리에서 대빈묘와 홍릉을 잇는 단풍나무 길과 만난다. 두 숲길에 비해 짧은 편이지만, 소나무 길은 왕릉 특유의 분위기를 만끽하기에 좋다.

지역번호 031

위치 경기도 고양시 용두동

음식 서오릉 입구에는 유명한 식당이 많다. 그중에서도 입소문이 난 곳은 주막보리밥(시래기털레기·코다리찜, 02-353-5694)이다. 이름이 독특한 시래기털레기는 경기도 방언으로, 시래기와 마른 새우 등 해산물을 넣고 얼큰하게 끓인 국물에 밀가루를 떼어 넣은 일종의 수제비다. 주말이면 사람들이 장사진을 칠 정도로 인기가 높다.

숙박 서울과 수도권에 살고 있다면 당일 코스로 충분하다. 숙박이 필요하다면 고양시 덕양구 화정역 일대로 이동하여 빅토리아모텔(973-3945), 리비에라모텔(967-6304) 등 역세권의 호텔과 모텔을 이용한다.

찾아가는 길 3호선 녹번역 4번 출구 은평구청 방향에서 702번 일반버스나 9701번 좌석버스를 탄다. 통일로, 녹번 삼거리, 불광역 사거리, 연신내 사거리 등 어느 곳에서나 진입할 수 있다. 서대문에서 구파발 쪽으로 가다가 연신내 사거리에서 좌회전해 '서오릉로'로 진입한다.

갯골 방죽길 따라 소래포구 가는 늠내길, 갯골길

경기도 시흥시의 늠내길은 유일하게 내만(內灣) 갯벌을 끼고 있는 자연환경을 활용해 조성한 걷기 코스이다. 그중 갯골길에서는 갯골의 다양한 생태뿐만 아니라 도심과 갯벌 습지가 독특하게 어우러지는 풍광을 만날 수 있다.

시흥시청 →4.5km→ 갯골생태공원 →3.5km→ 방산대교 →8km→ 시흥시청
총 16km, 5시간

갯골은 갯고랑의 준말이다. 시흥 도심에서 바다로 흘러가는 장현천을 통해 서해 바닷물이 내륙으로 들어와 갯고랑을 이룬다. 우리나라에서 시흥만큼 바닷물이 도심 깊숙이 들어오는 곳도 드물다. 갯골길의 출발점은 시흥시청이다. 시청

갯골생태공원 입구의 아치형 다리와 팔각정 전망대

갯골생태공원의 드넓은 갈대밭

정문 앞에는 갯골길을 알리는 팻말이 서 있고, 정문 안내실에서 시흥 늠내길 팸플릿을 나눠준다. 시청 정문을 나와 왼쪽 길을 따라 걸으면 곧 장현천 방죽이 나온다. 아이 오줌처럼 가는 물줄기로 시작하지만 2시간쯤 나가면 배가 드나드는 거대한 바다를 만나게 된다. 방죽 옆은 온통 논이다. 도시 가까이 이렇게 개천과 논이 있는 것이 신기하다. 구불구불한 방죽을 따라 1km쯤 가면 쌀연구회가 나온다. 쌀연구회는 연구 단체가 아니라 '햇토미(시흥시 쌀 브랜드)'를 모아 도정하는 방앗간이다.

팔각정 전망대를 지나 아치형 다리를 건너면 갯골생태공원이다. 소래포구 인근의 내륙 깊숙이 형성된 갯벌과 옛 염전, 소금 창고의 모습을 되살려 조성한 150만m^2 규모의 자연생태공원이다. 이곳에서 해마다 8월에 열리는 '갯골축제'는 갯벌 생태계 관찰, 머드 수영, 염전 체험 등을 즐길 수 있는 수도권 대표 축제로 자리매김했다.

눈 덮인 갯고랑이 만들어내는 무늬와 색깔이 오묘하다.

갯골생태학습장 옆은 유명한 소래 염전의 염전체험장이다. 예전에 이곳에서 생산된 소금은 대부분 수인선과 경부선 열차로 부산항에 옮겨진 후 일본으로 반출됐다. 소래 염전은 천일염 수입 자유화에 따른 채산성 악화로 1996년 7월에 폐염됐다. 이후 시간이 지나면서 이곳은 다양한 염생 식물 및 각종 어류와 양서류 등이 살아가는 독특한 환경으로 바뀌었다. 갯골생태공원이 만들어지면서 염전의 일부가 복원됐다.

소금밭 뒤로 소금 창고가 눈에 들어온다. 녹슨 슬레이트 천장은 군데군데 구멍 나 있는데 마치 조각보처럼 빨간 슬레이트로 기웠다. 뼈대로 쓰인 오래된 나무는 지붕과 어울려 중후한 연륜을 물씬 풍긴다. 갯골생태공원을 지나면 긴 방죽길이다. 길섶은 온통 칠면초 군락으로 가득한 습지다. 일곱 번 색깔이 변한다는 칠면초는 그야말로 계절마다 변신의 귀재다. 습지 너머로 멀리 삭막한 아파트 숲이 아스라하다. 습지와 아파트 숲이 어우러진 풍경은 기묘하면서도 왠지 서글프다.

염전의 소금 창고. 조각보를 이어 붙인 것 같은 슬레이트 지붕이 인상적이다.

　갯골길은 방산대교를 건너 다시 반대쪽 방죽길로 돌아온다. 방산대교에서는 배들이 정박한 소래포구가 훤히 내려다보인다. 소래포구를 지나면 드넓은 서해이다. 방산대교를 내려오면 방산펌프장과 포동펌프장을 연달아 지난다. 이제 갯골길은 갯고랑 옆을 바투 붙어 간다. 이곳 갈대밭은 갯골길 가운데 가장 큰 군락을 이루어 걷는 재미가 더욱 특별하다. 갈대밭 사이 탐방로를 따라가다 보면 앞선 사람은 갈대에 묻혀 보이지 않고 도란도란 이야기 소리만 들려온다. 갈대숲 가운데는 갈대로 자그마한 터널을 만들어놓았다. 갯골길을 안내하는 오리 솟대를 따라 구불구불 이어지는 방죽을 돌면 이윽고 부흥교에 닿는다. 여기서 다리를 건너면 다시 갯골생태공원으로 들어간다. 그리고 고속도로 아래로 나 있는 농로를 지나면 쌀연구회가 나오고 시흥시청으로 돌아오게 된다. ●진우석

여행작가의 소곤소곤

갯골길은 시종일관 평탄한 흙길, 논길, 갯고랑을 따라 걷는다. 16km나 되는 거리가 부담스럽다면 갯골생태공원에서 시작해 부흥교를 건너서 다시 공원으로 돌아오면 된다. 이 경우 소요 시간은 2시간 30분 정도에 지나지 않는다(시흥시청 공원관리과 031-310-2413).

 지역번호 031

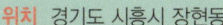

위치 경기도 시흥시 장현동
음식 시흥시청 후문 일대에 다양한 맛집들이 몰려 있다. 그중 황진이두루치기(두루치기, 404-3177)는 신선한 돼지고기와 잘 익은 김치가 어우러지는 맛이 일품이다. 주인아주머니의 후덕한 인심 덕분에 늠내길 걷는 사람들의 단골집이 됐다.
숙박 가능하면 당일 코스로 이동하되, 숙박이 필요하다면 W모텔(312-5091), 드라마모텔(319-9713), 드림모텔(431-9800) 등 시흥시 월곶포구 일대의 모텔촌을 이용한다.
찾아가는 길 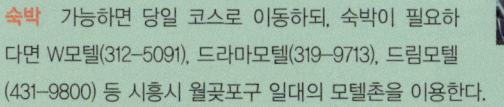 갯골길의 출발점인 시흥시청으로 간다. 소사역에서 63번, 63-1번을 타고 시흥시청에서 내린다. 제3경인고속도로 연성IC, 영동고속도로 월곶IC로 나오면 시흥시청이 지척이다. 시흥시청에 무료로 주차할 수 있다.

북한강과 남한강이 조우하는 연꽃 길, 두물머리 물래길

용늪의 연꽃과 갈대, 철새가 날아들고 강의 여울이 넘실거리는 세미원, 배다리, 두물머리로 이어지는 남한강의 탁 트인 절경을 감상하며 천천히 발걸음을 옮긴다.

양수역 →0.3km→ 용늪 →0.4km→ 세미원 →0.5km→ 배다리 →0.4km→ 석창원 →0.3km→ 두물머리 →1km→ 한강물환경생태관 →0.8km→ 양수교 →1.6km→ 양수역

 총 5.3km, 4시간

지친 마음을 다독다독 위로하고 씻어주는 비타민이 필요할 때가 있다. 고단한 나를 쉬게 해줄 시간이 필요하다면 양평으로 떠나자. 강원도 태백시 검룡소에서 출발한 남한강과 금강산 옥밭봉에서 먼 길을 달려온 북한강이 서로 어깨를 부둥켜안는다. 쉼 없이 달려온 숨소리에 갈대들이 살랑살랑 흔들린다. 물속에서는 다른 물길을 달려온 생명을 서로 반긴다. 잠잠한 듯하면서도 격하게 품은 감동은 먼 산 너머 해가 떠오를 무렵 자욱한 물안개로 피어오른다. 두물머리 물래길에서 만날 수 있는 풍경이다. 지친 삶 한가운데서 때때로 감동과 슬픔이 잔잔한 물가에 돌을 던지듯 동심원을 그리는 길이다.

양평군 양서면에 있는 두물머리 물래길은 안전행정부가 선정한 '우리 마을 녹색길

두물머리에 피어난 연꽃

석창원을 나오면 연밭에 연꽃이 흐드러지게 피어 있다.

베스트 10'으로 수도권 시민들에게 웰빙 걷기 코스로 주목받는다. 연꽃과 갈대, 그리고 철새가 아름답게 어우러지는 풍경으로 영화와 드라마는 물론 사진 동호인들의 촬영 장소로도 유명해진 지 오래이다.

두물머리 물래길은 중앙선 전철을 타고 양수역에서 내리면서 시작된다. 용늪의 갈대밭이 사열하듯 여행객을 맞이한다. 용늪을 벗어나면 맑은 물과 아름다운 꽃이 어우러진 수변 정원인 세미원이 나온다. 세미원은 물을 보며 마음을 씻고 꽃을 보며 마음을 아름답게 한다는 장자의 말에서 빌려 온 이름이다. 세미원의 으뜸은 단연 연꽃이다. 옛사람들은 진흙 속에서 나왔어도 때 묻지 않은 연꽃의 자태를 글과 그림에 자주 담았다. 고향이 다른 덩치 큰 나무들은 하늘에 예를 갖추듯 다소곳하게 두 손을 하늘 높이 올리고 있다.

세미원의 끝자락에는 배 수십 척을 이어 만든 배다리가 놓여 있다. 아쉽지만

두물머리 물래길은 용늪에서 시작된다.

　세미원에 들어가지 않으면 이곳을 걸을 수 없다. 배다리 위에서 발걸음을 옮길 때마다 나뭇결 너머로 강이 두런두런 전하는 물결이 고스란히 느껴진다. 조선 정조가 아버지 사도세자의 묘소인 융건릉을 찾기 위해 한강에 설치했던 배다리를 옛 모습 그대로 재현해 놓았다. 양쪽에 오색 깃발로 화려하게 장식한 배다리를 걸으면 임금님이나 누릴 법한 호사를 경험할 수 있다.
　배다리 건너 석창원은 자연과 환경 관련 서적들을 모아놓은 도서관인 동시에 석창포가 주로 식재된 온실 정원이다. 석창원에서 두물머리로 이어지는 길에 들어서면 다시 연밭을 가득 채운 연꽃이 사람들의 시선을 빼앗는다. 어른 키만큼 수북하게 자란 갈대밭과 강변의 잔잔한 풍경, 기와와 흙으로 만든 토담, 곳곳에 놓여 있는 석등은 현대인에게서 옛사람의 유유자적한 걸음을 이끌어낸다.
　두물머리에 도착하면 황포 돛배와 400년 수령의 느티나무가 세월의 흔적을 이

400년 된 느티나무는 두물머리의 산증인이다.

야기해 준다. 남한강과 북한강의 두 물줄기가 양서면 양수리 일대에서 머리를 맞대어 두물머리라 이름 붙였다. 일교차가 심한 봄가을이면 새벽 물안개가 피어올라 운치가 더해진다. 느티나무 주변에 놓인 벤치에 앉아보자. 유유히 흐르는 강물을 바라보는 것만으로도 일상을 떠난 여유로움을 느낄 수 있다.

두물머리 입구로 나와 길을 걷다 보면 한강물환경생태관에 이른다. 물이 수많은 생명체가 살아가는 터전이며 사람에게 꼭 필요한 자원임을 보여주는 자료들을 전시한다. 규모는 작지만 물의 소중함을 오감으로 느끼도록 다양한 체험거리들도 마련되어 있다.

한강물환경생태관 오른쪽 담장을 따라가면 양수교에 도착한다. 양수교에서 오른쪽 세미원 방향으로 도로를 따라 걸으면 양수역이 반긴다. ●이진곤

여행작가의 소곤소곤

양수역에서 내려 왼쪽을 보면 용늪이 있다. 석창원 근처에 화사하게 피는 연꽃은 5월에 볼 수 있다. 세미원은 유료 입장이므로 건너뛰고 싶다면 세미원 오른쪽 강변의 산책길을 따라 두물머리로 향할 수 있다.

 지역번호 031

위치 경기도 양평군 양서면 용담리
음식 물래길 근처에는 식당이 많다. 유기농쌈밥(두물머리밥상·두물머리유기농쌈밥, 774-6022), 양수신선동태찜(동태찜 및 각종 탕, 774-1127) 등이 먹을 만하다. 빨리 허기를 채우고 출발하려면 양수역 앞에 있는 순이네국수(칼국수, 771-1854)도 맛있다.
숙박 양수역 근처에 연꽃언덕(774-4577), 양수리드래곤펜션(010-4548-2358)이 있다.
찾아가는 길  용산역에서 출발하는 중앙선을 타고 양수역에 하차하거나 7호선 상봉역에서 중앙선으로 환승한 후 양수역에 도착한다. 청량리에서 출발하는 167번 버스의 종점도 양수리다. 이곳에 도착해 도보로 이동하면 된다. 서울에서 6번 국도 양평 방향에서 팔당대교를 지나 양수대교로 진입한 후 오른쪽 방향인 소나기마을 방면으로 가다가 양수교차로에서 왼쪽 방향으로 이동한 후 체육삼거리에서 양서면사무소 방향으로 우회전하면 양수역이 나온다.

산에는 생강나무 꽃, 마을에는 산수유 꽃이 지천!
추읍산 둘레길, 볼랫길

서울 근교에서 봄맞이를 하기 좋은 길이 양평 볼랫길이다. 추읍산을 둘러가는 1코스는 산수유 마을로 유명한 주읍리를 거쳐서 봄철 꽃나들이로 제격이다.

용문역 →4km→ 섬실고개 →7km→ 주읍리 산수유 마을 →3.5km→ 원덕리

★ 총 14.5km, 5시간

추읍산 둘레를 걷는 노부부의 산책을 반기는 듯 생강나무가 노란 꽃을 터뜨렸다.

양평에서도 잘 알려지지 않았던 추읍산(582m)은 용문산의 유명세에 밀려 홀대받았지만, 최근 중앙선 전철이 개통되면서 등산객이 조금씩 늘어났다. 이에 발맞춰 볼랫길이 생기자 비로소 그 진면목이 널리 알려졌다. 친근한 어감의 볼랫길은 '보고 또 봐도 가고 싶은 곳'이라는 뜻으로 희망근로사업으로 만들어져 '희망볼랫길'이라고도 불린다.

용문역 3번 출구(남쪽 광장)로 나오면 볼랫길 이정표가 서 있다. 이곳이 바로 볼랫길 1코스의 출발점이다. 4월, 북부지방산림청 용문종묘장 옆으로 난 들길에는 봄빛이 가득하다. 논두렁에는 꽃다

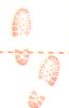

용문역을 나와 흑천을 건너면서 본격적인 물랫길이 시작된다.

지가 지천으로 피었고, 들판에서는 향기로운 흙냄새가 진동한다. 흑천을 만나는 지점이 갈림길이다. 여기서 물랫길은 꼬부랑산(279m) 섬실고개를 넘는다. 이 고개는 용문읍과 삼성1리를 연결하는 최단 거리라, 예로부터 많은 사람들이 넘어 다녔다. 경사가 제법 가파르지만 길이 구불구불 이어져 걷기 수월하다.

섬실고개 정상에서 내려오면 삼성리다. 잠시 도로를 따라 걷다가 화전2리 버스정류장에서 안쪽으로 들어선다. 물랫길 이정표가 눈에 띄지 않으면 '등골횟집' 간판을 찾으면 된다. 15분쯤 도로를 따라가다가 등골횟집을 지나면 추읍산 등산로 안내판을 만난다. 물랫길 은행잎 이정표도 옆에 서 있다. 여기서 물랫길은 산길로 들어선다. 1코스는 추읍산의 고갯마루를 세 개나 넘는다.

완만한 고갯길은 정상까지 이어진다. 고개를 내려오면 등골재(화전고개)에 닿는다. 화전리와 주읍리를 연결하는 이 고갯마루에는 성황당 터가 남아 있다. 이

주읍리에서 추읍산 정상이 잘 보이는 고갯마루를 넘으면 내리로 이어진다.

곳에 오른 사람들이 자기 바람을 담아 하나하나 쌓은 돌탑이 정겹다. 예전에 주읍리 주민들이 용문을 드나들 때 이용하던 유서 깊은 길이다. 등골재를 내려오면 주읍리다. 이곳은 400~500년가량 되는 산수유 1만 5000그루가 자생하는 산수유 마을로 유명하다. 해마다 4월 초에 노란 산수유 꽃이 온 마을을 뒤덮을 때면 '개군산수유축제'가 열린다.

  칠보산장에서 길을 따라 내려오면 주읍리의 명물인 산수유 쉼터가 나온다. 이곳은 황토담과 붉은색 슬레이트가 예쁘게 어우러진 전통 가옥으로 산수유 꽃이 필 때면 손님들에게 집을 개방한다. 집 앞 초가 정자에서 산수유차를 마시며 산수유 꽃 군락을 바라보는 맛이 제법 괜찮다. 다랑이논과 산수유 고목에 노랗게 만개한 꽃이 어우러지면 장관이다.

  주읍리는 아담하고 예쁜 마을이다. 구불구불한 들판에서는 아낙과 아이들이

산수유 꽃을 화폭에 담는 화가들은 그 자체로 한 폭의 그림이다

쑥을 캐고, 산수유 고목 아래에서는 아마추어 화가들이 화폭에 산수유를 담는다. 서울 근교에서는 보기 힘든 평화롭고 정겨운 모습이다. 그 풍경 뒤로 추읍산이 봉긋 솟아 있다.

주읍리 마을회관 직전 갈림길에서 내리 쪽으로 가다 보면 임도가 나오는데, 추읍산 아래 산비탈을 타고 돈다. 고갯마루쯤에서 바라보면, 봉긋 솟은 추읍산 정상이 손을 뻗으면 닿을 듯하다. 한동안 임도를 걷다가 내리 마을 갈림길에서 오른쪽 추읍산 삼림욕장 방향으로 오른다. 삼림욕장은 '바람의 숲', '만남의 숲', '책 읽는 숲' 등 테마별로 아기자기한 숲을 꾸며놓았다. 15분쯤 올라 삼림욕장 입구에서 왼쪽 원덕역 방향 임도로 들어선다. 임도 모퉁이를 돌 때마다 용문산과 추읍산이 번갈아 나타나는 것이 재미있다. 임도가 끝나는 지점은 두레마을이다. 전원주택이 많은 마을로 원덕 들판과 용문산 조망이 시원하다. 마을에서 흑천을 건너면 볼랫길은 거의 마무리된다. 원덕역까지 이어진 들판을 걸으며 뒤돌아보니 두 팔을 벌린 추읍산이 작별 인사를 청한다. ●진우석

여행작가의 소곤소곤

양평 볼랫길은 2개 코스로 나뉜다. 1코스는 추읍산 주변을 돌면서 고갯마루 3개를 넘어야 해 '추읍산 둘레길'이라 할 만하다. 2코스는 용문역→광탄리→봉상리→망능리→중원리→신점리→오촌리→덕촌리→마룡리→용문역으로, 약 18km 거리를 전부 걸으려면 6시간쯤 걸린다. 산수유 마을인 주읍리와 내리를 거치는 1코스는 봄철에, 2코스는 은행나무가 노랗게 물드는 가을철에 걷기 좋다.

 지역번호 031

위치 경기도 양평군 개군면 추읍산 일대

음식 볼랫길 1코스는 중간에 식사를 할 만한 곳이 없으니 김밥이나 먹을거리를 준비해야 한다. 산수유 꽃이 절정인 4월 초중순에는 주읍리 산수유 쉼터와 노인회관에서 부침개와 산수유막걸리로 요기할 수 있다. 쑥과 달래 등을 넣은 부침개 맛이 일품이다.

숙박 용문사 가는 길에 펜션애화몽(010-4118-6030, www.ypension.net), 강가애펜션(775-2361, www.riverlover.co.kr), 용문누란펜션(774-6185, www.goyp.co.kr) 등 펜션들이 많다. 양평군 개군면 독골길의 달그리메펜션(774-2422, www.dalgrime.com)과 한가람펜션(031-775-6611) 등도 이용할 만하다.

찾아가는 길 중앙선 전철을 이용하는 것이 가장 편리하다. 용산역에서 출발해 회기역(환승역) 등을 거쳐 간다. 회기역에서 용문역까지 1시간 정도 걸린다. 주말에는 30분 단위로 열차가 운행되니 미리 시간을 확인하자.

아름다운 여강을 따라 옛 나루터의 이야기가 있는 길, 여강길

여주를 흘러 남한강에 이르는 여강은 고대부터 지금까지 사람들의 발걸음이 무수히 교차하는 물길이다. 여강길은 그 이름만큼이나 아름다운 옛 나루터의 흔적을 더듬는 길이다.

여주버스터미널 →1.2km→ 영월루 →2.1km→ 은모래금모래강변 유원지 →2.8km→ 브라우 나루터 →3.8km→ 우만리 나루터 →1.6km→ 흔암리 선사주거지 →1km→ 아홉사리 과거길 →3km→ 도리 마을회관

 총 15.5km, 편도 6시간 30분

한강의 발원지 태백시 금대봉 검룡소에서 발원한 물줄기가 여주를 감아 돈다. 이를 여강이라고 한다. 조선시대 4대 나루터로 불리는 이포나루와 조포나루를 포함해 12개의 나루터가 있었던 교통의 요지다. 이름만큼이나 아름다운 브라우와 우만리, 흔암리 등 옛 나루터의 흔적을 더듬는 여강길 1코스 '나루터 길'을 걸어보자.

길을 나서자마자 영월루가 여행객의 눈과 마음을 사로잡는다. 조선시대 여주 관아의 정문으로 '달을 맞는 정자'라는 뜻을 가진 영월루는 1925년에 남한강과 여주 일대가 파노라마처럼 펼쳐지는 지금 자리로 옮겨

영월루는 조선시대에 여주 관아의 정문이었다.

은모래금모래유원지에는 아름드리나무들이 우거져 있다.

졌다. 예전에는 여강의 강모래가 은빛으로 빛났다고 하여, 은모래금모래유원지는 강변 유원지 가운데 가장 아름다운 이름을 얻었다. 그 자리에 지금은 유유히 흐르는 강을 바라보며 하룻밤을 보낼 수 있는 캠핑장과 놀이시설이 들어섰다. 강변에 서 있는 아름드리나무 아래에서 여강과 함께 숨을 고른다.

강변을 걷다 보면 여주읍 단현리와 남한강 건너편 강천면 가야리를 연결하던 부라우 나루터가 나온다. 나루터 주변 바위들이 붉은색을 띠어 '브라우'라고 불린다. 강변과 바위들이 어우러진 풍경이 빼어나다. 시원한 강바람을 맞으면서 걸으면 어느새 강천보에 다다른다. 강천보 위에 지어진 전망대에 올라서면 남한강과 강천보를 한눈에 조망할 수 있다. 이어서 닿는 곳은 우만리 나루터이다. 예전에는 땔감을 구하러 가는 주민들과 원주에서 온 소장수들이 즐겨 들렀다고 한다. 나루터를 지키는 느티나무는 커다란 품으로 주민들에게 휴식처가 되어준다.

달을 맞이하는 정자, 영월루

계속 강을 따라 나란히 걸으면 흔암리에 접어든다. 흔암리에 있는 선사주거지는 청동기 유적지로 농경 시대가 열렸음을 보여준다. 유적지에는 화덕 자리와 토기 안에 탄화된 쌀을 비롯해 조, 수수, 보리, 콩 등이 출토됐다. 마을 끝자락에 흔암리와 도리를 연결하는 오솔길이 나 있다. 좁은 아홉 구비를 굽이굽이 돌아간다고 해서 아홉사리길이라 불린다. 과거를 보러 서울로 올라가던 길로 자연의 모습을 그대로 간직한 운치 있고 아름다운 오솔길이다. 길은 종착지인 도리로 향한다.

여강의 풍족한 수량 덕분에 토양이 비옥해 터를 잡는 사람들이 늘어나며 여주의 마을들이 형성됐다. 게다가 여강은 여주의 자랑이라고 할 만큼 아름다운 풍경을 선사한다. 여주가 고향인 고려 말기 대학자이자 정치가인 목은 이색은 여강을 이렇게 노래했다.

여강을 따라 수변을 걷는 여행객

천지는 끝없고 인생은 유한하니(天地無涯生有涯)

호연히 돌아갈 마음 어디로 갈 것인가(浩然歸志欲何之).

여강 굽이굽이 산은 그림처럼 아름다워(廬江一曲山如畵)

절반은 단청 같고 절반은 시와 같구나(半似丹靑半似詩).

높은 절벽에서 바라보는 여주의 전경, 여행자의 몸과 마음을 시원스레 어루만지는 강바람, 강을 의지하며 살아가는 인간의 과거와 현재 삶, 자연 그대로 옛사람들이 걷던 오솔길을 떠올리니 일상으로 돌아가는 발길이 쉽게 떨어지지 않는다. ●이진곤

 여행작가의 소곤소곤

강천보까지는 이정표를 따라 쉽게 갈 수 있지만, 이후에는 이정표가 일관되게 위치하지 않아 길바닥이나 벽 같은 곳을 확인해야 한다. 우만리 나루터로 가는 길은 차로이기 때문에 특히 조심하자. 도리 마을회관에서 나올 때는 하루 5번만 운행하는 버스를 타야 하므로, 차라리 처음에 버스를 타고 도리 마을회관으로 들어가 반대로 걷는 편이 귀가 시에 더욱 수월하다.

 지역번호 031

위치 경기도 여주군 여주읍 홍문리~여주군 점동면 도리

음식 은모래금모래유원지 근처 청솔보리밥(보리밥, 884-6738), 우만리 나루터 근처 동원수산횟집(송어회, 883-7851)이 유명하다. 자가용이 있다면 여강길을 전부 걸은 후 여주 IC 부근에 있는 주꾸미볶음 전문점인 그집(주꾸미볶음, 883-8585)에 들러보자.

숙박 늦은 시간에 출발해 도리 마을에서 하룻밤 묵어야 한다면 도리마을 녹색농촌체험마을 사무장(010-9353-0977)이 민박집을 연결해 준다.

찾아가는 길 여주종합터미널 맞은편 정류장에서 하루 5번 운행하는 50-5번 버스를 타고 도리 마을회관에서 하차한다. 택시도 탈 수 있는데(864-0331), 사전에 가격을 확인하고 이용하자.

숲길, 단풍길, 꽃길 따라
하늘까지 걸어가는

강원권

남설악의 기암과 웅장한 계곡을 따라 걷는 길,
설악산 흘림골 트레킹

점봉산 자락의 흘림골은 남설악의 기암 끝에 걸려 있는 단풍이 아름답다. 흘림골에서 시작해 주전골로 이어지는 트레킹 코스는 많은 사람들에게 사랑받는 길이다.

흘림골지킴터 → 0.9km → 여심폭포 → 0.7km → 등선폭포 → 1km → 십이폭포 → 0.8km → 삼거리 → 0.1km → 용소폭포 → 0.1km → 삼거리 → 1.1km → 선녀탕 → 2km → 오색약수

 총 6.7km, 3시간 30분

흘림골은 남설악 점봉산의 깊은 계곡이다. 흘림골이라는 이름은 '숲과 계곡이 깊어 그곳에 들면 안개가 끊이지 않는다'고 해서 붙여졌다. 흘림골 트레킹은 한계령휴게소에서 양양 방향으로 약 2km 떨어진 흘림골지킴터에서 출발한다. 흘림골이 개방된 것은 1985년 자연휴식년제가 시작된 이후 20년 만인 2004년이다. 문이 열리자 흘림골은 그야말로 인산인해를 이뤘다. 그러다가 2006년 태풍으로 큰 피해를 입고 재개장한 것은 2008년의 일이다. 지금도 그 흔적이 남아 있는데 자연재해로 인한 상처가 다시 자연의 힘으로 치유되길 바라는 마음이 간절하다.

흘림골지킴터에서 시작되는 오르막 계단은 등선대까지 이어지는데 제법 가파르다. 등선대로 가는 길에 흘림골 명소인 여심폭포가 나온다. 여심폭포는 여성의 비밀스러운 부위와 닮은 모양새로 유명하다. 예전에 설악산이 신혼여행지로 각광받을 때 신혼부부가 이 폭포의 물을 마시면 아들을 낳는다는 이야기가 돌기도 했다. 여심폭포 곁을 지나가는 등산객들이 서로 짓궂은 농담을 주고받으

점봉산 기암괴석들인 만물상이 펼쳐지고 오른편에 한계령이 보인다.

며 발걸음을 옮긴다.

여심폭포에서 등선대까지는 경사가 심한 오르막 구간이다. 가쁜 숨을 몰아쉬며 등선대에 오르면 남설악의 서북 능선 줄기가 그림처럼 이어진다. 등선대 전망대에 서면 만물상과 점봉산이 보이고, 반대편으로는 칠형제봉과 서북 능선, 그 너머에는 대청봉, 귀때기청봉, 한계령이 웅장하게 펼쳐진다. 그야말로 숨이 꼴딱 넘어가는 힘겨움 뒤에 짜릿하게 따라오는 쾌감이다.

등선대부터 오색까지는 내리막이다. 폭포의 맑은 물소리를 벗 삼아 천천히 설악의 단풍을 즐기며 하산한다. 십이폭포를 지나면 용소폭포와 주전골로 갈라지는 삼거리가 나온다. 그대로 주전골로 향해도 되고, 걸어서 600m 즈음에 있는 용소폭포에 다녀와도 좋다. 용소폭포를 둘러보고 오색으로 향하는 구간은 주전골이다. 옛날 도적들이 쇠붙이를 두드려 위조 엽전을 만들다가 그 쇳소리를 들키는 바람에 붙잡혔다는 전설이 전해진다. 이곳 바위들이 마치 동전을 쌓아놓은 것 같아서 주전골이라는 이름을 얻었다는 설도 있다.

삼거리에서 주전골로 향하는데 계곡에는 쓰러진 나무들이 많이 보인다. 지난 태풍이 할퀴고 지나간 상처이다. 특히 단풍나무가 많이 쓰러졌다. 데크를 따라 편안하게 걷다 보면 흘림골 산행의 마지막 코스인 오색약수터에 이른다. 조선 중기 오색석사라는 절의 스님이 반석 위로 솟아난 물을 발견했다는 이야기가 내려온다. 오색약수라는 이름은 약수에서 다섯 가지 맛이 난다고 해서 붙여졌다. 다른 약수에 비해 나트륨 함량이 높아 맛과 색이 독특하다. 위장병과 빈혈, 피부병에 효과 있다고 알려져 약수를 맛보기 위한 사람들로 언제나 줄이 늘어서 있다.

흘림골 트레킹을 하려면 온몸을 역동적으로 움직여야 하지만 마음으로 스며드는 감동의 여운이 길다. 「관동별곡」으로 유명한 고려 말기 문신인 안축은 설악산을 두고 이런 시를 지었다.

금강산은 수려하나 웅장하지 못하고
지리산은 웅장하나 수려하지 못하지만
설악산은 수려하고 웅장하다.

절세가경(絶世佳景)의 설악산 흘림골로 가야 하는 이유는 남설악 기암과 기암 사이로 스며든 오색 단풍만으로도 충분하다. ● 유정열

흘림골 등선대로 향하는 길

등선대 전망대에서 만물상을 바라보는 등산객들

여행작가의 소곤소곤

대중교통을 이용한다면 오색에서 내린 후 택시를 타고 흘림골로 향하는 것을 추천한다. 자가용을 가져갔다면 마찬가지로 오색지구에 차를 세워둔 뒤 택시를 이용한다(양양콜택시 033-671-2300, 설악산국립공원 오색분소 033-672-2883).

 지역번호 033

위치 강원도 양양군 서면 오색리

음식 깊은 향에 취해 먹는 송이 요리는 양양의 별미다. 송이골(672-8040)에는 자연산 송이와 오색약수로 밥을 지은 송이영양돌솥밥이 유명하다. 오색약수지구에 위치한 칠순이식당(672-8603)은 오색약수로 지은 약수돌솥밥정식이 대표 메뉴로 천연조미료를 써서 맛을 낸다. 남애항에 위치한 대포횟집(어죽, 671-0244)은 신선한 자연산 회와 어죽이 대표적인 음식이다. 어죽은 우럭머리와 돌삼치, 미역 등을 함께 푹 끓인 후 떡과 밥을 넣어 좀더 끓여낸다.

숙박 오색그린야드호텔(670-1000, 서울예약사무소 02-3664-8011, www.greenyard-hotel.com), 대명쏠비치호텔리조트(1588-4888), 낙산스타비치콘도텔(672-5561), 미천골자연휴양림(673-1806) 등 오색약수지구에 숙박시설이 많다.

찾아가는 길 동서울터미널에서 오색행 버스(06:30~18:40, 하루 9회 운행, 2시간 40분 소요)를 타고 오색약수지구터미널에서 내린다. 서울~춘천고속도로를 타고 가다가 춘천~동홍천고속도로로 갈아탄 후 동홍천IC에서 나와 속초·인제 방면 오른쪽으로 진행한다. 44번 국도를 따라 인제군청을 치나 한계령을 넘으면 설악산국립공원 오색약수지구 주차장에 닿는다.

산 따라 계곡 따라 강 따라 걷는 길, 동강 어라연길

동강 어라연은 한 폭의 아름다운 동양화 같다. 고무보트를 타고 래프팅으로 어라연을 즐기는 방법도 있지만, 산길을 찬찬히 에돌며 어라연을 멀리서, 혹은 가까이서 관찰하면서 즐기는 것을 추천한다.

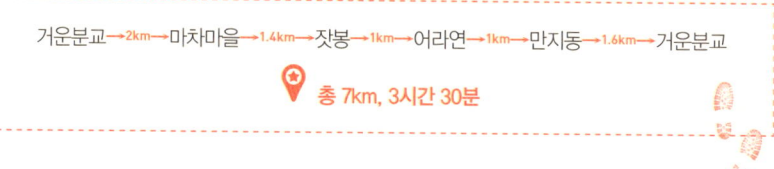

거운분교 →2km→ 마차마을 →1.4km→ 잣봉 →1km→ 어라연 →1km→ 만지동 →1.6km→ 거운분교

총 7km, 3시간 30분

거운분교 맞은편 동강탐방안내소를 지나 150m 정도 가면 두 갈래로 갈라진 갈림길이 나온다. 왼쪽으로 꺾어지는 대신 직진하면 지도가 그려진 어라연탐방안내도가 보인다. 완만한 오르막을 오르면 펜션이 나오고 평평한 흙길 임도가 이어진다. 10여 분 더 걸으면 이정표가 세워진 삼거리가 나타나는데 오른쪽은 동

거친 바위가 흩어져 있는 동강의 너덜바위길

고무보트를 타고 어라연 계곡을 따라 내려가는 래프팅족

강을 따라 만지·어라연으로 향하는 길, 왼쪽은 마차마을을 지나 잣봉으로 향하는 길이다. 왼쪽 길을 선택해 1.4km쯤 걸으면 마차마을에 닿는다. 마을을 지나 숲길을 한참 걸으면 나무 다리와 나무 계단이 나오는데, 이곳에서부터 드디어 본격적인 등산이 시작된다.

만지고개라 불리는 이 길의 경사는 만만치 않다. 500여m 숨을 헐떡이며 올라가면 그다음부터는 편안한 소나무 숲길이다. 잠시 숨을 돌리자 드디어 전망대가 나온다. 전망하기 편하게 나무 데크를 놓았지만 울창한 나무에 가려 어라연의 모습이 잘 들어오지 않는다. 오히려 이곳보다는 3~4분 떨어진 두 번째 전망대가 어라연을 바라보기에 더욱 좋다. 여기에서 두 눈 가득히 담는 어라연은 그야말로 일품이다. 어라연은 '고기가 비단결같이 떠오르는 연못'이라는 뜻을 가지고 있다. 여름에는 보트를 타고 상선암 주변을 힘차게 노 저어 나아가는 래프팅족을 쉽게 볼 수 있다.

전망대를 나와 정상인 잣봉(537m)에 오른다. 잣봉부터 어라연까지는 내리막길이다. 초반에는 편안한 능선길이지만 곧 경사 급한 길이 이어져 안전 로프를 설

치해 놓았다. 조심스레 내려오면 동강 옆으로 오솔길이 나 있다.

만지나루 방향으로 가는 동강 길은 너덜바위길이다. 바위가 울퉁불퉁 솟아 걷기 쉽지 않지만 동강을 가까이에서 바라보며 걸을 수 있다. 잘 다져진 길을 걷는 것보다 자연 그대로의 거친 원시성을 느낄 수 있어서 더욱 좋다. 너덜바위길을 벗어나 좁은 길로 들어서면 만지나루 건너편에 전산옥 주막터가 나온다. 전산옥은 실존 인물로 주막은 1970년대 초에 허물어졌고, 지금은 집터 자리에 안내판만 세워져 있다. 동강과 주변 풍경을 감상하며 계속 걷다가 어라연상회를 지나치면 마침내 어라연길 시작점인 마차마을로 들어가는 안부삼거리에 닿는다. 여기서 10여 분 올라왔던 길을 되짚어 내려가면 동강탐방안내소로 돌아온다.

등산 코스로만 보면 잣봉은 그리 매력적이지 않다. 산의 높이도 낮고 산행의 재미도 떨어진다. 어라연과 동강의 비경을 보기 위해 산길을 에도는 '강을 즐기기 위한 산행'이라고 생각하면 그 의미가 충분하다. ●임인학

여행작가의 소곤소곤

동강 어라연길은 거리가 7km밖에 안 되지만 그리 만만한 길이 아니다. 경사 급한 길도 나오고 강변길도 바위가 많아 평지를 걷는 것보다 체력이 제법 소모된다. 등산화는 필수이다. 특히 한여름에는 땀 흘릴 것에 대비해 물을 넉넉히 준비하고, 도중에 지칠 수 있으므로 간식거리도 약간 준비하자.

 지역번호 033

위치 강원도 영월군 영월읍 거운리

음식 영월읍 장능 근처에 있는 장릉보리밥집(꽁보리밥, 374-3986), 장릉손두부(산초두부구이, 374-6006)가 맛있다. 주천버스터미널 건너 주천초등학교 입구에 있는 신일식당(372-7743)에서는 메밀부침, 꼴두국수, 올창묵 등 강원도 특유의 토속적인 음식을 싼값에 맛볼 수 있다. 영월로 들어가는 입구인 원주시 신림면 황둔마을의 명물 황둔찐빵도 별미다.

숙박 영월읍에는 황토장(373-0102), 낙원장(373-9191) 등 쾌적한 시설을 갖춘 장급 여관이 여럿 있다. 주천면 판운리에는 엘솔펜션(374-1112), 아뜰리에펜션(375-7427) 등 펜션이 많이 모여 있고 토파즈모텔(372-3588), 캐슬모텔(372-7474) 등도 있다.

찾아가는 길 동서울터미널에서 하루 6회, 30분 간격으로 운행하는 영월행 직행버스를 탄다. 영월읍에서 내려 하루 5회 운행하는 거운리행 시내버스를 탄다. 청량리역에서 영월행 기차를 이용할 수도 있다. 영동고속도로에서 만종 분기점을 지나 중앙고속도로로 들어선다. 제천IC에서 38번 국도를 타고 제천·영월 방향으로 달린다. 소나기재를 지나 장릉 앞 삼거리에서 우회전한 뒤 영월초등학교 삼거리에서 다시 우회전하면 거운리에 도착한다.

오색 단풍길 지나 점봉산 고갯마루에 오르는
곰배령 트레킹

유네스코 생물권보전지역인 곰배령은 산림청에서 천연림보호구역으로 지정해 보호하는 숲으로 자연 생태계가 잘 보존되어 있다. 가족 단위 트레킹 코스로 추천한다.

진동삼거리 곰배령주차장 →0.5km→ 점봉산생태관리센터 →1.8km→ 강선마을 →2.7km→ 곰배령 →2.7km→ 강선마을 →1.8km→ 점봉산생태관리센터

총 9.5km, 4시간

점봉산(1424m) 남쪽 능선에 자리 잡은 곰배령(1164m)은 곰이 배를 하늘로 향한 채 누워 있는 모습을 닮았다고 해서 붙여진 지명이다. 곰배령 고갯마루에 펼쳐진 너른 평원에는 봄부터 가을까지 다양한 야생화가 무리 지어 피고 진다. 가을에는 꽃보다 고운 오색 단풍이 곰배령 일대의 숲길을 화려하게 수놓는다. 지대가 높아

오색 단풍으로 물든 곰배령 계곡의 가을 풍경

강선마을을 지나 징검다리를 건너면서부터 본격적인 숲 탐방이 시작된다.

봄은 늦고 겨울은 일찍 찾아온다. 단풍을 즐기기 좋은 시기는 10월 초중순이다. 이때가 지나면 숲은 벌써 겨울을 서서히 준비하기 시작한다.

곰배령에 가려면 먼저 산림청 홈페이지에 탐방 예약을 해야 한다. 입산 당일에는 진동리에 있는 점봉산생태관리센터에서 예약을 확인하고 입산허가증을 받은 뒤에 트레킹을 시작한다. 생태관리센터가 해발 700여m에 있으므로 곰배령까지의 고도 차이는 400m 정도이다. 고도가 서서히 높아지기 때문에 누구나 쉽게 오를 수 있다. 생태관리센터 뒤로 계곡과 숲길이 나란히 이어진다. 곰배령에 도착할 때까지 계곡물 흐르는 소리가 계속 들린다. 계곡물 소리, 산새 소리, 발소리가 아름다운 화음을 이룬다. 하루에 두세 차례, 예약한 사람들만 입산할 수 있기 때문에 숲길은 더없이 호젓하다.

생태관리센터에서 20분쯤 숲길을 걸으면 민박집과 식당들이 나온다. 이곳이

곰배령 고갯마루의 전망 데크

바로 강선마을이다. 강선마을 원주민들은 한국전쟁 때 대부분 마을을 떠났고, 지금은 외지인들이 터 잡고 살아간다. 강선마을을 지나 조금만 가면 호수처럼 잔잔한 계곡이 나온다. 계곡물에는 징검다리가 놓여 있다. 물이 맑아 징검다리 그림자가 거울처럼 비친다. 봄여름에는 얕은 물가에 놓인 바위에 걸터앉아 탁족을 즐기기 좋다. 가을에는 계곡 아래에 잠긴 오색 단풍잎을 구경한다. 곰배령 단풍은 곰배령에 피는 야생화만큼이나 수수하다.

    징검다리를 건너 감시초소를 지나면 울창한 숲이 속살을 드러내기 시작한다. 봄여름에는 고비가 무성하게 우거져 원시림에 들어선 듯한 착각마저 불러일으킨다. 1시간 반 정도 바위와 돌이 군데군데 박혀 있는 오솔길이 이어진다. 두 사람이 나란히 걷기에도 비좁을 만큼 조붓한 숲길이다. 곰배령까지 1.3km 남은 지점에 다다르면 두 번째 징검다리가 나온다. 징검다리를 지나면서부터 경사가 급

곰배령 탐방길에 있는 약수터

한 비탈길이 시작되니 그전에 잠깐 쉬거나 간식을 먹어두는 것이 좋다.

개울을 건너면 울창한 신갈나무와 전나무 숲이 탐방객을 맞이한다. 곰배령 트레킹 구간에서 단풍이 가장 고운 곳이다. 길에 박힌 바위를 계단 삼아 신갈나무 숲을 오르다 보면 깔딱고개가 나타난다. 곰배령 트레킹이 처음인 사람에게는 다소 힘들 수도 있다. 30여 분 숨을 할딱거리며 고개를 넘어서면 곧 곰배령 고갯마루이다. 2010년에 생태계 보호를 위해 평원 위에 데크가 놓였다. 쾌청한 날이면 데크에서 작은점봉산, 호알이코빼기, 멀리로는 설악산까지 보인다. 곰배령의 기후는 변화무쌍해서 흐리고 바람 부는 날이 많은 편이다. 출발 지점보다 기온이 낮고 바람이 세기 때문에 가을 산행을 떠나더라도 보온에 신경 써야 한다.

● 김혜영

여행작가의 소곤소곤

곰배령 트레킹에 나설 때는 산림청 홈페이지(www.forest.go.kr)에 탐방 전날까지 자기 이름으로 미리 신청해야 한다. 매달 20일 오전 9시부터 다음 달 탐방 예약을 받는다. 예약 가능 시간은 탐방 전날 오후 6시까지다. 월요일과 화요일은 휴무일이다. 탐방 당일에는 반드시 신분증을 지참하자. 입산 시간은 하절기(5월 16일~10월 31일)의 경우 오전 9시, 10시, 11시이고, 동절기(12월 16일~익년 2월 29일)의 경우 오전 10시, 11시이다. 생태계를 보호하기 위해 오후 2시부터 곰배령 정상을 시작으로 하산 조치가 취해진다(점봉산생태관리센터 033-463-8166).

 지역번호 033

위치 강원도 인제군 기린면 진동

음식 진동리 삼거리 주차장 간이매점에서 산채비빔밥, 토종닭백숙, 산채전, 막걸리 등을 판다. 사전에 예약해야 먹을 수 있다. 이곳에 간이화장실도 있다.

숙박 진동리 계곡과 강선마을에 펜션과 민박집이 많다. 꽃님이네집(463-9508), 방태산황토펜션(463-5488), 연가리맑은터(463-2161) 등이 추천할 만하다.

찾아가는 길 동서울터미널(1일 4회)과 상봉터미널(1일 2회)에서 운행하는 현리행 버스를 타고 현리터미널에서 하차한다. 현리터미널에서 하루 2번 운행하는 진동2리행 버스(06:20, 17:30)를 타고 종점에서 내린다. 서울에서 44번 국도를 타고 홍천 방향으로 달린다. 철정삼거리에서 인제 방향으로 직진하다가 31번 국도를 타고 15분 정도 달리면 현리에 도착한다. 현리에서 방태교를 지나 진동계곡 이정표를 따라 우회전한 뒤 진동삼거리에 들어서면 곧 곰배령 초입이다.

하늘과 맞닿은 야생화 꽃길, 하늘길

발아래 구름을 깔고 걷는 하늘길은 백두대간을 조망하며 야생화의 환대를 받는 길이다. 옛날 석탄을 실어 날랐던 운탄길로 세월이 흘러 지금은 하늘과 가장 가까운 에코길로 변신했다.

강원랜드 폭포주차장 →3.9km→ 도롱이 연못 →4.3km→ 전망삼거리 →2km→ 하이원호텔

 총 10.2km, 3시간

한때 석탄을 나르던 백운산 자락 운탄길이 야생화로 유명한 산책길로 거듭났다. 백운산 둘레를 가로지르는 길로 하늘과 가까워 하늘길이라는 이름도 얻었다. 3시간 동안 천상의 길을 걸어보는 것은 어떨까.

가슴속 깊은 곳까지 청량해지는 숲길

길의 시작은 재미없는 포장길이다. 그러나 완만하게 휘감아 도는 길이 살가운 정선 사람들의 마음을 엿보는 것 같다. 그렇게 길에 의지해 타박타박 올라가면 화절령 삼거리가 나온다. 화절령(花絶嶺)은 꽃을 꺾는 고개라는 뜻이다. 정선 아가씨들이 길 양편에 활짝 핀 진달래와 철쭉을 꺾으며 넘나들던 고개였다. 탄광이 들어서면서 그 예쁜 이름이 석탄을 운반한다는 뜻의 '운탄(運炭)'이라는 삭막한 이

하늘길의 울창한 숲길

름으로 바뀐 게 안타깝기만 하다. 폐광된 지 수십 년이 지났건만 검정 때를 벗겨 내기란 쉽지 않은 모양이다. 육중한 트럭 무게에 다져진 길은 돌처럼 딱딱하고 그늘 한 점 없어 걷기에 고역이다. 그나마 먼발치에 아련히 보이는 백두대간이 고된 여행자를 위로한다.

경사진 길을 지나면 다시 사거리가 나타난다. 쉼터에 앉아 목을 축이고 뒤쪽으로 내려가면 도롱이 연못이 보인다. 직경 80m로 제법 큰 연못인데 탄광의 지하 갱도가 꺼지면서 생겼다고 한다. 맑은 물에는 거울같이 자작나무들이 비쳐 남미 아마존의 늪을 연상시킨다. 화절령 일대에 살던 광부의 아내들은 남편이 출근하고 나면 이 연못에 올라와 도롱뇽을 보고 남편의 무사를 점쳤다고 한다. 150m 내려가면 아롱이 연못이 나온다. 무당개구리와 도마뱀을 볼 수 있는 생태 연못이니 꼭 들르자.

남편의 안녕을 빌던 광부 아내의 염원이 담긴 도롱이 연못

　도롱이연못~낙엽송길~처녀치마길은 하늘길의 하이라이트이다. 인적이 드물고 야생화가 가득해 혼자만의 시간을 갖기에 제격이다. 1km마다 안내판이 놓여 있어 길 잃을 염려는 하지 않아도 된다.
　하늘이 열리면 탄광이 있었던 흔적이 보인다. 백운산이 거대한 석탄산임을 확인하게 해준다. 좀더 걸으면 산중 연못이 뜬금없이 나타난다. 탄광에서 흘러나오는 폐수를 정화하는 곳으로 멀리 마을이 아른거리고 더 멀리 백두대간에는 구름이 둥둥 떠다닌다. 뒤돌아보니 곤돌라가 정차하는 마운틴탑이 보인다. 곤돌라에 탑승하면 20분 만에 정상에 닿지만 자연과 도란도란 속삭이려면 힘들더라도 직접 걸어야 한다. 숲이 울창해지며 하늘이 점점 가려지더니 이번에는 낙엽송 길이 반긴다. 숲은 그리 넓지 않지만 낙엽송들이 늘씬하게 뻗어 있어 가슴속 깊은 곳까지 정화되는 듯하다. 다시 길에 몸을 맡기고 걷다 보면 전망삼거리가 나온다.
　전망데크에서 김소월의 시 「산유화」를 음미하고 백두대간을 바라보면 감동

야생화 꽃길

이 밀려온다. 전망대에 서면 금대봉, 은대봉, 함백산, 만항재, 태백산 등 스크럼을 짠 듯한 백두대간이 출렁인다. 전망삼거리에서 하이원호텔까지는 '처녀치마길'로 하늘 한 점이 그리울 정도로 나무가 빼곡하게 들어찼다. 그리고 5월부터 8월까지는 꽃이 릴레이 선수처럼 연달아 피고 진다. 이곳에서 강원랜드 골프장 18번째 홀을 지나면 하이원호텔이다. 강원랜드 폭포주차장으로 돌아가려면 45인승 무료 셔틀버스를 이용한다.

  체력의 부담을 느낀다면 강원랜드에서 마운틴탑까지 곤돌라를 타고 올라가도 된다. 강원랜드가 마운틴탑 주변 스키 슬로프에 엄청나게 많은 꽃을 심어서 마치 영화 〈사운드 오브 뮤직〉의 한 장면에 들어선 듯한 분위기가 날 정도이다.

● 이종원

여행작가의 소곤소곤

강원랜드에서 마운틴탑까지 운행하는 곤돌라는 20여 분이 소요된다. 이곳을 기점으로 백운봉 정상까지 철쭉길을 따라 능선을 거닌다. 워낙 한적한 곳이라 3명 이상 함께 걷는 것이 좋다. 오후 3시 이전에는 하산해야 안전한 산행을 즐길 수 있다. 자가용을 가져왔다면 폭포주차장에 주차하고 인공 폭포를 감상한 뒤 산행을 시작한다. 강원랜드 앞에 조성된 연못은 또 하나의 볼거리다. 호숫가 주변에는 국내외 유명 작가들의 조각품을 전시해 놓았다.

 지역번호 033

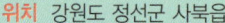

위치 강원도 정선군 사북읍

음식 민둥산역 앞 부길한식당(591-8333)에서는 곤드레나물밥을 먹을 수 있다. 주인이 직접 곤드레 농장을 운영하기 때문에 곤드레가 듬뿍 들어 있다. 혜원가든(한우주물럭, 592-6633)은 태백 한우 전문점이다. 탑오브더탑(590-7981)은 마운틴탑 정상에 있는 식당으로 곤돌라를 타고 올라가야 한다. 기막힌 절경을 감상하며 돈가스와 스테이크를 맛볼 수 있다. 태백으로 넘어가면 연탄불에 굽는 정통 태백 한우를 먹을 수 있다. 태성실비식당(한우갈비살, 552-5287)이 유명하다.

숙박 하이원호텔(1588-7789, www.high1.com), 하이랜드호텔(591-3500, www.hi-landhotel.co.kr), 태백고원자연휴양림(582-7440, forest.taebaek.go.kr) 등을 추천할 만하다.

찾아가는 길 동서울터미널에서 정선행 버스(06:00~23:00, 하루 23회 운행, 2시간 50분 소요)를 탄다. 고한사북공용터미널에서 셔틀버스를 타고 트레킹 출발지인 하이원리조트나 강원랜드로 간다. 셔틀버스는 무료이다. 청량리역에서 고한역까지 무궁화호(07:10~23:15, 하루 7회 운행, 3시간 20분 소요)를 운행한다. 고한역에서는 시내버스나 셔틀버스를 이용한다. 중앙고속도로 제천IC에서 빠져나와 38번 국도에 올라 영월, 석항, 증산, 사북을 지나면 고한이 나온다. 도로에 강원랜드 표지판이 있어 찾기 쉽다.

김유정의 삶과 문학을 따라가는 길, 실레이야기길

한국문학사에서 가장 토속적인 작가로 꼽히는 김유정. 그를 기리는 마을이며, 그를 기리는 길이다. 금병산 자락의 실레마을과 실레이야기길은 김유정의 삶과 문학 자체라 해도 과언이 아니다.

 김유정문학촌 → 김유정문학촌
낮고 짧은 원점 회귀형 산길, 총 5.2km, 90분

우리나라 철도역 가운데 유일하게 사람 이름을 따온 역인 김유정역에서 동쪽으로 400m 걸어가면, 김유정이 태어나 자라고 29세의 짧은 생애를 마감했던 고향이자 그의 소설 배경이 된 실레마을과 김유정문학촌이 나온다. 금병산에 둘러싸인 모습이 마치 옴폭한 떡시루 같다 하여 '실레'라는 이름이 붙여진 마을 전체가 김유정 작품의 산실이자 무대이다.

금병산 아래 잣나무 숲 뒤쪽은 「동백꽃」의 배경이다. 김유정기념전시관 맞은

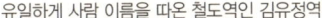
유일하게 사람 이름을 따온 철도역인 김유정역

실레이야기길. 김유정 단편소설에서 따온 길 이름들이 재미있다.

편 언덕에는 김유정이 움막을 짓고 아이들에게 우리말을 가르친 야학터 '안해'가 있다. 마을 가운데에는 실존 인물인「봄봄」의 봉필 영감이 살았던 마름집이 있다. 점순이와 혼례는 안 시켜주고 일만 부려먹는 데 불만을 느낀 '나'가 장인 영감과 드잡이하며 싸우는 모습이 눈앞에 그려진다. 그 옆으로 김유정이 세운 간이학교 '금병의숙'이 있고, 건물 옆에는 당시 김유정이 기념으로 심은 아름드리 느티나무가 서 있다. 김유정이 코다리찌개에 술을 마시던 주막터도 남아 있다. 멀리 한들마을의 팔미천에는「산골 나그네」들병이가 남편을 숨겨뒀던 물레방앗간 '산골 나그네' 터가 있다. 이들 작품들과 함께「총각과 맹꽁이」,「소낙비」,「노다지」,「금 따는 콩밭」,「산골」,「만무방」,「솥」,「가을」 등 소설 12편이 이곳 실레마을을 무대로 한다.

봄꽃들이 만발하게 피어 있는 실레이야기길

우선 김유정기념전시관에 들러 작가의 생애와 작품에 관련된 유물들을 살펴본 후 실레이야기길에 들어선다. 실레이야기길은 5.2km로 짧은 편이다. 하지만 금병산 정상으로 향하는 길을 따라 한 바퀴 크게 돌면 8~9km에 이른다. 실레이야기길 방향 표지판이 있는 곳에서 왼쪽으로 난 길을 따라 걸으면 호박을 키우는 비닐하우스가 나오고 좀더 지나면 옥수수밭이 펼쳐진다. 옥수수밭을 지나면 본격적으로 숲길이 나오는데 햇살이 비집고 들어오지 못할 정도로 늘씬한 잣나무들이 빽빽하게 서 있다. 이어서 너른 숲길로 이어지면서 밤나무, 물푸레나무, 떡갈나무 등 다양한 수종을 만날 수 있다.

오르막길 끝에 올라서면 저 멀리 김유정역과 실레마을 일대가 한눈에 보인다. 내리막길로 들어서서 시원한 물이 흐르는 계곡을 지나면 갈림길이 나온다. 김유

김유정문학촌

정역으로 바로 내려가는 길과 실레이야기길이 계속되는 길이다. 두 길 어디로 가도 마지막에는 김유정문학촌으로 되돌아가게 된다.

 산길 중간중간에는 '들병이들 넘어오던 눈웃음', '복만이가 계약서 쓰고 아내 팔아먹던 고갯길', '금병산 아기장수 전설길', '점순이가 '나'를 꼬시던 동백숲길', '덕돌이가 장가가던 신바람길', '산국농장 금병도원길', '춘호 처가 맨발로 더덕 캐던 비탈길', '응칠이가 송이 따먹던 송림길', '응오가 자기 논의 벼 훔치던 수아리길', '산신각 가는 산신령길', '도련님이 이쁜이와 만나던 수작골길', '맹꽁이 우는 덕만이길', '근식이가 자기 집 솥 훔치던 한숨길', '금병의숙 느티나무길', '장인 입에서 할아버지 소리 나오던 데릴사위길', '김유정이 코다리찌개 먹던 주막길' 등 김유정의 작품 내용을 본뜬 이름을 붙여놓았다. 김유정으로 시작해서 김유정으로 끝나는 실레이야기길이다. ●임인학

여행작가의 소곤소곤

실레이야기길은 산길이지만 큰 힘 들이지 않고 천천히 산책하는 기분으로 걸을 수 있다. 좀더 오래 걷고 싶다면 실레이야기길과 이어져 있는 금병산 등산로를 따라가면 된다. 금병산은 수종이 다양하고 흙이 많은 육산이라 걷기에 편하다. 어느 코스든 3시간 이내에 걸을 수 있다.

 지역번호 033

위치 강원도 춘천시 신동면 증리
음식 김유정역 근처 시골장터막국수(262-8714)에서는 순메밀막국수와 순메밀만둣국이 인기가 많다. 봄봄(261-2772)은 닭볶음탕과 두부전골을 잘한다. 김유정역 근처에 봄봄닭갈비(262-9396), 점순네닭갈비(262-8543) 등 닭갈비집도 많이 생겼다.
숙박 실레마을에는 신남산장(261-6075)이 있다. 춘천 시내로 나가면 숙박업소가 많은데 그중 옥천동 그랜드모텔(243-5021), 요선동 IMT모텔(257-6112), 근화동 리츠호텔(241-0797)은 한국관광공사가 인증한 '굿스테이' 숙박업소이다.
찾아가는 길 경춘선을 타고 김유정역에서 내리면 걸어서 10분 거리다. 46번 국도를 타고 춘천 방향으로 가다가 신남교를 지나 김유정문학촌으로 들어선다. 서울~춘천고속도로 강촌IC로 나와 403번 지방도를 타고 가다가 강촌에서 46번 국도로 갈아타도 된다.

천년을 이어온 숲의 지혜를 배우는 길, 오대산 천년의 숲길

오대산 월정사 주변의 전나무 숲길은 천년을 이어온 아름다운 길이다. 그 길의 풍경을 보는 것만으로도, 그 길을 잠시 걷는 것만으로도 삶의 지혜가 한 뼘은 더 깊어지는 것 같다.

월정사 일주문 →1km→ 월정사 →1km→ 회사거리 →2.3km→ 섶다리 →2.3km→ 동피골 주차장 →1km→ 상원교 →2.4km→ 상원사

총 10km, 3시간 30분

천년의 숲길은 월정사와 상원사를 잇는 오대산 옛길의 이름이다. 오대산 하면 가장 먼저 떠오르는 전나무 숲길에서 시작해 월정사를 지나고 비포장도로인 옛 지방도와 숲길을 거쳐 상원사까지 이어지는 길이다.

전나무 숲길

전나무 숲길의 사잇길은 마치 원시림 같다.

오대산은 해발 1563m로 우리나라 산 중에서도 높은 산에 속한다. 남한의 지리산, 덕유산, 북한의 백두산, 묘향산과 더불어 '5대 덕산(德山)'으로 손꼽혀왔다. 덕산은 사람들을 편안하게 해주는 산이라는 뜻이다. 오대산 옛길인 천년의 숲길도 당연히 여유롭고 마음이 편안해지는 길이다.

길은 전나무 숲길로 시작된다. 오대산국립공원 매표소를 지나면 곧바로 월정사 일주문이 나오는데, 그곳이 바로 아름답고 황홀한 천년 숲길의 출발점이다. 월정사까지 이어지는 길에는 큰 키로 자라 하늘까지 가린 전나무 1700여 그루가 여행자의 친구가 되어준다. 대부분 수령 100년을 넘긴 나무들이며, 가끔 수백 년 된 커다란 둥치의 나무들도 보인다.

전나무 숲길 옆으로는 맑은 물소리를 내는 오대천이 흐르고, 사람들이 지나가도 달아나지 않는 다람쥐들이 한가로워 보인다. 전나무 숲길은 포장도로를 벗겨

오대천을 건너는 섶다리. 오대산 옛길을 걷는 동안 몇 번이나 오대천을 건넌다.

월정사의 8각9층석탑

내고 원래 자연 상태로 복구해 놓아 신발을 벗어 들고 맨발로 걷는 사람들이 자주 눈에 띈다.

월정사를 지나 상원사 방향으로 걷다 보면 잠시 포장도로가 나타나고 포장도로가 끝나는 곳에서 오대산 옛길 이정표가 보인다. 이정표를 따라 오대천을 건너면 본격적인 숲길 구간이다. 숲길은 어깨를 붙이고 걷는다면 둘이 나란히 걸을 수 있을 정도의 아담한 오솔길이다. 오대천과 멀리 떨어지지 않고 이어져 숲길을 걷는 내내 맑은 물이 흐르는 청량한 소리가 귓가를 간질인다. 오대산 옛길을 걷는 동안 열 번도 넘게 오대천을 가로지르는데, 대부분 커다란 돌로 만든 징검다리를 건너야 하지만, 굵은 나무로 기둥을 세우고 잔가지와 흙을 덮어 만든 섶다리도 볼 수 있다.

숲속 곳곳에는 화전 금지 표석이며 보메기, 협궤 등의 흔적도 남아 있다. 화전 금지 표석은 1960년대 말까지 오대산 자락에서 화전을 일구던 사람들을 막기 위해 세워졌다. 보메기는 나무를 운송하기 위해 보를 쌓았다가 무너뜨렸던 흔적이며, 협궤는 1930년대 오대산에서 벌목한 나무를 옮기기 위해 일본이 부설한 흔적이다. 그렇게 마주치는 삶의 애환들이 너무나 아름다운 자연과 함께 어우러져 있어서 문득 서러워지지만 좀더 열심히 살아야겠다는 결심도 하게 만든다. 자장율사는 오대산을 지혜의 상징인 문수보살이 사는 산으로 믿었다는데, 그 믿음이 정말인지도 모르겠다. 길을 걸으며 삶의 지혜가 한 뼘은 깊어진 느낌이다. ●구동관

오대산은 사람을 편안하게 해주는 덕산이라 그 산의 숲길도 마음을 어루만진다.

여행작가의 소곤소곤

월정사와 상원사는 국보와 보물이 많기로 유명하다. 월정사에는 8각9층석탑(국보 제48호)과 석조보살좌상(보물 제139호)이 있으며, 상원사에는 상원사 동종(국보 제36호), 목조문수동자좌상(국보 제221호), 세조 친필인 상원사중창권선문(보물 제140호) 등이 있다. 월정사와 상원사에 남아 있는 강원도 유형문화재와 중요문화재 자료만도 20점이 넘는다.

 지역번호 033

위치 강원도 평창군 진부면 동산리

음식 월정사로 들어서는 길목에는 산채정식, 산채백반, 산채비빔밥 등 산채음식을 전문으로 하는 식당이 많다. 오대산식당(산채정식, 332-6888), 비로봉식당(산채정식, 332-6597), 동대산식당(산채비빔밥, 332-6910) 등이 추천할 만하다. 진부에서 월정사로 향하는 길에 있는 소원식당(막국수, 335-7029)도 들러볼 만하다.

숙박 월정사 주변에는 켄싱턴플로라호텔(330-5000, www.hotelodaesan.co.kr), 해피700황토펜션(336-8770, www.e-happy700.co.kr) 등 펜션과 민박이 몇 곳 있다. 시간적인 여유가 있다면 월정사 템플스테이(339-6606, www.woljeongsa.org)도 추천한다. 승용차로 20분 거리인 횡계 주변에는 콘도와 펜션 등 숙박시설이 충분하다.

찾아가는 길 동서울터미널에서 진부 경유 강릉행 직행버스(07:10~18:56, 30~40분 간격으로 운행, 2시간 15분 소요)를 탄다. 진부버스터미널(335-6963)에서 하차해 월정사행 군내버스(06:30~19:40, 1시간 간격 운행)를 이용한다. 경부고속도로에서 영동고속도로로 이동한 뒤 진부IC로 나와 직진한다. 오대교사거리에서 월정사 방향으로 우회전한 뒤 6번 국도를 따라 이동한다. 월정삼거리에서 좌회전하면 월정사 입구까지 8km 남짓 직진이다.

일상의 시간을 멈추고
인생의 속도를 조율하며
소박한 풍경 속을 걷는

충청권

백범의 상념이 실린 솔바람 따라, 마곡사 솔바람길

수백 년 된 소나무들이 만드는 짙푸른 숲 그늘이 제법 포근하다. 구불구불 몸을 뒤틀지언정 하늘을 향해 뻗어 올라간 소나무가 백범 김구 선생의 기개를 떠올리게 한다. 천년 사찰 마곡사에 은거한 그가 품었을 고뇌와 사색의 길을 다시 걸어본다.

마곡사 백범당 →0.2km→ 삭발바위 →2.2km→ 군왕대 →0.6km→ 마곡사

 총 3km, 1시간 10분

마곡사 솔바람길 표지판

마곡사는 널리 알려져 있지만 마곡사에 백범 김구 선생이 머물렀다는 사실을 아는 사람은 많지 않다. 1868년 명성황후 시해에 가담한 일본인 장교를 살해하고 붙잡혀 옥살이를 하다가 탈옥한 백범이 숨어든 절집이 마곡사이다. 백범은 마곡사에서 머리를 깎고 출가해 원종이라는 법명을 받는다. 광복 후 마곡사를 다시 찾은 백범이 당시를 회상하며 심었다는 향나무가 지금의 백범당 옆에서 자란다. 숨어 지내던 백범이 나라를 걱정하며 거닐었을 사찰 뒤편의 산길이 '백범 명상길', 바로 '마곡사 솔바람길'이다.

마곡사 솔바람길은 백범의 발자취를 따라 소나무 숲을 걷는 길로 총 19km에 걸쳐 3개 코스가 조성되어 있다. 길은 야트막한 태화산을 훑고 마곡사로 돌아온

마곡사 대광보전과 보물 제799호 오층석탑

다. 마곡사에서 영은암, 대원암 등 암자로 가는 옛길과 활인봉, 나발봉을 지나는 등산로를 이었다. 태화산(416m)은 그리 높지 않아 부드럽고 완만하다.

  1코스는 백범길이다. "각래관세간유여몽중사(却來觀世間猶如夢中事, 돌아와 세상을 보니 모든 일이 꿈만 같구나)"라는 백범의 글씨가 기둥에 주련(柱聯)으로 걸린 마곡사 대광보전에서 출발해 군왕대까지 갔다가 돌아온다.

  백범이 은거했던 백범당과 그가 심은 향나무를 지나면 곧바로 태화천이다. 태화천 옆에는 수백 년 된 소나무들이 만든 짙푸른 숲 그늘로 제법 포근하게 느껴진다. 태화천을 뒤로하고 야트막한 산에 오르면 출가한 백범이 머리카락을 잘랐다는 삭발바위, 군왕이 나올 만큼 땅의 기운이 드세다는 군왕대 등이 나온다. 길은 호젓하면서도 아기자기하다. 솔숲을 따라 오르막과 내리막이 번갈아 나타나 지루할 틈이 없다. 길 위에 수북하게 쌓인 솔잎은 폭신하고 소나무 사이로 흐르는 바람은 청량하다.

2코스 명상산책길은 마곡사부터 백련암 → 활인봉 → 생골마을을 돌아 다시 마곡사로 오는 5km 거리다. 백련암은 작고 예쁜 암자로 백범이 머물던 방이 그대로 남아 있다. 한 가지 소원은 꼭 이뤄준다는 이야기 때문인지 백련암 마애불을 찾아오는 사람들의 발걸음이 끊이지 않는다. 3코스 송림숲길은 2코스 활인봉에서 나발봉을 거쳐 다시 마곡사로 돌아오는 본격적인 등산 코스로 3시간 반 정도 소요되는 11km 거리다.

솔바람길은 마곡사가 아름답게 들어앉은 태화산 소나무 숲속에서 백범의 고뇌와 상념을 느낄 수 있는 길이다. ●이주영

백범 김구 선생이 머물다 간 백범당과 소나무

여행작가의 소곤소곤

마곡사 솔바람길에는 '명상길'이라는 또 다른 이름이 붙어 있지만 3코스는 쉽게 보면 안 될 코스이다. 3코스는 꽤 경사진 길이 간간이 나타난다. 가볍게 걷고 싶다면 1코스나 2코스를 추천한다. 여행가들이 가장 많이 찾는 코스는 1코스이다. 코스를 모두 걷지 못하더라도 군왕대와 백련암은 솔바람길에서 꼭 들러야 할 곳이다. 마곡사 경내로 들어가면 백범당, 삭발바위, 향나무, 누운 소나무 등 백범 김구 선생의 추억이 서린 곳을 돌아볼 수 있다.

 지역번호 041

위치 충남 공주시 사곡면 운암리
음식 마곡사 주차장 근처에는 먹을거리가 많다. 밤막걸리와 함께 먹는 나물밥이 입맛을 돋운다. 태화식당(버섯전골, 841-8020), 밤음식 전문식당인 농가식당(밤음식·묵잡채, 854-8338)도 들러볼 만하다. 전국 5대 짬뽕집에 든다는 동해원(짬뽕, 852-3624)도 별미다.

숙박 마곡사에서 템플스테이(841-6226)를 운영한다. 국립공주박물관 인근에 있는 공주한옥마을(840-2763, hanok.gongju.go.kr)은 단체로 숙박하기에 좋다. 한국관광공사에서 지정한 '굿스테이' 업소인 동학산장(042-825-4301, www.dhsanjang.co.kr)도 깔끔하다.
찾아가는 길 공주버스터미널에서 770번 시내버스(06:00~20:30, 40분 간격 운행, 40분 소요)를 타고 종점에서 내린다. 경부고속도로와 천안~논산고속도로를 타고 가다가 당진~상주고속도로로 갈아탄 뒤 마곡사IC로 나온다. 백범명상길을 걷기 위해서는 마곡사 경내를 통과해야 하는데 입장료 2000원을 받는다.

마곡사 솔바람길

억새와 갈대의 금빛 물결이 아름답게 반짝이는 추억길,
대청호반길

호수와 숲이 멋지게 어우러지는 길이다. 호숫가를 걸으면 억새숲과 갈대숲을 번갈아 통과하고 백골산성으로 향하는 능선길에서는 넓게 펼쳐진 대청호반이 한눈에 들어온다.

신상동 폐도로 주차장 →0.5km→ 홍진마을 억새숲길 →2.5km→ 신상동 갈대밭 →0.5km→ 백골산성 입구 →2.6km→ 백골산성 →3.5km→ 신상동 폐도로 주차장

📍 총 9.6km, 4시간

세월은 덧없이 흐른다. 그렇게 흐르는 세월은 길과 강도 변하게 만들었다. 신작로가 번듯한 도로로 바뀌고 고속도로가 놓였다. 그리고 어느 날 고속도로가 더 넓어지면서 예전의 그 고속도로는 제 기능을 잃고 폐도로가 됐다. 비단 물결이

백골산성에 오르는 하늘길

굽이쳐 흐르는 금강도 마찬가지다. 강을 막아 커다란 호수가 만들어졌고, 그 호수를 따라 갈대숲도 억새숲도 함께 어우러졌다.

폐도로에서 시작해서 금강을 막아 만들어진 대청호반 둘레길을 걷고 산길까지 올라 백제시대에 만든 백골산성을 돌아오는 대청호반길 5코스는 어찌 생각하면 세월과 이야기를 나누는 길이다. 호반을 돌아보는 갈대밭 추억길과 산을 오르는 백골산성 하늘길이 어우러진 그 길은 세월의 흐름을 생각하며 그저 유유자적 걸어볼 길이다.

걷기의 시작은 신상동 폐도로 주차장이다. 예전에는 경부고속도로의 한 구간이었으나 고속도로를 확장하고 굽잇길을 직선 길로 만들면서 고속도로 기능을 잃었다. 그렇게 폐도로로 남겨진 길을 지금은 대전 비래동에서 신상동으로 이어

대청호를 바라보며 걷는 대청호반길

호수를 따라 걷는 길 너머로 백골산이 보인다.

지는 간이도로로 활용하는데, 그 도로의 끝에 주차장이 있다.

바로 이 주차장에서 대청호반길을 알리는 이정표가 보인다. 이정표를 따라 5분만 걸어도 호수가 보이기 시작한다. 또 5분만 더 걸으면 억새숲이다. 바람결에 따라 출렁이는 억새숲은 햇살을 받아 금빛 물결로 반짝인다. 억새숲길에 빠져들다 보면 어느 순간 주변은 갈대숲으로 바뀌어 있다. 물론 갈대숲과 억새숲을 뚜렷하게 구분할 수는 없다. 구간별로 억새가 무성한 곳도 있고 갈대가 많은 곳도 있을 뿐이다. 갈대와 억새를 애써 구분하는 일은 길에도, 그 길을 걷는 사람들에게도 전혀 중요하지 않다. 갈대든 억새든 모두 아름답다.

호수 주변을 돌아 나오면 백골산(340m) 자락과 마주 선다. 그리 높은 산은 아니

고즈넉한 솔숲길을 따라 백골산성에 오른다.

지만 가파른 산세 때문에 우뚝 솟아 있는 느낌이다. 백골산 정상에는 삼국시대에 백제가 돌로 쌓아 만든 성이 있었다는데 성벽이 완전히 내려앉아 현재는 확인하기 어려운 상태이다. 백제와 신라의 치열한 싸움으로 이 산성에서 많은 사람들이 죽었다고 전해진다. '백골'은 그래서 붙여진 이름이다.

산세가 가파른 데 비하면 산으로 오르는 길은 험하지 않은 편이다. 완만한 길을 골라서 산책길로 연결했는데, 30분 정도 등산로를 오르고 나면 완만한 능선길이 이어진다. 능선길에서는 멀리 식장산이 보이고 바로 앞쪽에 펼쳐진 대청호도 한눈에 들어온다. 여유로운 발걸음이 더욱 행복해진다. ●구동관

여행작가의 소곤소곤

대청호반길에서 지나치게 되는 가양비래공원에는 대전 시민의 자랑거리인 우암 송시열의 흔적이 배어 있는 우암사적공원도 함께 자리 잡았다. 특히 송시열이 지은 남간정사를 볼 수 있는데, 계곡물이 대청 아래쪽을 통과해 연못으로 흘러들도록 만든 독특한 구조는 우리나라 조경사의 중요한 자료이기도 하다.

 지역번호 042

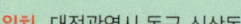

위치 대전광역시 동구 신상동

음식 신상동 대청호반길 주변에는 식당이 많지 않지만 걷기 코스 주변에 뜨락(불고기·냉면, 272-9779), 조선(한방오리, 273-6143) 등이 있다. 걷기 코스에서 승용차로 10분 거리에 있는 꽃님이가든(쇠고기, 274-7328)도 들러볼 만하다.

숙박 대전 신상동과 이웃한 대전 신촌동과 옥천 군북면에 펜션이 몇 곳 있다. 팡시온(273-1717, www.pangsion.co.kr)과 하늘숲펜션(010-6430-5445, www.hellosky.kr)을 추천할 만하다. 승용차로 10분 거리인 대전 대덕구 비래동에는 모텔과 일반 호텔 등 숙박업소가 많다.

찾아가는 길 서울역에서 기차를 타고 대전으로 이동한다. 대전역 앞에서 신상동·회남행 시내버스(70분 간격으로 운행하는 63번 버스)를 타고 신상동에서 내린다. 경부고속도로 대전IC를 나온 뒤 700m 이동해 비래동(가양비래공원) 방면으로 좌회전한다. 동부로 갈림길에서 가양비래공원(옥천) 방향으로 달리다가 가양비래공원 주차장을 지나서 오른쪽 도로로 폐도로에 진입한 후 4km 이동한다.

금강 하류의 황홀한 풍경과 만나는 소나무 오솔길,
가림성 솔바람길

삼국시대에 백제가 조성한 성흥산성을 가운데 두고 양쪽으로 펼쳐진 소나무 오솔길을 걷는다. 성흥산성을 지날 때는 금강 하류가 한 폭의 그림처럼 펼쳐진다.

덕고개→1.6km→구교리 갈림길→1.4km→성흥산성→2.8km→한고개
총 5.8km, 3시간

가림성 솔바람길은 충남 부여군 임천면에 있는 성흥산의 두 고갯길을 잇는 소나무 오솔길이다. 임천면은 백제의 옛 도읍지인 부여읍에서 직선거리로 10km 떨어진 금강 하류의 지리적 위치 때문에 예로부터 전략적인 요충지였다.

가림성 솔바람길이 시작되는 덕고개

솔바람길에는 솔향이 가득하다.

　임천면의 진산(鎭山)인 성흥산(268m)은 그리 높지 않지만 금강 하류가 한눈에 들어오는 지리적 이점 때문에 백제시대부터 산성을 쌓았다. 지금 산성의 이름은 성흥산성이지만, 백제시대에는 가림성으로 불렸다. 옛 이름을 따서 길의 이름도 가림성 솔바람길이다.
　길의 시작과 끝은 성흥산 고갯마루이다. 덕고개에서 한고개로 이어지는 능선 길인데, 성흥산성 양쪽으로 걷기 좋은 길이 펼쳐져 있다. 산길이지만 경사가 완만해 편안하게 걸을 수 있다. 소나무 숲 사이에 자연스럽게 만들어진 길이라서 상쾌한 솔향을 가득 머금고 있다. 덕고개에서 출발하든, 한고개에서 시작하든 3km 내외의 길을 걸은 뒤 성흥산성과 마주치는데, 산성에서 잠시 쉬면서 금강 하류의 아름다운 풍경을 즐긴 뒤 나머지 길을 걸으면 된다.
　가림성 솔바람길은 덕고개와 한고개의 고갯마루에서 성흥산성까지 이어지는

멀리 금강 하구가 한눈에 들어오는 성흥산성 사랑 나무

길도 좋지만, 이 길의 백미는 성흥산성을 통과하는 구간이다. 다른 구간에서도 언뜻언뜻 금강 하류 풍경이 보이지만, 성흥산성을 지나는 구간에서 바라보는 금강은 황홀할 정도이다. 전북 장수의 뜬봉샘을 출발해 천 리를 달려온 금강 물줄기는 서해 바다를 눈앞에 두고 더욱 여유롭게 흐른다. 금강 주변에 펼쳐진 구릉과 논밭이 어우러진 풍경은 한 폭의 그림이다.

  1.5km 남짓인 성흥산성 둘레를 한 바퀴 돌아보면 걷는 시간이 조금 지체되지만 주변 풍경을 마음에 담게 되어 여행의 행복감은 더욱 커진다. 산성에는 우물터 몇 곳이 남아 있고, 고려 개국공신 유금필 장군의 위패를 모신 사당도 있어 이채롭다. 산성을 돌아보는 데는 30분이면 충분하지만 산성 남쪽에 우뚝 솟아 있는 느티나무 아래에 이르면 마냥 머물고 싶어진다. 400년이 넘는 세월을 이기고 가지를 활짝 펼친 이 느티나무는 '사랑 나무'라고도 불린다. 사진을 찍는 위치에

성흥산성 남쪽의 사랑 나무를 지나가는 여행객들

따라 줄기 모양이 하트처럼 보이기 때문이다.

　가림성 솔바람길은 아직 많은 사람들이 찾는 길은 아니지만, 곳곳에 다음 목적지까지의 거리를 표시한 이정표를 세워놓아 길 잃을 염려가 없다. 특히 여행자를 위해 이정표에 솔바람길 전체 개요도까지 섬세하게 표시해 둔 배려가 돋보인다. ●구동관

여행작가의 소곤소곤

덕고개와 성흥산성의 중간 지점에 대조사가 자리잡았다. 백제 고승 겸익이 건립했다고 전해지는데, 지금 남아 있는 절집은 오래된 건물이 아니지만 뒤편에 서 있는 석조미륵보살입상(보물 제217호)은 고려시대에 만들어진 것이다. 대조사에 들러도 다시 솔바람길로 자연스럽게 연결된다.

대조사 석조미륵보살입상

지역번호 041

위치 충남 부여군 임천면 군사리

음식 성흥산성이 자리 잡은 임천면에 산장가든(백반·갈비, 834-4004), 풍년가든(생오리구이, 834-1685) 등 식당 몇 곳이 있다. 부여읍까지 포함하면 식당은 더 다양해진다. 구드래공원 가까이에 있는 음식 특화 거리에는 구드래돌쌈밥(영양돌솥밥, 836-9259), 장원막국수(메밀막국수, 835-6561), 나루터식당(장어구이, 835-3155) 등 부여의 맛집들이 모여 있다.

숙박 롯데부여리조트(939-1100, www.lottebuyeoresort.com), 삼정부여유스호스텔(835-3102, www.buyeoyh.com), 백제관광호텔(835-0870, 백제관광호텔.kr) 등 부여읍에 있는 숙박시설을 이용하는 것이 편리하다.

찾아가는 길 서울남부터미널에서 부여행 직행버스(06:30~19:20, 40분 간격 운행, 2시간 소요)를 탄다. 부여에서는 하루 25회 운행하는 300~303번 임천행 농어촌버스를 탄다. 경부고속도로에서 천안~논산고속도로, 공주~서천고속도로를 타고 부여IC로 나온다. 서부여 교차로에서 서천 방향으로 가다가 송정 교차로에서 남면 방향으로 이동한 뒤 임천면 방면 이정표를 따라간다. 임천면 소재지로 넘어가는 길목이 한고개이다. 한고개를 지난 뒤 임천면을 거쳐 군사 사거리, 구교리 방면으로 이동하면 덕고개로 갈 수 있다.

백제의 미소로 온화해지는 소나무 오솔길,
아라메 솔바람길

개심사 뒷자락 능선의 소나무 숲길과 가야산 골골에서 모여든 물이 흐르는 용현계곡을 따라 걷는 길이다. 백제의 미소로 유명한 서산마애삼존불은 걷기 여행에 더해지는 보너스!

보원사지 삼거리→1.9km→개심사 갈림길→0.3km→전망대→1.9km→전망대 입구 삼거리→1.1km→용현자연휴양림 매표소→0.9km→보원사지 삼거리

 총 6.1km, 3시간

용현계곡 입구에서 보원사지로 가는 길에 앉아 있는 강댕이 미륵불

아라메 솔바람길은 보원사지에서 출발해 개심사 뒷자락 능선을 지나 용현자연휴양림을 통과한 뒤 보원사지로 되돌아오는 길이다. 총 6.1km인 이 길에는 워낙 여러 이름이 붙어 있어 길 찾는 사람들을 혼란스럽게 만들기도 한다. 서산시에서는 이 길을 '아라메길'이라 부른다. 바다를 뜻하는 고유어인 '아라'와 산을 가리키는 우리말인 '메'를 합친 말이다. 현재 해미읍성에서 유기방 가옥까지 17.7km가 조성되어 있는데, 그중 핵심적인 구간이 개심사와 보원사지로 연결되는 길이다. 가장 짧은 코스는 보원사지를 출발해 보원사지로 되돌아오

아라메 솔바람길은 소나무 숲길이 아름답다.

는 6.1km 구간이다. 충남에서 이 길에 붙인 이름은 '솔바람길'이다. 소나무 향기가 좋은 충남의 길들을 모아 걷기 좋은 길로 조성하면서 붙인 이름이다. 산림청과 용현자연휴양림에서 부르는 이름은 '내포문화숲길'이다. 내포문화권의 중심인 가야산 둘레로 서산시, 당진시, 홍성군, 예산군을 지나는 총 320km의 길이 이어져 있다.

이렇듯 이름이 너무 많은 터라 실제로 용현자연휴양림 매표소에 '아라메 솔바람길'을 물으니 그런 길이 없다는 답변을 들은 적도 있다. 안내도를 보여주면서 질문해도 이 길의 이름은 내포문화숲길이란다. 그래서 이 길을 걸으면서 이정표를 확인할 때면 혼란스럽지만, 여러 기관에서 특별한 이름을 붙여줄 만큼 아름다운 길이라는 것은 확실해진다.

출발지인 보원사지에서 개심사 갈림길까지는 소나무 숲길이 이어진다. 산자락으로 오르는 가파른 계단길이 시작되지만, 숨이 차오를 즈음 경사가 완만해지면서 여유롭게 오를 만한 오르막길로 바뀐다. 길의 폭이 넓어서 두 사람이 도란

하산길에는 임도를 따라 걷는데 용현자연휴양림으로 이어진다.

도란 이야기를 나누며 걷기에도 넉넉하다. 개심사 갈림길을 지나 전망대까지 오르면 오르막길은 끝난다. 전망대에서 주변을 둘러보면 사방으로 첩첩산중 산봉우리가 이어져 깊은 산에 들어선 듯한 느낌이 든다.

전망대에서 용현 자연휴양림까지 내려오는 길은 임도를 이용하는 구간이다. 그중에서도 전망대 입구 삼거리부터 휴양림까지 이어지는 길은 용현계곡의 물줄기와 나란히 이어진다. 맑은 물소리에 걸음이 가벼워진다.

보원사지에서 출발해 다시 되돌아오는 코스가 짧게 느껴진다면 용현계곡 입구인 강댕이 미륵불에서 걷기 시작하는 것도 좋다. 강댕이 미륵불에서 보원사지 입구까지 왕복 거리가 더해지면 전체 10km에 이르는 구간이 된다. 그래도 3시간 30분 정도면 충분히 걸을 수 있고, 그 길의 중간에 백제의 미소로 유명한 서산마애삼존불이 자리 잡고 있다. ●구동관

여행작가의 소곤소곤

아라메 솔바람길 안내도는 보원사지에서 출발해 개심사 뒷자락에 들렀다가 용현자연휴양림으로 내려오는 코스로 되어 있다. 이 코스를 따라 걸으면 하산길에 용현자연휴양림 매표소를 지나게 되어 입장권을 따로 사지 않아도 된다. 반대쪽으로 가도 되지만, 이 경우 용현자연휴양림을 통과하려면 입장료를 내야 한다. 물론 길 자체도 아름다운 솔숲 오솔길을 먼저 걷고 조금 밋밋한 임도 구간을 나중에 걷는 것이 더 좋다.

 지역번호 041

위치 충남 서산시 운산면 용현리
음식 서산마애삼존불을 지나 용현자연휴양림으로 이어지는 운산면 용현리에 있는 용현집(663-4090)과 수림가든(663-3557)은 어죽이 맛있다. 운산으로 가는 길에 지나치는 서산시에서는 꽃게를 맛보자. 삼기식당(게장, 665-5392), 진국집(게국지, 664-4994) 등이 유명하다.
숙박 용현자연휴양림(664-1971, www.huyang.go.kr)에는 산림휴양관, 숲속의 집, 야영데크가 마련되어 있다. 서산마애삼존불에서 용현자연휴양림으로 이어지는 용현계곡 주변에는 푸른산장가든(664-1715, www.bluesg.net), 서울민박(664-3663, www.s-minbak.com) 등 민박집도 많다.
찾아가는 길 서울 센트럴시티터미널에서 서산행 고속버스(06:00~21:50, 20~30분 간격 운행, 1시간 50분 소요)를 탄다. 서산공용버스터미널에서 하루 4회 운행하는 용현행 버스(11:30, 13:50, 16:00, 18:55)를 탄다. 서해안고속도로 서산IC로 나온 뒤 당진 방면으로 이동한다. 운산사거리에서 우회전한 뒤 용현자연휴양림 방향으로 달리다가 숙용벌 삼거리에서 좌회전하고 고풍저수지 앞에서 다시 우회전한다. 서산IC에서 보원사지 삼거리까지는 9km로 20분쯤 걸린다.

아라메 솔바람길 전망대에서 바라본 주변 산세

인생의 속도를 다시 조율해 잃어버린 나를 되찾는
대흥슬로시티 느린꼬부랑길

전국 최대 저수지인 예당저수지와 봉수산이 한눈에 들어오는 대흥슬로시티의 느린꼬부랑길은 마을 구석구석 걸으며 삶의 현장을 통해 느림이 삶의 지혜임을 배우는 길이다. 이 길에서 아름다운 풍경은 덤이다.

슬로시티 방문자센터→0.2km→대흥동헌→0.9km→애기폭포→2.8km→풀각시 뜨락→0.4km→이한직 가옥→0.3km→대흥초교→0.3km→슬로시티 방문자센터

총 4.9km, 1시간 30분

"속도를 줄이고 인생을 즐겨라. 너무 빨리 가다 보면 놓치는 것은 주위 경관뿐만이 아니다. 어디로 왜 가는지조차 모르게 된다"고 미국의 가수이자 코미디언

느린꼬부랑길을 걷노라면 자연과 교감하게 된다.

역사와 문화, 그리고 자연이 어우러진 대흥슬로시티

인 에디 캔터는 말했다. 일상이 바쁘게 흘러갈수록 숨을 고르는 여유가 필요하다. 인생의 속도를 줄이고 주변을 살펴보며 비우려는 노력은 각박한 현실을 살아가는 지혜일 수 있다.

예산 대흥슬로시티는 신안 증도, 완도 청산, 장흥 유치, 담양 창평, 하동 악양에 이어 중부 지역에서는 처음으로 슬로시티로 지정됐다. 마을 자체가 느림의 철학을 바탕으로 풍요로운 자연 생태를 보존하고 있다. 마을 구석구석을 걷다 보면 곳곳에서 느린 삶의 충만한 현장을 들여다볼 수 있다. 전통문화를 계승하는 데 힘쓰고 지역 커뮤니티 활동이 활발하다.

    대흥슬로시티를 걷는 느린꼬부랑길은 모두 3개 코스로 이루어진다. 1코스 '옛이야깃길'에는 대흥 지역에 전해지는 옛이야기와 역사의 숨결이 담겨 있다. '의 좋은 형제'로 알려진 이성만과 이순의 이야기가 전해지는 형제의 길을 시작으로

애기폭포에 놓인 평상에 앉아 발을 담그며 잠시 쉴 수 있다.

임존성 등산로, 봉수산자연휴양림, 봉수산 중턱으로 이어진다. 애기폭포로 내려오는 길에서는 봄이면 화사한 벚꽃을 만날 수 있다. 정겨운 다랑이논과 울창한 숲길은 대흥면의 옛이야기를 들려주는 것 같다.

  2코스는 '느림길'로 자연의 지혜로움에 귀 기울이며 느리게 사는 삶의 의미를 생각하는 길이다. 물길 따라 숲길 따라 길은 구불구불 이어진다. 슬로시티 방문자센터에서 출발해 대흥동헌과 대흥면사무소를 지나면 물길이 시작된다. 봉수산에서 흘러 내려오는 물길과 나란히 걷다 보면 애기폭포에 도착한다. 올라오던 길에서 고개를 돌리면 보이는 예당호는 눈을 시원하게 해준다. 애기폭포에 발을 담그고 넉넉한 나무 그늘을 벗 삼아 호젓하게 자신을 돌아본다. 숲길을 따라 자연과 교감하며 나를 들여다보는 사색의 길이 이어진다. 홍성과 예산을 오가던 보부상들의 발자취를 따라 내려오면 대흥향교 앞에 오래된 은행나무가 있다. 유심

교촌리 들녘을 걷고 있자면 나도 모르게 양손을 펼치게 된다.

히 보면 느티나무와 엉켜 있는 연리지다. 서로 다른 수종이 부둥켜안은 모습이 기이하다. 이어서 교촌리의 너른 들이 펼쳐진다. 논두렁을 스치는 바람이 상쾌하다. 이곳을 천천히 걸으면 자신도 까맣게 잊었던 나를 만날 수 있는 방법이 바로 느림이라는 것을 깨닫게 된다.

3코스 '사랑길'은 대체로 평탄하다. 사랑길은 분주한 일상 속에서 잊고 지냈던 사랑의 소중함을 되새기는 길이다. 역시 슬로시티 방문자센터에서 시작되는 길은 완만한 길로 이어져 있다. 봉수산 자락과 어우러진 교촌리의 아기자기한 마을 풍경, 탁 트인 예당저수지 풍광을 한눈에 담을 수 있다. 조금만 걸으면 논두렁길이 펼쳐진다. 교촌리 들녘 사이로 난 논두렁길을 걷다 보면 포근함이 느껴진다. 커다란 은행나무 곁을 지나면 소에게 물을 먹이던 샘터가 나온다. 삼신당 터를 지나면서 가슴속 깊이 품었던 소원을 빌고 가족이나 연인과 함께 사랑 이야기를 꽃피우는 여유도 가져보자. 마지막으로 대흥 주민들의 안녕을 지켜주는 망태 할아버지 석상을 돌아오면 다시 방문자센터이다.

　꼬부랑길이라는 이름은 얼핏 우습고 재미있게만 여겨진다. 하지만 조금 진지하게 생각하면 인생이 바로 그런 꼬부랑길이 아닌가. 인생의 어디쯤 꼬부랑한 굽잇길이 나타날지 좀체 알 수 없는데도 늘 속도의 강박에 사로잡혀 있다. 점점 빠르게 내달리기만 하는 대신 내가 그 인생의 길에서 무엇을 흘리고 말았는지, 그것이 얼마나 소중한 것인지는 알고 싶어 하지 않는다. 그러다가 갑자기 코앞에 나타난 모퉁이에 세게 부딪혀 나동그라지면 내 안에 그나마 남아 있던 것들도 다 흩어져 끝내 공허해진다. 느린꼬부랑길은 나를 잊고 사는 빠름의 속도보다 인생을 돌아보고 나를 얻는 느림의 행복이 기다리는 길이다. ●이진곤

대흥슬로시티 방문자센터에서 걷기 코스를 안내받을 수 있다.

여행작가의 소곤소곤

일정이 여유롭지 않다면 마을의 주요 건축물과 교촌리 들녘을 감상할 수 있는 2코스를 추천한다. 풍요로운 자연환경과 다양한 역사문화가 숨 쉬는 대흥슬로시티에는 흙물감 만들기와 그리기, 숲 체험 및 자연미술 등 체험 프로그램(예산대흥슬로시티협의회 041-331-3727)이 다채롭게 마련되어 아이들이 자연의 소중함을 느끼게 해준다.

지역번호 041

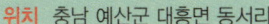

위치 충남 예산군 대흥면 동서리

음식 대흥슬로시티에서는 자연 체험 밥상을 즐길 수 있다. 직접 농사짓는 체험을 하고 여기서 난 채소로 직접 요리해 먹는다. 다만 미리 예약해야 한다. 이 밖에도 수덕사 초입에서는 다양한 먹을거리를 즐길 수 있다. 버들식당(더덕산채정식, 337-6056), 별미식당(더덕산채비빔밥, 337-6363)이 유명하다.

숙박 대흥슬로시티에는 깨끗한 민박집이 여럿 있다. 마을이 한눈에 내려다보이는 대나무숲민박(331-3727), 아궁이에 불을 때서 난방을 하는 산아래민박(331-3727), 밭에서 귀농 체험을 할 수 있는 샘물민박(331-3727)이 있다.

찾아가는 길 서울남부터미널에서 출발해 예산행 버스를 탄다. 하루 16회 운행하며 2시간 10분 소요된다. 예산종합터미널에서 나와 광시입구(마사리)에서 하차한다. 경부고속도로를 타고 천안IC로 나와 국도 45호선으로 이동한다. 예산군 응봉사거리에서 보령 방면으로 지방도 619호선으로 가다가 대흥면사무소 방향으로 우회전해 들어선다.

호반 정취 가득한 '내륙의 한려해상국립공원' 대청호 둘레길, 둔주봉과 금강 길

환상적인 한반도 지형을 만들어내는 둔주봉과 금강을 따라가는 6구간은 대청호 둘레길에서 가장 아름다운 구간으로 꼽힌다.

안남초등학교 →3.2km→ 둔주봉 정상 →1km→ 피실 →4.8km→ 안남초등학교

총 9km, 4시간

대청호 둘레길 6구간의 출발점은 안내면 인공습지공원이지만 교통이 편리한 안남면을 들머리로 하는 것이 좋다. 안남면 연주리 안남초등학교에서 출발해 전망대와 둔주봉 정상을 거친 후 피실로 내려와 금강을 따라 독락정에서 여정을 마무리한다.

둔주봉이 유명해진 것은 사진 동호인들이 올린 한반도 지형 사진이 화제를 불러일으키면서부터이다. 이에 발맞춰 안남면사무소에서 등산로를 내고 정자를 세웠다. 둔주봉이 대청호 둘레길에 들어가면서 더욱 많은 여행객이 찾는다.

안남면 버스 종점에서 내리면 안남초등학교 앞이다. 이곳 둔주봉 등산 안내판 앞에서 산행을 시작한다. 학교에서

한반도 지형이 펼쳐지는 둔주정은 둔주봉 정상으로 올라가는 중간 지점에 있다.

한반도 전망대에서 바라본 금강과 한반도 지형

울려 퍼지는 아이들의 웃음소리에 저절로 미소가 번진다. 학교 담벼락을 따라가면 옥수수, 고추 등이 자라는 시골 풍경이 점촌고개까지 이어진다. 점촌고개부터는 본격적인 산길이다. 나무 계단을 오르면 울창한 리기다소나무 숲이 펼쳐진다. 황토가 부드럽게 깔린 길이 많아 맨발로 내려오는 사람들도 있다.

은은한 솔향기를 맡으면서 20분쯤 걸어가면 시야가 탁 트이면서 한반도 전망대가 나타난다. 전망대에 있는 정자인 둔주정에 오르면 사진으로 봐서 익숙한 한반도 지형이 시원하게 펼쳐진다. 비단결처럼 고운 금강은 S자를 그리며 갈마골을 부드럽게 품는다. 살랑살랑 부는 바람을 맞으며 그림 같은 풍경을 즐기니 신선이 부럽지 않다.

다시 길을 나선다. 어느새 소나무 숲이 참나무 숲으로 바뀌면서 둔주봉의 깊은 품으로 서서히 들어간다. 갈림길이 나오는 안부에서 가파른 비탈을 100m쯤 오

은은한 녹음을 담은 채 흐르는 금강. 피실과 금정골 일대는 금강 중에서도 아름다운 구간으로 손꼽힌다.

르면 둔주봉 정상이다. 서쪽으로 전망이 트이는데, 구절양장 흘러가는 금강 물줄기가 마치 동강을 보는 듯하다. 정상에서 피실 이정표를 따라 내려서면 급경사가 기다린다. 로프가 없으니 천천히 조심해서 내려가야 한다. 20분쯤 내려서면 길이 순탄해진다. 10분쯤 더 가면 드디어 금강이다.

길은 강변에 바투 붙은 산비탈로 이어진다. 나뭇가지 사이로 강물을 보면서 걷는 맛이 기막히다. 강으로 내려가고 싶지만 나무들이 앞을 가리고 길이 험해 쉽지 않다. 조금만 더 가면 아름드리 아그배나무들이 그윽하게 펼쳐지는 숲을 만나게 된다. 이런 강변을 걸어본 적이 있었던가? 신기하고 놀라울 따름이다.

피실은 금강 건너편의 옛 마을이다. 배가 없어서 강을 건널 방법이 없다. 하지만 겨울철에 강물이 꽁꽁 얼 때는 건너갈 수 있다. 피실에는 현재 사람이 살지 않는다. 다만 옥천 토박이 한 사람이 이곳을 찾아 농사를 지을 뿐이다. 광복 다음 해

둔주봉을 내려오면 서정적인 금강을 따라 걸을 수 있다.

인 병술년에 이곳에 큰 홍수가 났는데, 이때 마을 대부분이 휩쓸려 갔다고 한다. 한 사람이 고향을 지키며 농사짓는 모습이 애잔하다.

강변길은 금정골 입구에서 절정을 이룬다. 계곡과 강물이 만나는 지점에 수초가 가득해 강물이 연초록빛으로 보인다. 인적을 느꼈는지 숨어 있던 오리들이 푸드덕 날아간다. 이 부근에는 철새들도 많다. 금정골을 지나면 강변 숲길은 비포장도로로 바뀐다. 호젓한 숲길은 여기까지다. 40분쯤 더 강변을 따라가면 독락정에 다다른다. 강물을 바라보는 언덕에 자리한 독락정은 조선 선조 40년(1607년)에 절충장군 중추부사 벼슬을 지낸 주몽득이 세운 정자이다. 주변 자연경관이 아름다워 많은 선비들이 모이던 정자로 쓰이다가 후대에 와서는 유생들이 학문을 연구하는 곳으로 이용됐다. 독락정을 나와 15분쯤 더 가면 다시 안남초등학교 앞이다. ●진우석

여행작가의 소곤소곤

6구간의 시작점은 아니지만 교통이 편리한 안남면 안남초등학교를 들머리로 하자. 둔주봉에서 하산하는 코스로는 고성, 금정골, 피실 코스가 있다. 모두 금강으로 내려가는데, 피실 코스가 가장 긴 거리이다. 피실 하산로는 경사가 매우 급하니 조심해야 한다. 좀더 쉬운 길로 가려면 금정골 코스가 좋다.

 지역번호 043

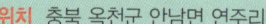

위치 충북 옥천군 안남면 연주리
음식 옥천은 생선국수로 유명하다. 정지용 생가 앞의 구읍식당(733-4848)과 대박집(733-5788)이 막상막하의 음식 맛을 자랑한다. 고풍스러운 고택인 춘추민속관(733-4007)은 한옥 체험, 전통 혼례, 한옥 학교 등을 운영하는데 반갑게도 이곳에 주막이 있다. 회화나무 아래 평상에서 기울이는 막걸리가 일품이다.
숙박 춘추민속관(733-4007)에서는 한옥 체험을 즐길 수 있다. 그 밖에 옥천 시내 모텔을 이용한다.
찾아가는 길 서울역에서 옥천역으로 가는 무궁화호(06:15~19:40, 1시간 20분 간격 운행, 2시간 10분 소요)를 이용한다. 대전역에서는 607번 버스가 옥천까지 다닌다. 옥천역에 도착하면 시내버스터미널에서 안남행 버스(06:20~19:40, 40분~1시간 간격 운행)를 탄다.

청풍호 푸른 물과 아름다운 옥순대교를 한눈에 담는
자드락길, 괴곡성벽길

야트막한 산자락을 따라 청풍호를 바라보며 걷는 자드락길은 산삼을 캔 심마니가 적지 않을 만큼 자연 그대로의 모습이 보존되어 있는 길이다. 그중에서도 6코스 괴곡성벽길은 자드락길의 백미다.

옥순봉 쉼터→1.9km→쉼터→0.7km→전망대→0.6km→사진 찍기 좋은 명소→1.2km→두무산(시무산)→3.4km→403봉→0.7km→임도→1.4km→고수골 지곡리

 총 9.9km, 4시간 30분

'내륙의 바다' 청풍호와 인접한 산자락을 따라 아름다운 풍광을 즐기면서 정겨운 산촌을 둘러볼 수 있는 길이 생겼다. '나지막한 산기슭의 비탈진 땅에 난 좁은 길'이라는 뜻을 가진 순우리말 이름의 자드락길이다.

자드락길의 출발점

사진 찍기 좋은 명소에서 바라본 청풍호와 옥순대교

맑은 바람과 깨끗한 공기가 가득한 자드락길은 작은동산길, 정방사길, 얼음골 생태길, 녹색마을길, 옥순봉길, 괴곡성벽길, 약초길 총 7개 구간에 뱃길 4km를 더해 무려 58km에 달한다. 그중에서 6코스 괴곡성벽길은 고난도 구간이지만 자드락길 중에서 가장 아름다운 구간으로 손꼽힌다.

괴곡성벽길은 옥순봉 쉼터에서 출발해 괴곡리와 다불암을 지나 지곡리에 이르는 길이다. 삼국시대부터 비탈진 경사면이 자연 성벽을 이루던 곳이라, 울퉁불퉁 험난한 산길은 아니지만 초입부터 꽤 경사져 있다. 도중에 쉴 자리가 마땅치 않고 화장실이나 매점도 없기 때문에 충분한 준비가 필요하다.

옥순대교 주차장에서 단양8경 중 하나인 옥순봉을 바라보며 걷는다. 옥순대교를 건너자마자 비탈로 접어들어 나무 사이로 보이는 청풍호와 옥순대교를 눈에 담으며 산길을 오른다. 길 안내판에 쓰인 구수한 충청도 사투리가 정겹다. 한

다섯 가구 열 사람이 모두 약초를 재배하는 다불리 마을

방 도시 제천에 걸맞게 길 옆에 약초를 파종해 두기도 했다. '사진 찍기 좋은 명소'라 이름 붙여진 곳에 이르면 유람선이 옥순대교와 청풍호를 가르는 모습에 가슴이 뻥 뚫린다.

산삼을 캔 심마니가 적지 않다는 소문이 돌 만큼 자연이 그대로 보존되어 있는 길을 따라 오르면 산모퉁이를 돌아 산골 마을 다불리에 이른다. 다불리의 '다불(多佛)'은 두무산의 기암절벽이 마치 불상을 세워놓은 듯하다고 해서 붙은 이름이다. 수산면에서 가장 높은 곳에 위치한 충북의 하늘 아래 첫 동네로 아침 해도 수산면에서 가장 먼저 뜬다. 다불리에는 다섯 가구 10명의 주민들이 살아가는데 모두 약초를 재배해 약초 마을이라 불러도 과언이 아닐 정도이다.

다불리를 지나면 잠깐 시야에서 사라졌던 시원한 뱃길과 아름다운 옥순대교가 다시 눈앞에 펼쳐진다. 다불암의 확 트인 전망은 맑은 날이면 멀리 소백산까

초반에 경사진 길을 지나고 나면 상쾌하고 편안한 소나무 숲길로 이어진다.

지 이어질 정도이다. 전체 9.9km를 4시간쯤 걸어야 하는 괴곡성벽길은 청풍호 끝자락 마을 지곡리에서 끝난다. 대중교통을 이용하기가 쉽지 않은 지곡리에서 옥순대교까지는 뱃길이 이어져 있다. 지곡리 나루터에서 옥순대교 나루터까지 뱃길로 4km, 청풍호 위를 달린다. 최대 8명이 승선할 수 있는 보트는 지곡리 마을회관에 가면 이용할 수 있다. ●이주영

여행작가의 소곤소곤

거리에 비해 난이도가 제법 있는 코스이다. 다불암을 지나 두무산부터는 만만치 않다. 산행이 익숙하지 않다면 '사진 찍기 좋은 명소'에서 출발점으로 돌아오거나 다불암에서 괴곡마을로 이어지는 원점 회귀 코스를 선택한다. 제천역에 버스가 있지만 교통이 드문 곳이다. 승용차로 이동한다면 내비게이션에 도착지를 '옥순대교' 혹은 '옥순봉 쉼터'로 설정한다. 6코스 종착점인 지곡리 마을 이장이 운영하는 보트(010-3756-5035, 010-8830-5836)를 타고 주차장으로 돌아올 수 있다.

 지역번호 043

위치 충북 제천시 수산면 괴곡리
음식 청풍명월(우렁이쌈밥, 648-0023), 산마루(곤드레나물밥, 645-9119) 등이 유명하다.
숙박 한방 도시 제천이라는 이름에 걸맞게 약초 체험을 마련해 놓은 숙박시설이 많다. 약초를 이용한 한방 에센스, 쌍화차 만들기 같은 체험을 할 수 있는 제천산야초마을(651-1357, sanyacho.go2vil.org)과, 한방 찜질과 삼림욕이 가능한 명암산채건강마을(653-7788, www.명암산채건강마을.kr)을 추천할 만하다.
찾아가는 길 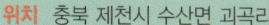 제천역에서 수산면으로 가는 버스가 1일 3회(05:40, 12:20, 16:20) 운행되고 휴일에는 오전 6시 40분에 추가로 1회 더 운행한다. 2014년부터는 청풍호 순환버스가 제천역에서 1일 2회(10:10, 15:10) 다닌다. 경부고속도로, 영동고속도로를 타고 만종IC에서 중앙고속도로→남제천IC→청풍·금성 방향→청풍대교까지 달린다. 청풍대교 앞에서 좌회전(옥순대교 방향)한 후 직진한다.

황홀한 노을에 물드는 바닷길, 태안 해변길

해송이 빼곡한 곰솔림에서 삼림욕을 하고 탁 트인 바다를 옆구리에 낀 채 노을에 물들어 걷는다. 이 길의 정점은 우리나라 3대 낙조 장소 중 하나인 꽃지 해변이다.

백사장항→3.3km→기지포해변길홍보관→3.7km→두여전망대→4km→방포전망대→1km→꽃지해변

📍 총 12km, 3시간 40분

세상살이가 빡빡해 마음의 위안을 받고 싶을 때는 눈이 시리도록 파란 바다를 바라보며 자문자답을 해보면 어떨까. 세상을 붉게 물들인 황금 바다는 그동안 수고했다고 어깨를 어루만져줄 것이다.

태안 해변길의 자연관찰로. 나무 데크로 조성되어 걷기에 편하다.

태안 해변길은 점심을 먹고 걷기 시작하는 것이 좋다. 시작점인 백사장항에서 조개구이나 해물칼국수로 든든하게 배를 채우고 해변길에 나선다.

세 봉우리가 인상적인 삼봉전망대에서 짐승 이빨 모양의 리아스식 해안을 조망하고 본격적인 솔숲길에 들어선다. 숲이 우거져 여름이면 캠핑족으로 북적거린다. 특히 방풍림 역할을 하는 곰솔이 유난히 많아 사색의 길로 알려져 있다.

기지포 해변에 들어서면 탐방안내센터가

태안 해변길을 걷는 여행객의 모습

자리해 있으니 여기에서 안내 자료를 챙기면 도움이 된다. 탐방로에는 갯메꽃과 갯그령 같은 해안 사구식물을 볼 수 있는 자연관찰로가 잘 조성되어 있다. 시간이 여유롭다면 태안해안국립공원에서 운영하는 탐방 프로그램에도 참여하자. 살아 있는 갯벌, 돌담을 쌓아 그 안에 갇힌 물고기를 잡는 독살, 염전 등 흥미진진한 이야기가 기다린다. 나무 데크 길이가 1004m여서 일명 '천사길'로도 통하는데 전망 좋은 곳에 나무 벤치가 놓여 있어 잠시 쉼표를 찍기에 좋다. 곰솔림을 거닐며 세파에 찌든 때를 털어버려도 좋고, 해변을 거닐며 갈매기와 친구가 되어도 그만이다.

기지포에서 안면해수욕장까지는 개천이 흘러 안쪽 깊숙이 들어가 다리를 건너야 한다. 안면 해변부터는 군부대가 자리해 철조망을 끼고 가야 하는데 그 끝자락에 두여해수욕장이 숨어 있다. 해변에서 계단을 따라 언덕에 오르면 간식을 먹기에 그만인 두여전망대가 반긴다. 손바닥만 한 섬과 특이한 지질을 볼 수 있는 전망 포인트로 경치가 수려해 드라마에도 종종 등장한다. 대규모 지각 운동

방포항의 명물, 꽃지해변으로 이어지는 꽃다리

때문에 지층이 큰 물결 모양으로 구부러져 있어 특히 아이들이 좋아하는 곳이다. 한때 도인들이 도를 닦던 마을이라 해서 '도여'라 불리던 지명이 '두여'로 바뀌었다고 하니, 나무 데크에 가부좌를 틀고 앉아 바다를 바라보자. 왠지 마음이 한결 편안해진다.

이 아름다운 해변길에는 아픈 기억이 남아 있다. 2007년 12월, 청정 해변으로 알려진 태안 앞바다에서 유조선이 좌초하는 사고가 일어나 북쪽 만대부터 남쪽 영목까지 시커먼 기름이 해안선을 덮쳤다. 태안 사람들에게는 감당하기 힘든 재앙이었다. 그들의 고통을 120여만 명의 자원봉사자가 함께 나누었다. 자원봉사자들이 복구를 위해 분주히 다녔던 길이 바로 이 해변길이다. 절망길에서 희망길로 바뀐 셈이다.

밧개해변에서는 지금은 사라져버린 독살을 볼 수 있다. 돌그물을 쌓아 밀물 때 들어온 물고기가 썰물 때 그 안에 갇혀 나가지 못하게 해서 고기를 건져 올리는

꽃지의 황홀한 일몰

전통 고기잡이법이다. 야트막한 고개를 넘으면 손바닥만 한 두메기해변이 반긴다. 군부대가 있어 더 나아갈 수 없다. 안쪽으로 꺾어 내려가면 길쭉한 방포해변이 나온다. 서서히 황금빛으로 바뀌는 하늘을 보면서 마지막 힘을 다해 언덕길을 오르면 아름다운 해변을 품은 방포전망대가 나타난다. 방포전망대에서 내려와 계단을 따라 하산하면 스님 염주의 재료로 사용되는 모감주나무 군락지를 만난다. 방포항에서 꽃다리를 건너면 최종 종착지이자 우리나라 최고의 해넘이 조망 포인트인 꽃지 해변이 기다리고 있다.

'꽃지'는 어감부터 연인의 소매를 끌어당기는 마력이 있다. 백사장 길이만 3.2km, 걸어서 끝까지 다녀오면 다리가 뻐근해지지만 사랑하는 사람과 함께라면 없던 힘도 솟아난다. 사람들이 이곳을 찾는 가장 큰 이유는 할미바위 옆으로 떨어지는 낙조 때문이다. 변산의 채석강, 강화도의 석모도와 더불어 우리나라 3대 낙조로 손꼽히는 일몰 명소이다. ●이종원

여행작가의 소곤소곤

기지포탐방안내센터를 찾으면 해변길 안내도와 안면도 해안 생태에 관한 정보를 얻을 수 있다. 태안과 태안해안국립공원에 관련된 각종 리플릿을 꼭 챙기자. 근처 해안사구에 조성된 자연관찰로는 휠체어나 유모차도 다닐 수 있도록 꾸며져, 걷기 불편한 노약자와 아이들이 함께한다면 탐방안내센터를 중심으로 탐방로를 다녀오면 된다. 해변길은 해안도로와 가까이 있어서 걷다가 힘들면 시내버스에 올라타도 된다. 여름에는 갯메꽃을 비롯한 야생화가 피고 겨울에는 눈꽃이 화려해 어느 때 걸어도 만족스럽다.

 지역번호 041

위치 충남 태안군 안면읍 창기리

음식 꽃지해변과 백사장항에 식당이 모여 있다. 10월에는 대하 축제가 열린다. 걷기를 끝내고 백사장항에 들러 식사를 하거나 쇼핑을 하면 된다. 백사장항의 자연수산물어시장(663-9121)에서는 차진 조개구이를 먹을 수 있으며, 안면도자연휴양림 옆 숲속가든(673-4465)에서는 게국지, 우럭젓국 등 태안의 향토 음식을 맛볼 수 있다. 안면도 읍내에 있는 송정꽃게(673-2666)에서는 안면도산 꽃게로 담근 게장을 먹을 수 있는데 짜지 않아 좋다.

숙박 꽃지해변과 대야도 쪽에 펜션과 민박을 포함한 숙박시설이 많다. 안면도자연휴양림(674-5019, www.anmyonhuyang.go.kr), 바다솔항기펜션(673-6427, www.solsea.co.kr), 풀하우스(장곡해수욕장, 673-5366) 등을 추천할 만하다.

찾아가는 길 서울남부터미널에서 안면도행 시외버스(06:40~16:00, 약 30분 간격 운행, 3시간 소요)를 탄다. 승언리에서 하차해 수시로 운행되는 승언리와 백사장 간 시내버스로 갈아탄다. 서해안고속도로 홍성IC에서 96번 지방도를 타고 서산AB방조제로 향한다. 갈산교차로에서 좌회전해 안면도 방면으로 접어들어 백사장항으로 간다.

자연의 환상적인
색채에 물드는 걸음마다
마음도 아름다워지는

전라권과 제주

칠산 바다와 람사르 갯벌을 한눈에 조망하며 사뿐사뿐, 선운산 뒤편길

호남의 내금강으로 불릴 만큼 수려한 선운산에는 동백꽃으로 유명한 선운사만 있는 것이 아니다. 선운산 뒤편, 고창의 먹을거리가 전부 모여 있는 심원면에 호젓한 산길이 나 있다. 그 길을 따라 선운산 최고봉인 경수봉에 오르면 칠산 바다와 람사르 갯벌이 눈앞에 펼쳐진다.

심원면사무소 →2.3km→ 화산마을 마이재 산행 입구 →0.7km→ 마이재 →2.2km→ 경수봉

📍 총 5.2km, 편도 2시간

'호남의 내금강' 선운산은 해발 336m로 높지는 않지만 울창한 계곡이 길게 뻗어 있고 곳곳에 기암이 숨어 있어 아름답다. 선운산의 주봉은 수리봉이라고도 불리는 도솔산이다. 도솔산은 선운산의 옛 이름이기도 한데, 선운산이 품은 천년 고찰 선운사 때문에 지금은 주로 선운산이라는 이름으로 불린다.

천년 고찰 선운사 풍경

선운산 뒤편 심원면의 산길은 찾는 이가 많지 않아 호젓하기 그지없다.

　선운사는 백제 위덕왕 때(577년) 검단선사가 창건했다. 당시에는 도적이 많았는데 검단선사가 그들에게 소금 만드는 법을 가르쳐주며 교화시킨 이야기는 이 일대에 전해지는 유명한 이야기다. 도적들은 지금의 심원면 사등마을에 정착해 새로운 삶을 시작했다. 그리고 검단선사의 은혜에 보답하기 위해 해마다 선운사에 소금을 바쳤다. 사람들은 이를 보은염(報恩鹽)이라 부른다.
　선운사의 명성 때문일까, 여행전문가가 아닌 일반 관광객들은 대부분 선운사에서 산행을 시작해 도솔암이나 천마봉과 낙조대를 둘러보고 다시 선운사로 하산한다. 선운산의 앞모습만 보는 셈이다. 그런데 선운산에는 많이 알려지지는 않았지만 매력적인 등산로가 다양하게 숨어 있다. 그중 심원면에서 시작하는 선운산 뒤편의 호젓한 산길은 현지 산꾼들도 엄지손을 치켜드는 아름다운 코스이다. 고창에서 복분자를 가장 먼저 심었으며 풍천장어 양식장이 밀집되어 있는 심원

10월의 경수봉

면에는 고창의 향토음식을 맛볼 수 있는 맛집도 여럿 모여 있다.

들머리는 시내버스와 시외버스가 모두 정차하는 심원면사무소이다. 면사무소 앞 금산마을을 지나 화산마을에 들어서서 연천동 방향으로 가다 보면 왼편에 선운산으로 오르는 산길 입구가 나온다. 사람이 별로 없어 고즈넉한 이 길을 따라 올라가면 마이재이다. 마이재 오른편은 선운산의 주봉인 도솔산(수리봉)으로 가는 길이고, 왼편은 경수봉으로 가는 길이다. 마이재를 곧장 넘어가면 석상암이 나오고 도솔천과 선운사로 이어진다.

경수봉(444m)은 주봉인 도솔산보다 높다. 산정에 올라서면 칠산 바다가 한눈에 들어온다. 조기도 칠산 바닷물을 먹어야 알을 밴다는 말이 있을 정도로 황금어장이었던 곳이다. 고창의 대표적인 섬인 대죽도와 소죽도는 물론 그 뒤로 병풍처럼 둘러선 부안의 위도까지 내려다보인다. 썰물 때는 람사르 습지로 지정된 고창의 갯벌이 이채로운 속살을 드러낸다. 탁 트인 풍경이 주는 후련함과 머릿결

경수봉 아래로 펼쳐지는 '황금 어장' 칠산 바다

흩날리는 청량감에 감탄사가 절로 터진다.

　경수봉에서는 심원면 하전마을이나 수다동으로 내려갈 수도 있고 선운사 입구인 관리사무소로 내려가는 길도 있다. 경수봉이 선운산 능선의 끝 지점이므로 산행 경험이 많다면 종주도 가능하다. 하전마을로 내려가는 길은 사람이 많이 다니지 않아 수풀이 우거져 있는 편이다. 산행 초보자라면 출발점으로 돌아가거나 선운사 쪽으로 하산하기를 권한다. ●김수남

 여행작가의 소곤소곤

이 코스는 고창군에서 정한 '보은길(소금길)' 구간과 일부 겹친다. 선운산도립공원 안내지도에는 선운사를 중심으로 일부 등산로만 표시되어 있어 초보자는 이 코스의 매력

을 제대로 알기 어렵다. 경수봉에서 바라보는 서해 풍경이 매혹적일 뿐만 아니라 다양한 즐길 거리, 먹을거리, 볼거리가 있는 심원면의 아기자기함과도 연계할 수 있다. 심원면 만돌마을은 조개를 잡고 천일염을 수확하는 어촌 체험 프로그램(063-561-0705)을 운영한다. 풍차와 바람개비를 세워놓은 바닷가의 바람공원도 구경할 만하다. 우리나라 최초의 여성 명창 진채선의 생가 터와, 선운사를 창건한 검단선사와 보은염 이야기를 바탕으로 만든 검단소금전시관이 있는 사등마을도 빼놓으면 아쉽다.

지역번호 063

위치 전북 고창군 심원면 연화리

음식 고창의 대표 향토 음식은 풍천장어이다. 선운산 앞에는 1인분씩 내놓는 장어정식 집들이 많고, 선운산 뒤편 심원면 일대에는 맹구수산(563-8834), 장어학교(562-9291), 금단양만(563-5125) 등 킬로그램 단위로 내놓는 '셀프장어' 집들이 몰려 있다. 지역 주민들은 밑반찬이 없는 대신 장어를 푸짐하게 먹을 수 있는 셀프장어를 선호한다. 심원면사무소 앞의 수궁회관(564-5035)과 우정식당(563-5433)은 게장정식으로 유명하다.

숙박 선운산 앞에는 펜션과 모텔이 여럿 모여 있다. 선운산골든캐슬(563-3756, www.sununsanpension.co.kr)은 선운산 입구에 있는데 바로 앞에 인천강이 흘러 운 좋으면 자연산 풍천장어도 낚을 수 있다. 선운산에는 캠핑장도 있는데 소규모이고 약 8km 떨어진 부안면 용산리에 오토캠핑리조트(1566-5234)가 조성되어 있다. 심원면에서 선운산 오르는 길에 있는 화산마을에는 선운산여행문화원이 있어 여행자들의 쉼터 역할을 한다.

찾아가는 길 서울 센트럴시티터미널에서 고창까지 40분 간격으로 시외버스를 운행한다. 고창의 관문 흥덕터미널에서 내리면 심원면이 더 가깝다. 고창터미널이나 흥덕터미널에서 심원면 소재지까지 40분~1시간 간격으로 농어촌버스를 운행한다. 기차를 이용할 경우에는 정읍역에서 내린 후 걸어서 10분 거리인 정읍터미널에서 하루 6회 운행하는 심원행 시외버스를 탄다. 서해안고속도로 선운산IC로 빠져나가 바로 좌회전하면 선운산 입구인 선운산 삼거리까지 직선 코스이다. 선운산 방향으로 좌회전하지 말고 인천강을 따라 계속 나아가면 심원면 소재지가 나온다.

새만금방조제에서 고군산군도로 떠나는 비행,
신시도길

새만금이 들어서면서 상전벽해라는 말이 실감날 정도로 서해안이 변했다. 그 길에 서면 서해안을 하늘에서 내려다볼 수 있으니 신선들의 섬 고군산군도와 푸른 바다가 발밑에 아름답게 펼쳐진다.

신시도휴게소주차장→0.5km→월영재→0.3km→월영봉→1.3km→몽돌해수욕장→0.7km→대각산 전망대→1.3km→신시마을→1.3km→방조제→1.2km→월영재→0.5km→신시도휴게소

 총 7.1km, 3시간

비행(飛行). 산행이라기보다는 비행에 가까운 여행이다. 산길을 쉬엄쉬엄 걸었을 뿐인데 어느새 하늘에서 바다와 육지를 내려다보고 있다. 이곳에서는 만물의 영장이라는 인간도 한낱 보잘것없는 미물로 보인다. 거대한 새만금방조제 역시 하찮은 시설물로 보인다. 길 위에서 겸손을 배운다.

대각산 초입의 바윗길이 멋지다.

대각산 등산로에 오르는 길

　신시도는 군산의 고군산군도 초입에 있는 섬인데 새만금방조제가 들어서면서 저절로 육지가 됐다. 고군산군도의 '고군산'은 '옛 군산'이라는 뜻으로, 고려시대에 수군 진영인 군산진이 설치된 데서 유래됐다. 조선시대에 군산진은 육지로 옮겨 갔는데도 지명이 그대로 남아 앞에 '고(古)'가 붙었다. 지금은 군산시 옥도면에 속하며 모두 63개 섬들로 이루어져 있다. 그중 사람이 사는 섬은 17개로 선유도, 장자도, 무녀도 등이 널리 알려진 편이다.

　여행의 들머리는 신시도 주차장과 휴게소가 있는 신시도 광장이다. 주차장 끝으로 난 산길에 들어서면 월영재와 월영봉이 잇달아 나온다. 주차장에서 불과 800m 남짓 걸었을 뿐인데 황홀한 풍경이 여행객을 반긴다. 새만금방조제와 고군산군도의 섬들이 한눈에 들어온다. 선유도까지 이어지는 연도교 공사 현장도 발아래로 펼쳐진다. 처음부터 너무 싱겁다. 정상에서나 보여야 할 귀한 풍경들

대각산 전망대에서 바라본 선유도와 장자도

아닌가! 한편으로는 발걸음이 바빠진다. 대각산 정상에서 내려다보는 풍경은 또 얼마나 장관일지 가슴이 설렌다.

   월영봉(198m)과 대각산(187m)은 높이가 낮아도 걷는 맛은 다채롭다. 부드러운 능선을 타고 걷는 길도 있고, 기묘한 바위들을 밟고 조심스레 올라가야 하는 길도 있다. 어디서나 바다를 내려다볼 수 있다는 것이 이 코스의 매력이다. 월영봉과 대각산 사이에는 작은 몽돌해수욕장도 나온다. 납작납작한 몽돌이라 물수제비 뜨기에 안성맞춤이다. 바닷물에 발을 담그는 것만으로도 피로가 풀리는 것 같다.

   대각산 정상에는 3층 규모의 전망대가 세워져 있다. 선유도로 가는 뱃길에서 아득히 멀리 보였던 산꼭대기 위의 그 구조물이다. 전망대는 바람을 모으는 공간이다. 시원한 바람이 이마와 등짝에 흐르는 땀방울을 식혀준다. 서쪽으로는 바로

신시도길의 낙조. 대각산 너머로 해가 진다.

코앞에 선유도와 장자도가 선명하게 보인다. 멀지 않은 거리다. 남쪽 바로 밑으로는 신시도 마을이 내려다보인다. 반환점이다.

신시도 마을은 호젓하다. 바닷가에는 크고 작은 어선들이 서로 몸을 기대고 있다. 작은 식당도 있고, 완벽한 시설은 아니지만 민박집도 있다. 마을 주민들의 사랑방 역할을 하는 점방(미니슈퍼)에 들러 캔맥주 하나로 갈증을 식히는 것은 걷기여행에서만 누릴 수 있는 호사이다.

신시도 광장으로 돌아올 때는 제방을 거치는 평지 코스가 좋다. 신시도 마을에서 빠져나와 오른쪽으로 이어지는 시멘트 포장길만 따라가면 바다를 메워 농토로 만든 간척지와 제방이 나온다. 제방길 오른쪽에는 서해 갯벌이 펼쳐져 있다. 풍요로움과 신비함이 느껴지는 진흙 갯벌이다. 제방을 건너 오르막길을 약간 오르면 월영재가 다시 나온다. 돌아오는 길은 시간이 짧게 걸려 초보자나 노약자들의 반응도 좋다. 서너 시간의 짧은 산행. 하늘에서 내려다본 바다와 섬과 방조제가 가슴속에 그대로 인화됐다. 짧은 걷기에 긴 감동, 신선이 된 기분이다.

● 김수남

여행작가의 소곤소곤

길바닥 자체만 놓고 보면 걷기로는 상급, 산행으로는 중급 코스이다. 소요 시간이 짧고 풍광이 뛰어나 편안하게 걸을 수 있는 길이다. 반환점인 신시도 마을에서 하룻밤 머물러도 좋다.

지역번호 063

위치 전북 군산시 옥도면 신시도리
음식 신시도 마을의 정다운횟집(회·매운탕, 466-4372)과 해뜨는식당(465-8755)은 고깃배로 직접 잡아 온 고기를 내놓는다. 산아래식당(회·매운탕, 466-1558)도 사람들이 많이 찾는 곳이다.
숙박 정다운횟집은 펜션형 민박을 겸한다. 8명 이상이면 숙박과 식사가 포함되고 고깃배로 마중까지 나오는 패키지 프로그램을 권할 만하다. 해뜨는식당과 붙어 있는 해비치 펜션(010-3462-0875)도 신시도 마을에서는 비교적 규모가 큰 숙박시설이다. 새만금방조제 비응항 인근에는 베니키아아리울호텔(1588-0292, www.gunsanariul.com) 등 대규모 숙박시설들이 들어서 있다.
찾아가는 길 군산 시내에서 1시간 간격으로 99번 버스가 신시도 주차장까지 운행한다. 신시도 주차장에서 군산 시내로 가는 방향은 매시 정각에 출발한다. 군산이나 부안에서 새만금방조제로 이동한다. 신시도는 새만금방조제 중간쯤에 있는데 휴게소와 넓은 무료 주차장이 마련되어 있다.

마음은 풍요롭고 세상은 평화롭다! 금산사 가는 길

시작은 시골 정취 가득한 장터이지만 몇 걸음 지나지 않아 모악산 자락의 온갖 종교시설들이 여행객을 맞이한다. 문턱이 낮아 굳이 신도가 아니라도 한번 들러볼 만한 곳들이다. 마음의 풍요와 평화를 구하는 이들에게는 더없는 순례길이다.

원평버스터미널 →0.1km→ 원평시골장터 →0.4km→ 원평파출소 →2km→ 금평저수지 초입 →1km→ 대순진리회 →1km→ 금산교회 →0.9km→ 금산사매표소 →0.8km→ 금산사

📍 총 6.2km, 2시간

전북에는 따로 순례길이 있을 정도로 종교 성지가 많다. 특히 모악산을 둘러싼 김제시 금산면 일대에는 '지붕 없는 종교 박물관'이라고 불러도 손색없을 정도로 많은 종교시설이 밀집해 있다. 이곳에서는 널리 알려진 종교 외에 생소한 종교

금산사 계곡

금산사 경내에 꽃무릇이 피었다.

들도 많이 마주치게 된다. 금산면에 따르면 모악산 주위에 밀집한 신흥 종교만도 40여 개에 이른다고 한다. 이쯤 되면 몸보다 마음이 먼저 끌리게 마련이다. 그곳에 어떤 영적인 메시지라도 있는 건 아닐까?

걷기 여행의 들머리는 원평리가 좋다. 금산면 소재지인데 소박하나마 버스터미널까지 갖췄다. 지금은 작은 마을이지만, 허름한 버스터미널이 말해 주듯 한때는 사금이 나와 꽤나 융성한 '골드러시'의 땅이었다. 김제(金堤)나 금산(金山), 금구(金溝)니 금천(金川)이니 금평(金坪)이니 하는 지명들이 괜한 것들은 아니리라. 끝자리 4일과 9일에는 5일장이 열려 시골 마을의 정취를 느낄 수 있다.

금산면 소재지에서 가장 먼저 만나는 종교시설은 천주교 원평성당과 원불교 원평교당이다. 시골에서 만나는 성당이나 교당은 도심의 그것과 달리 문턱이 낮아 여행자도 편하게 얼굴을 내밀 수 있다. 이어서 평범한 아스팔트 길을 1.5km 남짓 걸어가면 금평저수지가 시원하게 펼쳐진다. 구도자들에게는 어머니 같은 산이라 할 수 있는 모악산 젖줄이 이곳으로 흘러든다. 젖은 금산의 대지를 적시

모악산 자락에 들어앉은 금산사

남녀 따로 앉게 되어 있는 'ㄱ'자형 금산교회 내부

고 대지는 황금빛 풍요로 보답하니 과연 모악의 영험함이다.

  금평저수지를 지나칠 무렵이면 화려한 한옥 건물들이 시선을 잡아챈다. 대순진리회의 청소년수련관이다. 암울했던 일제 강점기에 태동한 증산교는 여러 교파로 갈라졌는데, 그중 하나가 오늘날의 대순진리회로 발전했다. 대순진리회 앞 금평저수지 삼거리에는 '동곡약방'이라는 커다란 이정표가 세워져 있다. 증산교를 창시한 강일순이 운영했던 약방인데, 소박한 약방 이미지와는 달리 화려한 기와집으로 복원되어 아쉽다. 대순진리회 앞 계곡에는 금산사 계곡에서 시원한 계류가 흘러내려 탁족의 호사를 즐길 수 있다.

  1km 남짓 올라가면 금산교회가 나온다. 익산의 두동교회와 더불어 우리나라에 둘밖에 없는 'ㄱ' 자형 건물의 교회이다. '남녀칠세부동석(男女七歲不同席)'이 일반적이었던 시대에 남녀 신도가 서로 마주 볼 수 없도록 특이하게 설계한 구조물인데 두동교회보다 이른 1908년에 건립됐다. 당시만 해도 여신도가 많지 않아 여신도 공간이 남신도 공간보다 약간 좁은 게 특징이다. 천장 대들보에 새겨진 성경 구절이 이채롭다. 오래된 서까래와 종탑이 있는 풍경에서 고찰과는 또 다른 운치가 느껴진다.

  모악산 순례길의 종착지는 금산사이다. 금산사는 일주문, 금강문, 천왕문, 보제루 등 전통적인 질서에 잘 맞춰 전각들이 들어섰다. 중심 건물인 금당은 대적광전이지만 눈길은 오른편에 있는 미륵전에 쏠린다. 전통 목탑 형식이기 때문이다. 원래 건물은 신라시대에 진표율사가 건립했다고 전해지나 조선시대 정유재란 때 소실됐고, 현재 건물은 조선 인조 13년(1635년)에 재건된 것이다. 밖에서 바라보면 3층 목탑이지만 안은 통층이다. 미륵전에는 높이 11.8m나 되는 거대한 미륵불을 본존(本尊)으로 하는 삼존불이 모셔져 있다. 미륵불은 석가모니 입멸 후 56억 7000만 년 후에 이 땅에 와서 모든 중생을 구제한다는 미래의 부처이다.

해 질 녘 금산사에 당도하면 마음속을 파고드는 사물 공양(四物供養) 소리를 들을 수 있다. 산사에 울려 퍼지는 범종의 울음에 마음이 절로 씻겨나간다. ● 김수남

여행작가의 소곤소곤

이 코스는 전라북도에서 지정한 길인 '예향천리마실길'과 '모악산마실길' 구간과 일부 겹친다. 걷기 코스를 잡기에 따라서 다양한 이야깃거리와 만날 수 있다. 금산사에 구금됐던 견훤과 천하공물(天下公物)을 주장하던 정여립 등 시대의 영웅들 이야기도 모악산에 전해진다.

지역번호 063

위치 전북 김제시 금산면 원평리, 금산리 일대

음식 금산교회 바로 밑 골목에 있는 청원골(548-4052)은 검정콩 요리 전문점으로 검정콩두부, 검정콩수제비, 오리백숙 등을 내놓는다. 면소재지 원평리에 있는 중국요리집들은 짬뽕이 대표 메뉴이다. 여느 절과 마찬가지로 금산사 입구에도 음식점이 여럿 있다.

숙박 금산면에 모텔이 있으나 시설이 낮은 편이다. 모악산유스호스텔(548-4401), 제일장모텔(548-3326) 등이 그나마 추천할 만하다. 금산사(542-0048)에서는 템플스테이 프로그램을 운영한다. 산사에서의 하룻밤은 특별한 추억이 될 것이다.

찾아가는 길 용산역에서 수시로 운행하는 김제행 기차를 타거나 센트럴시티터미널에서 김제행 버스(06:40~19:50, 하루 6회 운행)를 탄다. 김제역(파출소 건너편)이나 김제터미널(건너편)에서 원평행 시내버스가 하루 24회 운행된다. 경부고속도로와 천안~논산고속도로를 타고 금산사IC로 간다. 금산사·원평 방면으로 좌회전했다가 낙수동 삼거리에서 우회전해 원평리에 진입한다. 금산사IC에서 3km 남짓 거리다.

물빛 강과 초록빛 들에 물들면서 영산강 둑길 따라 걷는 길, 영산강길

자전거길이라고 꼭 자전거를 타고 달려야 하는 것은 아니다. 영산강 자전거길 가운데 무안 식영정에서 영산강하구둑인증센터까지는 걷기 코스로 도전하기에도 좋은 길이다. 한쪽은 강, 또 한쪽은 풍요로운 들과 마을이 내내 이어진다.

무안 몽탄 식영정 →5.2km→ 몽탄대교 →9.4km→ 회산 백련지 입구 →5.9km→ 소댕이나루 →6km→ 영산8경 제1경 →10.1km→ 영산강하구둑인증센터

총 36.6km, 9시간

영산강 자전거길은 담양댐인증센터에서 시작해 목포인증센터까지 내려오는 총 154.8km에 이르는 길이다. 길이 완전하게 이어지지 않고 중간에 도로를 이용해야 하는 구간이 있어서 자전거로 완주하기에도 만만치 않다. 자전거로 달리는 시간만 8시간 30분 정도 걸린다.

길이 긴 만큼 풍경도 제각각인데 그 가운데 무안군 몽탄면 식영정부터 영산강하구둑인증센터까지의 길이 가장 빼어나다. 36km가 넘는 먼 거리지만 평탄한 콘크리트 포장길이니 어려울 건 없다. 다만 쭉 뻗은 길로만 이어져 지루하게 느껴질 수 있다. 모름지기 오르락내리락해야 걷는 재미도 있는 법인데 그렇지는 못하다.

강바람이나 햇볕을 피할 데가 없다는 것도 염두에 둬야 한다. 한쪽은 강이고 다른 한쪽은 들이라 도중에 빠져나오기도 쉽지 않다. 마을이 나타나도 가게가 없는 경우가 많으니 물과 간식거리, 모자와 자외선 차단제같이 꼭 필요한 물건들을

영산강변의 대표적인 조선시대 정자, 그림자가 잠깐 쉬었다 가는 식영정과 영산강 풍경

꼼꼼히 챙겨야 한다. 이 길은 자동차를 가져가면 오히려 불편하다. 목포역이나 목포종합버스터미널에서 무안 몽탄면 봉서동 정류장까지 버스를 타고 가서 식영정까지 15분 정도 걸어가는 편이 낫다.

영산강길은 제방 위로 나 있어 전망이 좋다. 양옆의 강과 들이 전부 넓다. 간혹 제방이 끊기면 도로로 내려와서 걷다가 다시 올라간다. 식영정 앞에는 생태공원이 있고 처음에는 잠시 둑길을 걷다가 도로로 나와야 한다. 몽탄대교까지는 그 도로를 따라가는 길이다. 하지만 몽탄대교부터는 본격적인 둑길이 줄곧 이어진다.

몽탄대교에서 둑길을 따라 걸으면 맞은편으로 높다란 산이 보인다. 영암 월출산이다. 강 한복판에 빨간 등표가 보이는데, 옛날에 강을 오가던 배들의 이정표 역할을 한 몽탄진 등표이다. 2시간 정도 발걸음을 재촉해야 백련지가 있는 회산

소댕이나루에서 바라본 소댕이섬

마을에 도착할 수 있다. 하지만 아쉽게도 백련지까지 1km 조금 넘는 거리를 들어갔다가 다시 걸어 나와야 하니 이 걷기 코스에서는 들르기가 어렵다. 백련지를 종착지로 삼아 쉬었다가 돌아올 생각이라면 괜찮다.

  회산마을을 지나 다시 1시간 정도 걸으면 소댕이나루이다. 이 나루터에서는 솥을 엎어놓은 듯해서 소댕이섬이라 부르는 작은 섬을 내다볼 수 있다. 여기서부터는 포장되지 않은 구간이다. 하지만 걷기에는 오히려 낫다. 하구 쪽을 바라보면 강이 돌아가는 모퉁이에 절벽이 보이는데, 마을 사람들은 그 절벽을 상사바위라 부른다. 마을에 서로 사랑하던 총각과 처녀가 있었는데 총각이 고기를 잡으러 갔다가 풍랑을 만나고 말았다. 처녀가 절벽 위에 올라가 슬피 울며 혹시나 총각을 기다리는데 커다란 구렁이가 나타나 강물로 처녀를 끌고 들어가버렸다. 처녀의 부모가 놀라서 달려가니 구렁이 두 마리가 나타나서 인사하고 사라졌다고 한다.

절벽 모퉁이를 돌아들면 영산8경 중 제1경인 영산호 낙조 전망대가 나온다. 영산강 하구둑 너머로 지는 낙조를 즐길 수 있다. 낙조 전망대에서 영산강하구둑인증센터까지 가는 길은 2시간 남짓 걸린다. 영산강하구둑인증센터에서 택시를 타면 목포 신시가지 평화광장이 10분 거리다. 숙박업소와 음식점들이 몰려 있어 지친 몸을 쉬어 갈 수 있다. ●이민학

 여행작가의 소곤소곤

강둑을 따라 걷는 길이라 여름에는 햇볕을 가릴 수 없고 겨울에는 바람을 막을 수 없다. 봄가을 날씨 좋은 날을 선택해 길을 나서자. 목포는 교통이 편리하고 음식과 숙박시설이 많은 도시다. 온종일 걸어야 하는 길이니 일단 무안 식영정까지 대중교통을 이용해 갔다가 코스를 따라 쭉 걸어 내려와 걷기 종점인 목포에서 쉬는 게 좋다.

영산8경 제3경 구간 쉼터

지역번호 061

위치 전남 무안군 몽탄면 이산리~목포시 옥암동
음식 무안군 몽탄면 명산리는 명산장어로 유명하다. 강나루뱀장어(452-3414)는 대를 이어 운영하는 장어집으로 펜션을 겸한다. 목포 영산강 하구둑에서 길 건너편에는 인동주 마을(홍어삼합, 284-4068)이 있다. 영산강 하구둑에서 택시로 10분이면 목포 평화광장이 나오는데 이곳에는 각종 식당들이 몰려 있다.
숙박 목포 평화광장 주위에 샹그리아비치관광호텔(285-0100 www.shangriahotel.co.kr)을 비롯해 깨끗한 모텔들이 몰려 있다.
찾아가는 길 목포종합버스터미널이나 목포역에서 800번 버스를 타고 봉서동 정류장에서 하차한다. 식영정까지 도보로 1.37km 걸어간다. 서해안고속도로 무안IC로 나와서 무안군청 방향으로 가다가 광주지방법원 무안군법원 앞에서 좌회전한 후 무안역을 지나 몽탄면에서 좌회전해 식영정 이정표를 따라간다.

뒷섬마을 아이들이 금강변 벼랑길 따라 학교 가던 추억길, 금강마실길

학교길은 이름 그대로 까까머리 아이들을 학교에 보내기 위해 부모들이 만든 길이다. 정 끝을 따라 만들어진 길에서 부모의 마음이 느껴진다. 학교길을 따라 소박한 산골 마을의 정취와 애잔한 이야기를 품고 금강이 흐른다.

후도교 → 1.5km → 북고사 → 0.7km → 향로봉 → 1.3km → 무주고등학교

총 3.5km, 2시간

_{금강} 물줄기가 무주읍 내도리에서 크게 굽이쳐 흐르는 바람에 앞섬마을과 뒷섬마을은 물방울 지형에 갇힌 채 '섬 아닌 섬'이 되었다. 배를 타지 않으면 무주읍으로 갈 길이 막막했다. 그나마 앞섬마을은 배를 한 번만 타면 됐지만, 뒷섬마을

뒷섬마을 주민들은 아이들을 학교에 보내기 위해 질마바위를 정으로 쪼아 길을 냈다.

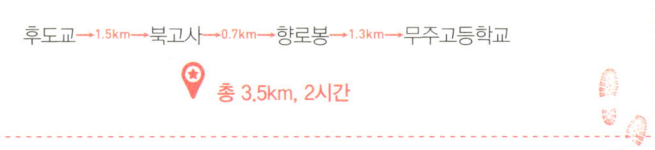

은 배를 두 번이나 타야 했다. 비라도 내리면 강물이 불어나 뱃길도 수시로 끊겼다. 차라리 석벽이 우뚝 솟아 있는 벼랑길을 따라 향로봉(420m)의 낮은 목을 타고 넘어가는 편이 더 나았다. 이것이 뒷섬마을에서 무주 읍내까지 이어지는 '학교길'이 만들어진 사연이다.

무주읍 내도리 뒷섬마을에 놓인 후도교를 건너면 오른쪽으로 '학교길 예정지'라는 팻말이 보인다. 그 뒤로 금강 벼랑을 따라 고요한 강변길이 이어진다. 길섶에는 쑥부쟁이, 벌개미취, 구절초 같은 가을꽃들이 환하다. 30~40년 전 책가방을 메고 이 길을 걷던 까까머리 아이들은 어땠을까? 하릴없이 납작한 돌을 손에 쥐고 물수제비를 뜨고 강물에 들어가 피라미를 잡느라 학교 갈 생각은 까맣게 잊어버리지 않았을까.

억센 풀을 헤치며 걷다 보면 커다란 바위가 앞을 막는다. 질마바위다. 길은 구렁이 담 넘듯 바위 위를 타고 넘는다. 이 길은 자연스럽게 생겨난 길이 아니라 주민들이 손수 만들어낸 길이다. 툭하면 마을에 갇히는 자식을 학교에 보내기 위

질마바위 아래에는 학교길을 만든 날짜 '1971년 5월 20일'이 아직도 또렷하게 새겨져 있다.

해 부모들이 강변에 솟아 있던 질마바위를 일일이 정으로 쪼아 그 사이로 길을 냈다. 가파른 길을 눕히고 무너지는 길에는 시멘트를 발랐다. 질마바위를 지나자마자 바닥에 발라놓은 시멘트에는 '1971년 5월 20일'이라는 날짜가 또렷하게 새겨져 있다.

강변을 따라가던 길이 두 갈래로 나뉜다. 희미한 길 하나는 금강으로 이어지고, 다른 선명한 길 하나는 경사진 숲길로 들어선다. 여기서 숲길을 따라야 한다. 점점 가팔라지는 숲길의 끝에 올라서면 커다란 밭이 나온다. 이곳을 지나면 곧 북고사에 닿는다. 북고사는 조선 개국 직후 무학대사가 무주의 지세를 보완하기 위해 세운 절이다.

북고사에서 정상으로 이어지는 길도 두 갈래로 나뉜다. 대웅전 옆으로 등산로가 나 있고, 주차장을 가로질러 이어지는 산길도 있다. 길은 전자보다 후자가 완만하다. 여기서 정상까지는 700m이다. 등산로 안내판이 세워진 곳에서 산길을 따라 오른다. 주변은 온통 소나무들로 그득하다. 향로봉 일대는 주민들을 위한 등산로로 정비되어 길이 좋고 안내판도 잘 갖춰져 있다. 가파른 길이 점점 완만해지다가 정상에 있는 정자가 슬쩍 보인다.

향로봉 정자에 올라서면 절벽을 감아 도는 금강 물길이 발아래로 내려다보인다. 안동 하회마을이나 예천 회룡포 못지않은 절경이다. 이런 절경이 이곳에 숨어 있을 줄 누가 알았을까. 멀리 후도교와 그 다리 끝에서 걸어온 금강변 학교길이 한눈에 들어온다. 정자에서 고개를 뒤로 돌리면 험상궂은 적상산이 우뚝하고 그 아래로 무주읍 전경이 펼쳐진다. 적상산 뒤로 거대한 산줄기가 둘러쳐져 있는데 바로 덕유산이다. 이 작은 봉우리에서 산국(山國) 무주의 진면목을 유감없이 감상한다. 제2전망대 방향으로 능선을 따르다가 '약수터' 이정표가 가리키는 대로 내려가면 도착지인 무주고등학교에 닿는다. ● 진우석

향로봉에서 바라본 금강 물줄기. 내도리 앞섬마을과 뒷섬마을을 휘돌아 나가는 금강 조망이 멋지다.

향토봉에서 바라보는 장엄한 일몰

여행작가의 소곤소곤

후도교부터 북고사에 이르는 학교길은 덩굴이 발목을 붙잡기 일쑤지만 사람 손이 타지 않은 곳이라 더욱 소중하다. 중간 갈림길에서 금강으로 가지 말고, 경사진 숲길을 따라 북고사로 올라가자. 향로봉에서 바라보는 금강의 시원한 조망은 학교길이 주는 선물이다. 가까운 곳에 잠두길이 있다. 잠두2교부터 잠두마을까지 3.2km 이어지는 짧은 길로 벚꽃이 흐드러진 4월에 걸으면 환상적이다.

 지역번호 063

위치 전북 무주군 무주읍 내도리

음식 무주에서 첫손에 꼽히는 먹을거리는 단연 금강에서 잡은 물고기로 끓어낸 어죽과 매운탕이다. 무주읍에서 내도리로 들어서는 앞섬다리(전도교) 앞에 어죽집 몇 개가 옹기종기 모여 있는데, 그중 큰손식당(322-3605)이 가장 붐빈다. 이곳 어죽에 들어가는 고기는 빠가사리(동자개)와 메기로 비교적 고급 어종만을 쓴다. 어죽을 시키면 빙어튀김을 함께 주는데 고소한 맛이 어죽과 잘 어울린다. 메기매운탕과 쏘가리매운탕도 별미다.

숙박 적상산 등산로 입구에 자리한 황토펜션(010-7471-3651)은 여행작가 최상석 씨가 운영하는 민박집이다. 최 작가가 직접 투숙객을 대상으로 금강변 마실길을 안내해 주기도 한다.

찾아가는 길 서울남부터미널에서 무주행 버스(07:40~14:35, 하루 4회 운행)를 탄다. 무주터미널에서 학교길이 시작되는 후도리행 버스(07:20, 08:40, 10:00, 11:00, 13:10, 15:00, 17:20, 18:35)를 탄다. 통영~대전고속도로 무주IC로 나와 무주읍을 경유해 내도리로 향한다. 후도교를 건너면 오른쪽으로 학교길이 시작된다. 통영~대전고속도로 무주IC로 나와 37번 국도를 타고 금산 방향으로 향하면 잠두2교가 나오는데, 잠두2교를 건너 우회전하면 잠두길이 시작된다.

바다와 갯벌과 문화가 공존하는 해안누리길, 변산마실길

변산반도의 해안 풍경 속으로 떠나는 마실길은 바다와 갯벌, 기암 절경과 어촌 문화를 벗하며 걸어가는 매력적인 코스이다. 성천항에서 격포항까지의 '적벽강 노을길'은 그중에서도 압권이다.

성천항 →1.2km→ 하섬 전망대 →4.3km→ 적벽강 →0.4km→ 수성당 →1.4km→ 격포해수욕장 →0.3km→ 채석강

 총 7.6km, 2시간 30분

부안군은 변산반도국립공원의 해안 절경을 따라 모두 13개 마실길을 개발했다. '마실'이란 '마을'의 지방 사투리인데, 특히 전라도에서는 '마실 간다'는 말을 '이웃에 놀러 간다'는 뜻으로 쓴다. 그러니 마실길은 '가볍게 놀러 가는 마을길' 정도의 의미를 가지고 있다.

변산마실길의 가을

채석강의 해식애가 만들어내는 절경

　13개 마실길 중에서도 제3코스 '적벽강 노을길'은 가장 아름다워 변산마실길을 대표할 만하다. 대규모 상권이 형성되어 다소 번잡한 격포항 주변을 빼면 대부분 호젓한 길이다. 적벽강 노을길은 성천마을 성천항부터 채석강까지 이어지는데 서해와 갯벌뿐만 아니라 해안의 기암과 어촌의 문화, 그리고 초병들이 경계근무를 하던 철책길을 접하면서 걷게 된다. 다채로운 매력으로 오래 걸어도 지루하지 않고 아기자기한 맛이 있다.

　성천항은 규모가 작아 포구라고 하는 편이 더 어울린다. 변산마실길 중에서도 가장 늦게 개발된 제13코스 '여인의 실크로드'도 이곳 성천항에서 갈라진다. 코스 분기점을 지나 언덕에 오르면 적벽강 노을길에 본격적으로 접어든다. 잡목 사이 숲길로 1km 남짓 걸어가면 첫 번째 조망 포인트인 하섬 전망대에 이른다. 하섬은 넓이가 3만 평 정도에 달하는 섬인데, 물이 많이 빠지는 사리 때는 바닷길이

격포해수욕장의 토속적인 인어, 노을 공주

열려 걸어서 들어갈 수 있다. 하섬 전망대 아래 갯벌은 조개를 잡는 갯벌 체험객들이 많이 몰려드는 명소이다. 길을 좀더 가면 반월마을의 순직연구원추모비를 만날 수 있다. 하섬에서 해양생물자원을 조사하다가 순국한 세 연구원을 기리는 비다. 뜨거운 열정으로 한 시대를 살다 간 20~40대 청춘들, 그들이 잠들어 있는 변산 바다 앞에서 고개 숙여 묵념한다.

　사구식물인 순비기나무 군락지인 작은당, 중국 적벽강에서 그 이름을 따온 적벽강, 어민들의 토속신앙이 살아 있는 수성당, 어촌 체험 프로그램을 운영하는 죽막동 등이 차례로 이어지며 걷기의 즐거움을 더한다. 특히 바닷가에 인접한 작은 숲속의 수성당은 빼놓지 말고 들르자. 전북유형문화재로 지정된 수성당은 일종의 해신당으로, 서해를 다스리는 개양할미와 여덟 딸을 모시는 제당이다. 개양할미는 바다를 걸어 다니며 위험한 곳에는 표시를 해놓아 어부들을 안

제주 못지않게 아름다운 바다를 벗하며 걷는 변산마실길

격포 송림의 노을

전하게 지켜줄 뿐만 아니라 풍랑도 다스려 고기를 많이 잡게 해줬다는 바다 신이다. 지금도 마을 주민들은 음력 정월 초사흗날이면 제사를 지내고 많은 무속인들이 수시로 찾아와 굿판을 펼치니, 운이 좋으면 이색적인 무속 문화 현장을 지켜볼 수 있다.

종착지인 격포해수욕장에 다다르면 초입 갯바위에서 반인반어(半人半魚) 노을 공주를 만난다. '미모'와는 거리가 조금 먼 그 얼굴은 토속적인 정겨움으로 가득하다. 노을 공주가 세워질 만큼 격포의 노을은 아름답다. 해수욕장 앞바다에 길게 누운 위도 너머로 붉게 떨어지는 노을이 서둘러 쉴 곳을 찾아야 할 여행자의 발걸음을 한없이 붙잡는다.

해수욕장 끝에는 부안 제1경인 채석강이 있다. 이태백이 달밤에 뱃놀이를 하다가 물에 빠져 죽었다는 강이 중국의 채석강인데, 그 원조와 견줄 만큼 아름답다고 해서 붙여진 이름이다. 책 수만 권을 쌓아놓은 듯 켜켜이 쌓인 중생대 백악기 해식애가 절경을 이루는 명소이다. 썰물 때가 돼야 그 비경을 온전히 감상할 수 있다는 게 아쉬울 뿐이다. ● 김수남

여행작가의 소곤소곤

격포해수욕장부터 격포항까지는 상가 밀집 지역이라 조금 번잡하다. 이곳에서 식사나 숙박을 할 곳을 찾는 게 좋다. 일몰 시각을 미리 확인해 격포해수욕장에 도착하면 아름다운 노을을 볼 수 있다. 조석(물때) 상황도 미리 확인해 썰물 때 채석강에 도착하면 채석강의 절경을 감상할 수 있다. 국립해양조사원(www.khoa.go.kr)이나 부안군청 문화관광(www.buan.go.kr/02tour) 홈페이지에 조석 정보가 나온다.

 지역번호 063

위치 전북 부안군 변산면 운산리~격포리
음식 격포에 편의시설이 많다. 격포항에 있는 대신수산식당(회, 582-1616), 격포항횟집(회, 584-8833)을 추천할 만하다.
숙박 출발지인 성천항은 물론이고 변산마실길 코스 내내 펜션이나 모텔 등 숙박시설이 많다. 도착지인 격포에는 다양한 종류의 숙박시설이 있다. 해조음(582-8092, www.haejoeumps.com), 대명리조트 변산가족호텔(580-8701, www.daemyungresort.com), 채석강리조트(583-1234, www.chaesukgang.co.kr) 등을 추천할 만하다.
찾아가는 길 센트럴시티터미널에서 부안행 버스(하루 13회 운행, 2시간 50분 소요)를 탄다. 부안시외버스터미널 대각선 맞은편에 있는 시내버스 정류장에서 변산·격포 방향 200번 시내버스, 100번 좌석버스를 타고 성천마을에서 내린다. 격포채석강콜택시(582-8636)를 이용해도 된다. 서해안고속도로 부안IC에서 30번 국도를 타고 부안새만금전시관, 변산해수욕장, 고사포해수욕장을 차례로 지나면 성천마을 성천항이 나온다. 하얀색 해조음 펜션 건물이 랜드마크처럼 멀리서 보인다. 서해안고속도로 군산IC로 이동해 새만금방조제를 지나오는 방법도 있는데, 이편이 훨씬 드라이브 기분을 낼 수 있어 추천한다.

몽환적인 운해 속 꼬리치는 붕어섬, 용궁인가, 천상인가!
옥정호 물안개길

옥정호 운해를 감상할 수 있는 국사봉은 오래전부터 소문난 명소이다. 최근에는 용운리와 마암리 일대 호숫가에 옥정호 물안개길이 조성되어 국사봉에 올랐다가 내려와 함께 걷기에 좋다.

국사봉 주차장 →1.6km→ 용운리(옥정호 물안개길) →7km→ 옥정호 물안개길 제2구간 종점 →1km→ 용운리 입구

 총 9.6km, 3시간 30분

옥정호 주변에서 소박한 삶을 일구는 주민들

언제부터였을까, 옥정호 주변의 나지막한 국사봉에 사진작가들이 몰려들기 시작했다. 지형적인 특성상 운해가 자주 끼는데, 이곳에 올라서서 내려다보는 옥정호 운해가 환상적이라고 입소문이 났기 때문이다. 특히 외앗날 주위에 운해가 깔리면 몽환적인 절경을 만들어 국사봉 전망대에 올라선 사람들을 감탄하게 만든다.

'산자락 끝 외로운 봉우리'라는 뜻을 지닌 외앗날은 호수 속 작은 섬으로 흔히 '붕어섬'이라 알려져 있다. 섬의 모습이 붕어를 닮아서 붙여진 별

옥정호와 붕어섬에 드리운 운해

칭인데, 화려한 꼬리를 흔드는 관상용 금붕어를 영락없이 빼닮았다. 국사봉 주차장에서 고작 10분 정도만 올라가면 이 아름다운 절경을 눈앞에 둘 수 있다.

국사봉에서 내려와 임실군이 조성한 '옥정호 물안개길'을 걷기 시작한다. 진안 데미샘에서 솟아난 작은 물방울이 실개천을 만들고 계류를 만들고 강을 만들어 옥정호에 모였다. 그 물에서 한가롭게 노니는 붕어와 주변 호수 마을, 그리고 호숫가의 고즈넉한 풍경 속으로 빠져드는 길이다.

물안개길은 주민들이 대대로 닦아놓은 옛길과 새롭게 조성한 오솔길이 섞여 있다. 옥정호와 주변 경치를 감상할 수 있도록 구불구불 만들어진 길이 특징인데, 대체로 평탄하며 곳곳에 데크가 마련되어 있고 다리도 새롭게 놓여 별 어려움이 없다. 장거리를 걷는 데 성취감을 느끼거나 전투적으로 걷는 데 익숙한 사람들에게는 조금 심심하다는 생각이 들지 모른다.

호숫가 풍경에 취해 구불구불 걷는 옥정호 물안개길

  물안개길의 들머리는 국사봉 주차장에서 1.6km 떨어진 용운리 버스 정류장이다. 임실군이 조성한 옥정호 물안개길의 원래 코스는 마암리에서 시작해 용운리에서 끝나는데, 국사봉 운해를 보고 싶다면 그 반대로 걷는 것이 좋다. 코스의 첫 번째 조망 포인트는 붕어섬을 내려다볼 수 있는 전망 데크이다. 잔잔한 호수 위에 고요하게 떠 있는 붕어섬이 보이고, 멀리 국사봉 전망대도 눈에 들어온다. 붕어섬에 사는 부부는 조각배를 타고 용운리로 나와 육지와 소통한다. 그들의 세상살이 이야기가 궁금하다.

  좀더 내려오면 작은 마을 용운리가 나온다. 스물서너 집이 고즈넉하게 살아가는 호숫가 마을이다. 따사롭고 평화로운 강가에는 주민들의 수상 교통수단인 조각배가 서너 척 매여 있다. 그 배를 타면 또 다른 세계로 여행을 떠날 수 있겠지만 이미 갈 길이 정해진 여행자에게는 마음뿐이다.

국사봉에서 바라본 옥정호 일대의 몽환적인 운해

물안개길에는 호수만 있는 것이 아니다. 군데군데 보이는 솔숲이 좋다. 솔숲으로 들어가면 지리산 둘레길을 걷는 것처럼 상쾌해진다. 솔숲을 벗어나면 야생화들이 반긴다. 때마침 가을을 맞이하면 산국과 쑥부쟁이, 그리고 꽃향유 무리가 여행자의 발걸음에 장단을 맞춘다. ●김수남

여행작가의 소곤소곤

국사봉 주차장에서 옥정호 물안개길 초입인 용운리 입구까지는 1.6km 떨어져 있다. 입구 옆에 버스 정류장과 전주 이씨 세거지(世居地) 기념비가 있는데, 이곳까지 차를 몰고 와서 주차하면 된다. 옥정호 물안개길은 전체 13km 구간으로 거리상 3~4시간 소요되지만, 실제로 걸어보면 아름다운 절경에 시간이 좀더 걸리게 마련이다. 국사봉을 연계해 걸을 경우 시간이 많이 걸리므로 중간에 749번 지방도로(국사봉로)로 빠져나와도 된다.

2구간 종점에서 빠져나오면 차를 세워둔 전주 이씨 세거비까지 걸어서 돌아올 수 있다.

 지역번호 063

위치 전북 임실군 운암면 입석리~용운리

음식 국사봉과 국사봉모텔 사이에 입석산장(붕어찜·민물매운탕, 643-2898)과 구암산장(붕어찜·민물매운탕, 643-0349)이 있는데 매운탕 요리를 잘한다. 국사봉 바로 밑에 있는 설리(시래깃국·청국장. 642-6700)는 아침식사를 할 수 있어 운해를 감상할 관광객이 많이 찾는다.

숙박 국사봉 전망대에서 가장 가까운 곳은 국사봉모텔(643-0440)이다. 국사봉 주차장에서 약 1.4km 떨어져 있다. 운암대교에는 모텔이 단지를 형성할 정도로 성업 중이다.

찾아가는 길 서울남부터미널에서 1시간 간격으로 임실행 버스를 운행 중이다. 임실공용터미널에서 강진면까지 30분 간격으로 운행하는 농어촌 버스로 이동한다. 강진면에서 용운리행 버스(07:50, 13:30, 17:20, 하루 3회 운행)를 타면 옥정호 물안개길 입구인 용운리나 국사봉 입구에서 내릴 수 있다. 호남고속도로 전주IC로 나와 남원·순창·정읍 방향 21번 국도를 타고 구이 교차로에서 순창·모악산 방향 27번 국도로 이동한다. 새터 교차로에서 운암 방향으로 가다가 운암삼거리에서 좌회전해 749번 지방도로를 따라가면 국사봉 주차장이 나온다. 전주IC에서 41km 거리다.

푸른 다도해를 품고 숲과 예술이 만들어내는 운림산방길

'남종화의 성지'로 불리는 운림산방에서 시작해 천년 고찰 쌍계사를 거쳐 1년 내내 푸르름을 간직한 상록수림으로 이어지는 길은 남도의 숲, 예술, 다도해가 만든 코스이다.

운림산방 →0.5km→ 주차장 →0.2km→ 쌍계사 →1.3km→ 삼성암 약수터

 총 2km, 2시간

같은 새소리를 들으면서도 마음이 울적할 때는 '새가 운다'고 말하고, 마음이 즐거울 때는 '새가 노래한다'고 말한다. 달라진 것은 새소리가 아니라 내 마음과 기분이다. 마음의 무게를 더는 데는 걷기만 한 것이 없다.

우리나라에서 제주도, 거제도 다음으로 큰 섬인 진도에는 〈진도 아리랑〉의 가

점찰산 쌍계사 상록수림

첨찰산을 배경으로 한 운림산방과 운림지 풍경은 한 폭의 동양화를 보는 듯하다.

락처럼 구슬프면서도 흥겨움이 담긴 길이 있다. 천년 고찰 쌍계사, 사철 내내 상록수림 푸르른 첨찰산, 조선시대 남종화의 대가인 허련이 조성한 운림산방은 자연·역사·문화 유산이 조화롭게 어우러져 뛰어난 경관을 자랑한다.

   길은 운림산방에서 시작된다. 운림산방은 조선 말기 대표적인 남종화가인 소치 허련이 머물면서 그림을 그리고 창작과 저술 활동을 하던 곳이다. 《소치실록》에 따르면 스승 김정희가 죽고 난 뒤 허련은 이곳으로 낙향해 선경(仙境)을 꾸미듯 넓은 정원을 다듬고 아름다운 꽃과 희귀한 나무를 심었다. 운림산방은 허련이 거처하던 사랑채와 안채, 그림을 그리던 기와 화실, 운림지라는 연못으로 구성되어 있다. 허련의 방손(傍孫)인 허백련이 쓴 '운림산방(雲林山房)'이라는 현판이 눈에 들어온다. 인걸은 간 데 없고 예술만 남아 있다. 늦여름에는 배롱나무와 화사한 야생화가 어우러져 한 폭의 동양화를 보는 듯하다.

쌍계사 경내 배롱나무에 백일홍이 활짝 피었다.

　운림산방을 나와 주차장 옆으로 보이는 일주문이 첨찰산 쌍계사로 들어가는 길목이다. 천년 고찰 쌍계사는 신라 문성왕 때(857년) 도선이 창건한 사찰이다. 절 양옆으로 시냇물이 흘러서 쌍계사라 불린다. 현전하는 건물로는 대웅전, 명부전, 해탈문, 종각, 요사채가 있는데 대웅전은 정면 3칸, 측면 3칸 맞배지붕 건물로 전남유형문화재 제121호로 지정됐다. 늦여름 쌍계사 대웅전 앞마당에서 흐드러지게 꽃을 피우는 배롱나무는 놓치기 아까운 풍경이다. 넋을 잃은 채 바라보노라면 아련한 연민에 빠졌다가도 짙은 분홍빛에 어느새 흥겨워진다. 화려한 진분홍색 배롱꽃은 고색창연한 쌍계사와 대비되어 더욱 아름답게 빛난다.
　쌍계사 왼쪽으로 가면 우리나라의 대표적인 상록수림으로 들어갈 수 있다. 첨찰산 상록수림에는 동백나무, 후박나무, 참가시나무, 감탕나무 같은 상록수와 졸참나무, 느릅나무 같은 낙엽활엽수가 울창하게 자란다. 숲길이라고 미리 겁먹을

하늘을 뒤덮을 만큼 울창한 상록수림

필요는 없다. 석간수 샘터(삼성암 약수터)까지 완만한 길이 계속되어 남녀노소 누구나 부담 없이 걸을 수 있다. 숲은 하늘이 보이지 않을 정도로 울창하다. 나무와 풀 향기가 길을 가득 메운다. 시원한 숲을 만끽하며 느긋하게 걸어보자. 걷노라면 계곡 물소리가 기분을 상쾌하게 해준다.

아름다운 녹색 숲길에서 마음껏 심호흡하며 산을 오르다 보면 어느새 산 중턱에 닿는다. 그곳에는 특별한 맛이 기다리고 있다. 여행자의 목마름을 단번에 해갈해 주는 석간수가 바로 그것이다. 시원한 물 한 모금 들이켜며 잠시 발걸음을 멈췄다가 돌아서서 지금까지 올라왔던 길을 되짚어 내려가면 된다. 여유롭다면 첨찰산 정상에 오르는 것도 보람차다. 푸른 다도해와 점점이 떠 있는 섬들이 만들어내는 풍경에 몸의 고단함이 한순간에 잊힌다.

몸은 노곤하지만 뻣뻣했던 마음이 어느덧 유연해진다. 공을 던지려면 손목에서 힘을 빼야 하고 좋은 노래를 부르려면 목소리에서 힘을 빼야 한다. 나비처럼 훨훨 자유롭게 날고 싶을 때 마음을 무겁게 얽어매는 힘을 서서히 빼는 연습이 필요하다. ●이진곤

여행작가의 소곤소곤

운림산방과 나란히 자리한 진도역사관은 매주 토요일 오전 11시에 흥겨운 남도 국악 소리와 함께 개관하는데 보통 30여 점의 작품을 선보인다. 이외에도 국악 공연, 방문객 무료 서화 체험, 지역 특산품을 파는 벼룩시장 등 다양한 이벤트가 열린다. 일정이 여유롭다면 첨찰산 정상에 올라보자(삼성암 약수터에서 1.3km 거리이다). 남도의 다도해가 손에 잡힐 듯 펼쳐진다.

지역번호 061

위치 전남 진도군 의신면 사천리

음식 남도에 왔다면 한정식을 빼놓을 수 없다. 운림산방 초입에 위치한 전라도한정식(한정식, 544-7234), 진도달님이네한정식(한정식, 542-3335)이 가볼 만하다. 이외에도 묵은지(갈빗살, 543-2242), 옥천횟집(회정식, 543-5664)이 유명하다.

숙박 운림산방 근처에 한옥 체험을 할 수 있는 운림예술촌(543-5889, www.jindoullim.com)이 있다. 진도 읍내에는 태평모텔(542-7000)과 프린스모텔(542-2251)이 있으며, 낙조로 유명한 셋방마을에서는 해미랑펜션(543-0034, 010-7193-6422, www.haemirang.co.kr)에서 하룻밤 묵을 수 있다.

찾아가는 길 서울 센트럴시티터미널에서 진도행 버스(하루 4회(07:35, 09:00, 15:30, 16:35) 운행, 5시간 20분 소요)를 탄다. 동서울터미널에서도 진도행 버스(하루 2회(09:10, 16:20) 운행, 5시간 40분 소요)를 탈 수 있다. 진도공용터미널에서 사천리 운림산방행 군내버스를 타고 운림산방 앞 주차장에서 내린다. 하루 4회 운행하기 때문에 읍내로 돌아오는 버스 시간을 미리 확인해야 한다. 서해안고속도로를 타고 목포IC로 나와 영암방조제와 금호방조제를 지나 77번 국도 진도 방향으로 달린다. 혹은 서울 시내 동부간선도로나 외곽순환고속도로를 타고 의정부IC로 나와 의정부로 진입했다가 43번 국도 포천·철원 방향으로 달린다. 포천을 지나 운천에서 78번 지방도로 산정호수 방향으로 가다가 왼쪽 3번 군도에서 다시 왼쪽 4번 군도를 따라간다. 왼쪽에 있는 작은 산길로 들어서면 운림산방 주차장이다.

서귀포

한라산 허리의 깊숙한 숲길을 걷다! 한라산 둘레길

일제강점기 병참로를 활용한 한라산 둘레길은 다양한 나무들이 울창하게 어우러져 햇살이 나뭇가지 끝에서 아롱거리는 숲속으로 깊숙이 이어진다. 호젓하고 싱그러운 숲길과 그 길에 문득문득 나타나는 맑은 계곡은 제주 올레길과는 또 다른 매력을 선사한다.

법정사 입구 →3.1km→ 표고재배장 →2.4km→ 시오름 →3.5km→ 돈내코 계곡

★ 총 9km, 5시간

한라산 둘레길이 시작된다는 것을 알리는 입구

한라산 해발 600~800m의 국유림에 있는 둘레길은 일제강점기에 한라산의 울창한 산림과 표고버섯을 수탈하려고 닦아놓은 병참로(일명 '하치마키' 도로)를 활용해 만들어졌다. 서귀포자연휴양림, 돈내코청소년수련원, 사려니숲길, 한라생태숲, 관음사 야영장, 천아오름 수원지, 노로오름, 돌오름 등을 연결해 전체 80km에 이르는 숲길이다. 현재 두 코스가 개장됐는데 1코스는 법정사에서 시작해 돈내코 계곡까지, 2코스는 거린사슴오름에서 시작해 돌오름까지다.

한라산 둘레길 1코스의 출발점인

하늘을 향해 시원스레 뻗은 편백나무 숲 시오름으로 올라가는 나무 계단

  법정사는 지금은 터만 남아 있지만 무오항쟁 발상지다. 무오항쟁은 1919년 3·1운동보다 5개월 먼저 제주도에서 최초로 일어난 최대의 항일운동이다. 법정사 주차장에서 둘레길 어귀로 들어가면 무오항쟁 기념비가 나오고, 이어서 둘레길의 시작을 알리려고 돌로 쌓은 진입로가 나타난다.

  둘레길 들머리부터 동백숲이 이어진다. 키 낮은 동백나무가 지천이다. 동백꽃이 만개할 때면 꽃송이째 떨어지는 동백꽃으로 길이 빨갛게 물든다. 둘레길에는 동백나무를 비롯해 졸참나무, 서어나무, 종가시나무, 붉가시나무, 꽝꽝나무 등 다양한 수종이 숲을 이루고, 적송도 곳곳에 자리 잡았다.

  둘레길에는 울퉁불퉁한 돌과 물기가 많은 지형 때문에 야자수 매트를 깔아놓았다. 깊이 들어갈수록 숲은 더욱 울창해져 햇빛이 들어오기 어려울 정도이다. 숲길에 이어 간혹 나타나는, 쇠소깍을 닮은 계곡은 자연 그대로 아름다워 발걸

한라산 둘레길을 걷다 보면 문득 나타나는 계곡

음을 멈추게 한다.

시오름으로 가는 갈림길에 들어서면 숯가마터, 표고버섯 재배지, 시오름 4·3주둔소가 차례로 나온다. 시오름으로 가는 길에는 하늘을 향해 시원스레 쭉쭉 뻗은 편백나무 숲이 있다. 편백나무 숲을 지나면 오른쪽으로 시오름에 오르는 나무 계단이 끝없이 이어져 있다. 이쯤 오면 누구나 지쳐 있게 마련이라 사람들은 대부분 그 계단을 올라갈지 말지 갈등한다.

하지만 시오름은 그냥 지나치면 후회할 만한 절경을 자랑한다. 시오름은 한

라산 둘레길 걷기의 정점이다. 거친 숨을 내쉬며 긴 나무 계단을 올라가면 정상에 작은 전망대가 나오는데, 여기에서 바라보는 한라산과 백록담이 그림처럼 아름답다.

시오름에서 돈내코 계곡에 이르는 구간은 그동안 출입을 통제하는 구역이었지만 최근 개방되어 탐방할 수 있게 됐다. ●임인학

여행작가의 소곤소곤

한라산 둘레길에 야자수 매트를 깔아놓았지만 울퉁불퉁한 돌멩이와 물기가 많은 길이라 반드시 등산화를 신어야 한다. 화장실은 둘레길 입구 한 곳에만 있다. 법정사로 되돌아가는 게 힘에 부친다면 1115번 도로로 내려와 택시(서귀포 택시 064-762-0100)를 타도 된다.

 지역번호 064

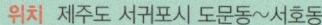

위치 제주도 서귀포시 도문동~서호동
음식 한라산 둘레길 근처에는 식당이 없어서 제주시나 서귀포로 나가야 한다. 제주시에서는 독까치돔으로 유명한 삼도1동의 백선횟집(751-0033), 순대국이 별미인 이도1동의 감초식당(753-7462)을 추천한다. 서귀포에서는 겡이죽을 잘하는 성산읍 신양리의 섭지해녀의집(782-0672), 생선조림이 맛있는 모슬포항의 덕승식당(794-0177)을 추천한다.
숙박 제주도 전역에 펜션, 모텔, 민박, 게스트하우스가 헤아릴 수 없을 만큼 많다. 여행자의 취향, 경제 사정, 여행 동선에 따라 알맞은 곳을 선택한다. 다른 여행자와 어울릴 수 있는 게스트하우스도 괜찮다. 조천읍 함덕해수욕장 근처 아프리카게스트하우스(3789-4410), 성산 신산읍의 일출언덕신산게스트하우스(010-9526-0325), 대정읍에서 외국인이 운영하는 아일랜드게스트하우스(070-7096-3899), 제주시 시외버스터미널에서 가까운 그린데이게스트하우스(070-7840-2533)를 추천할 만하다.
찾아가는 길 제주시외버스터미널에서 1100도로행 버스를 타고 한라산 둘레길 이정표 앞에서 내린다. 버스는 하루 5회(08:00, 09:00, 10:00, 11:00, 12:20) 운행하며 1시간쯤 걸린다. 1100번 도로를 타고 서귀포자연휴양림으로 이동한다. 거린사슴을 지나면 법정사 입구이다.

야자수 매트가 깔린 한라산 둘레길

붉은 동백을 품은 제주의 초록 바다 곶자왈의 눈부신 속살, 선흘곶자왈 동백길

제주의 푸른빛은 에메랄드 빛 바다뿐만 아니라 초록이 선명한 숲 덕택에 더욱 깊어진다. 한겨울에도 눈부신 초록 바다에서 붉게 타오르는 동백동산으로 발길을 옮겨보자. 특히 1~2월에는 눈물처럼 후드득 떨어지는 동백꽃이 지천으로 깔려 우리를 매혹한다.

선흘초등학교 터 → 0.7km → 먼물깍 → 0.5km → 숯가마터 → 1km → 선흘 곶자왈 안내판

 총 2.2km, 약 1시간 40분

어두운 숲길의 나무에 빛이 한 줌 내린다.

쇼펜하우어는 "신은 우리를 채찍으로 길들이지 않고 시간으로 길들인다"고 했다. 이렇게 기다림이라는 시간이 언제나 두렵고 지루한 것은 아니다. 두 볼이 발그레 상기된 채 두근두근 심장 뛰는 소리를 들으며 자연의 기다림을 교감할 수 있는 곳이 바로 선흘곶자왈 동백동산이다. 곶자왈은 제주도 토박이말로, '곶'은 나무나 덩굴 따위의 식물들이 엉켜 있는 숲을 말하고, '자왈'은 화산활동으로 분출한 용암이 흐르다가 굳은 크고 작은 돌무더기를 일컫는다. 오랜 시간

4월의 끝에 동백꽃이 홀로 피어나 있다.

풍화와 침식을 거치며 만들어진 제주도만의 독특한 숲이다. 곶자왈은 열대 북방 한계 식물과 한대 남방한계 식물이 공존하는 생태계의 보고로 제주도의 허파라 불린다. 아무리 많은 비가 내려도 빗물이 그대로 지하로 스며드는 토질로 지하수 함량에 중요한 역할을 한다. 그 때문에 지하수가 풍부하고 보온·보습 효과가 뛰어나 많은 식물들이 서식한다. 습지가 곳곳에 만들어져 있는 이유이기도 하다.

선흘곶자왈은 상당히 넓은데, 그 일부를 '동백동산'이라는 이름으로 개방한다. 이곳에는 동백나무 외에도 종가시나무, 구실잣밤나무 등이 우리나라 최대의 상록활엽수림 지대를 이루고 있다. 나무 아래에는 양치류 식물들과 초록빛 이끼들이 펼쳐져 눈부신 초록 바다를 연상시킨다. 숲이 깊은 만큼 이곳으로 찾아가는 길이 만만치 않다. 함덕초등학교 선흘분교를 찾아 100m쯤 들어간 후 갈림길에서 오른쪽으로 접어들면 다시 작은 갈림길이 나온다. 정낭(제주도에서 대문 역할

먼물깍은 람사르 협약에 따라 습지보호지역으로 지정됐다.

푹신한 양탄자를 밟는 듯한 선흘곶자왈 산책로

을 하는 것으로 두 돌기둥 혹은 나무 기둥 사이에 걸쳐놓은 나무 가로대)이 걸려 있는 입구를 지나 20여 분 걸어가면 안내소가 나오고 바로 앞에 선흘곶자왈의 보호 습지 먼물깍이 보인다.

먼물깍은 람사르 협약에 의한 습지보호지역으로 2011년 3월에 지정됐다. 오래전에는 주민들이 소나 말에게 물을 먹이거나 빨래를 하던 곳이었다는데, 지금은 믿기지 않을 만큼 원시의 모습을 간직하고 있다. 먼물깍 습지를 지나 산책로에 들어가면 하늘이 겨우 보일 정도로 빽빽하게 들어선 동백나무와 난대 수목이 울창한 숲을 이룬다. 주위는 작은 연못과, 비가 내리면 습지로 변하는 웅덩이들로 가득하다.

사람들은 대부분 동백동산에서 발길을 돌리는데 조금만 더 발걸음을 옮겨보자. 동백동산을 지나면 숲이 점점 더 울창해진다. 산책로를 벗어나면 현지인들도 길을 잃을 정도이다. 숲길을 걷다 보면, 1970년대까지 실제로 사용됐던 숯가마터가 수십 곳에 이른다. 숯을 굽기 위해 식수와 생필품을 가져와 움막 생활을 했던 곳이다. 지금은 흔적만 남아서 세월 앞에 장사 없다는 말을 실감케 한다.

더욱 깊이 들어가면 용암으로 만들어진 돌에서 묵직한 시간의 깊이가 느껴진다. 제멋에 취한 나무와 돌들이 뒤엉킨 풍경은 인간의 이기적인 손길이 닿지 않은 원시림에 가깝다. 그러나 이 깊은 숲속에도 인간은 숨어들어 아픈 역사를 새겨놓았다. 제주 4·3사건 당시 군경토벌대를 피해 이곳 동굴에 숨어 있던 많은 주민들이 무참하게 희생됐던 것이다.

산책로를 따라 점점 우거지는 숲속을 걷노라면 어려웠던 시절의 아픔도, 지우고 싶은 역사도 자연이 오랜 시간 공들인 초록빛 아래 가라앉아버린 듯하다. 자연은 상처를 치유하는 데도 기다림의 시간이 필요하다고 말한다. 무슨 일이든 조급한 열정에 휩쓸리지 않고 무르익기를 기다릴 줄 아는 것이 세상을 살아가는 지혜라고 숲은 이야기하는 듯하다. 제주도에는 바다만 있는 게 아님을 알려주는 선흘곶자왈 동백동산. 에메랄드 빛 바다도 눈부시지만 늘 푸른 숲이 있어 제주는 더욱 아름답다. ●이진곤

여행작가의 소곤소곤

선흘곶자왈의 동백동산은 사람들이 많이 찾지 않는 곳으로 홀로 걷기보다 동행과 함께 걷는 것이 좋다. 일요일 오후에 걸었는데도 길에서 한 사람도 보지 못했다. 정해진 길로 걷지 않고 옆길로 눈을 돌렸다가는 길을 잃을 수 있다. 붉게 타오른 동백동산을 보고 싶다면 1~2월에 찾아야 한다.

지역번호 064

위치 제주도 제주시 조천읍 선흘리

음식 동백동산 근처에는 식당이 많지 않다. 근처 식당에서 식사하고 걷는 것이 좋다. 낭뜰에쉼팡(전통차와 비빔밥, 784-9292), 인테리어가 돋보이는 샤라의정원(파스타, 070-7773-9631) 등이 괜찮다. 제주시에서 동백동산으로 가는 길에는 삼대국수회관(고기국수, 759-6644)이 유명하다.

숙박 동백동산 근처에 교래자연휴양림(783-7482, www.jejustoneparkforest.com)이 있다. 제주의 천연 숲에서 이색 숙박 체험을 할 수 있도록 숲속의 초가 8채를 갖췄다. 그 인근에는 오션그랜드호텔(783-0007, www.oceangrand.co.kr)이 자리해 있다.

찾아가는 길 38번 시내버스나 동회귀선 시외버스를 타고 함덕에서 하차한다. 함덕~선흘 순환버스를 타고 조천리사무소를 지나 선흘에서 내린다. 아침 6시부터 저녁 8시까지 1시간 간격으로 운행한다.

비밀의 정원으로 들어가는 검붉은 화산 송이길, 사려니숲길

유네스코 생물권보전지역인 사려니숲길은 검붉은 용암 덩어리가 깔린 송이길을 타박타박 걸어 치유와 명상의 숲에 닿는 길이다. 청정한 공기와 싱그러운 숲 향기를 흠뻑 마시면서 새소리, 바람 소리에 자신을 돌아보는 에코 길이자 사색 길을 걷는다.

사려니숲길 입구 →4.7km→ 물찻오름 →1.9km→ 치유와 명상의 숲 →1.4km→ 붉은오름 →2km→ 남조로
총 10km, 3시간

너무나 유명해진 제주 올레길은 인파로 붐벼서 여간해서는 조용히 걷기 힘들다. 아름다운 풍경 속에서 한적하게 걸으며 자기 내면을 돌아볼 만한 길을 찾는다면 비밀의 정원, 사려니숲길이 어떨까? 사려니숲은 드라마 〈시크릿 가든〉에서 현빈(김주원 역)과 윤상현(오스카 역)이 하지원(길라임 역)을 두고 자전거 경주를 벌였던 장소로 하지원이 길을 잘못 들면서 흥미진진한 스토리가 전개된다. 비자림로에서 시작해 남조로로 빠지는 10km 구간 내내 태고의 신비를 느끼며 걸을 수 있다.

사려니숲길은 해발 500~600m에서 평탄하게 이어진다. 바닥에는 '송이'라고 불리는 작은 용암 덩어리들이 깔려 있어 길이 붉어 보이기도 하고 검어 보이기도 한다. 철분의 성분에 따라 송이 색깔이 달라지기 때문이다. 송이길도 신비롭지만 사려니숲의 원시림도 아름답다. 산딸나무, 때죽나무, 단풍나무가 자생하고 산림녹화사업

사려니숲길 안내판

드라마 〈시크릿 가든〉을 촬영한 사려니숲길

으로 조림한 삼나무와 편백나무는 영화 속에나 등장할 것 같은 풍경을 만들어 낸다.

    제주시에서 5·16도로를 타고 가다가 1112번 도로(비자림로)를 따라 내려가면 오른쪽에 사려니숲길을 알려주는 푯말이 있고 숲 안쪽에 주차 공간이 마련되어 있다. 입구에 들어서면 사려니숲길 전체 지도를 볼 수 있으니 미리 걸을 거리를 확인하면 좋다. 사려니숲길 안내소에서 자세한 설명과 탐방 지도를 담은 안내서를 한 장쯤 챙기자. 도착지인 남조로에서 제주시로 넘어가는 버스 시간표도 알아두는 것이 편리하다.

    안내판이 잘 갖춰져 있을 뿐만 아니라 친절하게도 1km마다 번호판을 세워놓아서 옆길로 새지만 않는다면 길 잃을 걱정은 하지 않아도 된다. 1번 입구부터 10번 붉은오름까지는 항상 개방하지만, 남쪽으로 이어지는 탐방로는 미리 예약

사려니숲의 산죽밭

해야 들어갈 수 있다.

사려니숲길 입구에 들어서면 숲속유치원이 반긴다. 작은 통나무집도 있고 나무 조각도 보인다. 마치 피터팬이 나오는 동화 속 세상을 숲속에 재현해 놓은 것 같다. 흙을 만지고 나무의 촉감을 느끼면서 아이들은 어느새 자연과 하나가 된다. 천미천은 길이가 25.7km에 달하는, 제주에서 가장 긴 하천이다. 구멍이 숭숭 뚫린 현무암 때문에 물이 흐르는 것을 거의 볼 수 없다. 물은 지하로 스며들어 표선 쪽으로 빠진다. 그 물이 암반 웅덩이에 고인 것이 제주 삼다수이다. 조금 지나면 참꽃 군락지가 나온다. 5월쯤 찾으면 온통 붉게 물든 계곡을 볼 수 있다.

분화구에 물이 찰랑거린다고 해서 이름 붙여진 물찻오름은 자연 생태계 보호를 위해 사람들의 출입을 막고 있다. 물찻오름 입구에서 촉감 좋은 송이길을 타박타박 거닐면 치유와 명상의 숲에 닿는다. 수백 년 연륜을 품은 고목과 그 고목

작은 용암 덩어리들이 깔린 검붉은 송이길

을 감싸 안은 덩굴은 공생의 신비를 보여준다. 이곳에서는 산림 세라피를 즐길 수 있는데, 세파에 찌든 도시인에게 맑은 영혼을 선사한다. 치유와 명상의 숲길이 끝나면 삼나무 숲길에 들어간다. 하늘을 찌를 듯한 나무를 보는 것만으로도 마음이 편해진다. 숲속에 쉼터가 있어 한동안 머물러도 좋다.

 길은 계속 삼나무 숲길을 더듬어 간다. 직선길, U 자형 길, S 자형 길 등 변화무쌍한 지형으로 지루할 틈이 없다. 붉은오름은 자연휴양림으로 꾸며졌다. 산책 삼아 거니는 것도 괜찮다. 드디어 차 소리가 들리는가 싶으면 1118번 남조로가 나온다. 이곳에서 제주 시내로 들어가는 버스를 타면 된다. 10km 숲길, 3시간 동안 천국을 거닐다 온 기분이다. ●이종원

마음이 평온해지는 치유와 명상의 숲길

여행작가의 소곤소곤

사려니숲 탐방로에는 식당이 없으니 간식과 음료를 미리 준비하자. 1112번 비자림로를 출발해 1118번 붉은오름 옆길로 빠져나오는 탐방로는 미리 예약하지 않아도 둘러볼 수 있다. 주차비와 입장료도 따로 받지 않는다. 그러나 남쪽 한남시험장과 사려니오름을 거쳐 서성로로 향하는 길은 이틀 전에 홈페이지(www.jejusaryeoni.com)에서 예약해야만 들어갈 수 있다. 평일 100명, 주말 200명으로 인원을 제한하며 오후 2시에는 입장할 수 없다.

하늘을 향해 곧추선 삼나무 숲길

지역번호 064

위치 제주도 제주시 조천읍

음식 교래에는 제주에서 유명한 토종닭집이 모여 있다. 아름가든(784-9100)에서는 토종닭백숙과 샤브샤브를 맛볼 수 있다. 교래삼거리에는 국수촌이 형성되어 있는데 교래손칼국수(782-7870)에서는 바지락칼국수, 꿩메밀국수, 콩국수를 맛볼 수 있다. 하늘래기(784-4403)는 고기국수와 멸치국수를 잘한다.

숙박 교래에는 자연휴양림 두 곳이 있다. 숲속에 파묻혀 있어 아침 산책 코스로 그만이다. 제주절물자연휴양림(721-7421, jeolmul.jejusi.go.kr), 교래자연휴양림(710-8673, www.jejustoneparkforest.com)과 더불어 예하게스트하우스(070-4012-0083, www.yehaguesthouse.com)를 추천할 만하다.

찾아가는 길 제주국제공항에서 100번 버스를 타고 10분이면 제주시외버스터미널에서 도착한다. 매 시간 출발하는 표선행과 성산행 시외버스에 올라 사려니숲길(물찻오름)에서 하차한다. 교래를 거치는지 반드시 확인해야 한다. 돌아갈 때는 남조로에서 서귀포나 제주행 시외버스를 타면 된다. 사려니숲 안내소에서 미리 버스 시간을 알아두자. 제주국제공항에서 오라오거리를 거쳐 광양사거리에서 우회전하면 5·15국도가 나온다. 제주대, 제주CC를 지나 비자림로 삼거리에서 좌회전해 1km쯤 이동하면 사려니숲길 입구가 나온다. 이곳에 주차한다면 물찻오름까지만 둘러봐도 된다.

산 따라 물 따라 들 따라
삶의 애환이 배어 있는
이야기 길

경상권

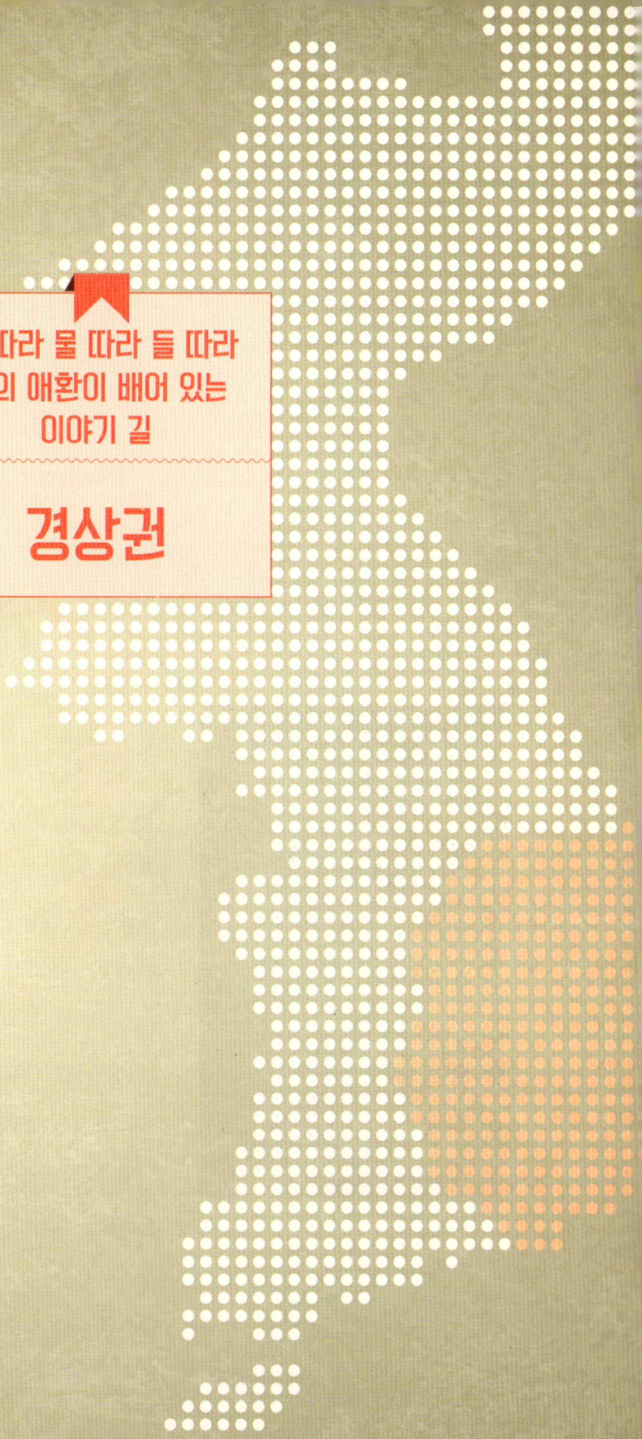

불국정토의 심산을 걷다, 경주 남산길 삼릉~용장 코스

기암절벽과 길가의 바위마다 마애불이 부조되어 있고 길섶에는 불상과 석탑이 세워져 있는 경주 남산. 삼릉에서 올라 용장계곡으로 내려오는 코스에서는 신라시대부터 고려시대까지 각 시대의 석불을 모두 만날 수 있다.

삼릉 입구 →2km→ 바둑바위 →0.9km→ 금오산 정상 →0.6km→ 갈림길 →1.7km→ 절골약사여래좌상 아래 갈림길 →1.1km→ 용장마을

 총 6.3km, 4시간

삼릉 소나무숲

경주 남산은 수많은 석불과 마애불, 석탑으로 뒤덮인 산이다. 조금 과장하면 한 걸음 옮길 때마다 불상과 석탑을 만날 수 있다. 그래서 살아 있는 박물관이라 부른다. 남산의 석불과 마애불과 탑은 천년의 세월을 이어왔다. 석불 머리가 없거나 탑 일부가 사라졌다 해도 제자리를 지키며 세월의 간난을 건너왔고 앞으로도 계속 그곳에 존재할 것이다.

삼릉에서 올라 남산 아래쪽 금오산 정상을 지나 용장계곡으로 내려오는 남산길은 그다지 길지 않지만 다양한 신라 석불을 모두 만날 수 있다. 삼릉은 흔히 '배리 삼릉'이라 부르는데, 신라 8대 아달라 이사금, 53대 신덕왕, 54대 경명왕 등 박씨 성을 가진 왕들이 잠든 곳으로 추정된다. 삼릉 주위

삼릉계곡 바위에 부조된 마애관음보살상

는 굵은 소나무들이 춤을 추듯 군락을 이룬 숲이다.

　삼릉에 가기 전 배리삼존불을 만나는데 삼국시대 신라의 불상이다. 이어 삼릉에서부터 본격적인 오르막길이 시작된다. 길을 따라가노라면 불상이 시대순으로 나타난다. 통일신라시대의 냉골석조여래좌상, 마애관음입상, 선각육존불을 차례로 둘러보면 고려 초기의 마애여래좌상이 기다린다.

　길을 오르다 보면 암벽마다 마애불이 숨어 있고 큰 바위마다 석불이 앉아 있다. 풍만하기도 하고 소박하기도 하고, 때론 바위 밖으로 튀어나올 것만 같고 때론 바위 속으로 스며들 것만 같은 마애불과 석불들이 다채롭게 이어진다. 바둑바위에서 곧장 오르면 1시간 남짓 만에 능선에 이르는데 불상을 감상하노라면 2시간이 훌쩍 넘게 걸린다. 시간 안배에 신경 써야 한다.

　능선 길은 좁은 편이다. 멀리 경주 시내가 내려다보이는 조망이 뛰어나다. 능

불국정토 경주를 내려다보는 마애석가여래좌상

용장사지 이곳에 삼층석탑을 세운 이는 저 세상 끝까지 불법이 펼쳐지길 기원했을 것이다.

선으로 오르는 길에 남산에서 두 번째로 큰 마애여래대좌불을 만나는데 능선 길에서 다시 볼 수 있다. 경주를 한눈에 굽어보는 마애불에 이르면 남산에 왜 이토록 많은 불상이 있는지 그 이유가 헤아려진다. 백성들이 일하다가 남산을 올려다 보면 부처님이 마주 보인다. 항상 불심을 잃지 않으니 여기가 곧 불국정토이다.

금오산은 바위가 많다. 정상으로 가까이 갈수록 길이 험해 바위틈을 오르기도 한다. 정상에 올랐다가 내려오는 길도 7부 능선까지는 급경사인 데다 바위 틈새로 내려오는 구간이다. 밧줄을 잡고 내려와야 하는 곳도 두 군데나 있다. 이후로는 나무 계단을 타고 내려간다.

남산을 탐방하는 길은 여러 갈래이다. 삼릉 입구에서 올라 삼불사 쪽으로 내려가는 길, 금오산 정상을 지나 용장골로 내려오는 길, 금오산 정상에서 남산 정상으로 건너갔다가 포석정으로 가는 길, 태종무열왕릉비가 있는 남산 동쪽으로 내려가는 길 등이 주요 탐방로이다. 그 밖에 작은 샛길도 여럿 있다. 그중에 용장골로 내려오는 길이 전망이나 길이, 시간으로 봐서 가장 적당한 코스이다.

용장계곡으로 내려오면 용장사지삼층석탑, 마애여래좌상, 용장사 터 등을 만난다. 계곡 중간쯤에 있는 절골석조약사여래좌상까지 둘러보면 경주 남산길 삼릉~용장 코스가 마무리되고 용장마을로 하산한다. 삼릉 입구에 주차했다면 약 2km, 30분 남짓 삼릉까지 걸어가면 된다. ●이민학

여행작가의 소곤소곤

걷기 좋은 길이라기보다는 등산 코스라고 하는 게 맞다. 산행을 한다는 생각으로 물, 간식, 등산 스틱 등을 준비한다. 하지만 단순히 산행만을 위한 코스는 아니다. 신라의 석불과 문화까지 살펴볼 수 있도록 시간 여유를 충분히 갖는다. 급경사 구간이 있어 일

행 중 산행 초보자나 노약자가 있다면 6시간 가까이 걸리니 주의하자. 경주 남산길에 대해서는 경주남산연구소 홈페이지(www.kjnamsan.org)에서 더욱 자세하게 알 수 있다.

지역번호 054

위치 경북 경주시 배동 삼릉 입구~경주시 내남면 용장리

음식 등산객이 많아 삼릉 입구에 식당이 꽤 있는데 특히 칼국수집이 많다. 만리향백년초칼국수(칼국수, 775-2541), 삼릉고향칼국수(칼국수, 745-1038), 보성할매비빔밥(비빔밥, 772-8618) 등이 유명하다.

숙박 경주는 세계적인 관광도시인 만큼 호텔, 리조트, 모텔 등 다양한 숙박시설이 있다. 어디서 잘까보다는 어떤 경험을 할까에 초점을 맞춰 게스트하우스를 추천한다. 한옥게스트하우스사랑채(773-4868, www.kjstay.com), 경주게스트하우스(745-7100, www.gjguesthouse.com), 바람곳(771-2589, www.facebook.com/Guesthouse.Baramgot) 등이 괜찮다.

찾아가는 길 경부선 신경주역에서 70번 버스를 타고 삼릉 정류장에서 하차한다. 혹은 경주고속버스터미널에서 500번 버스를 타고 삼불사 정류장에서 하차한 후 도보로 이동한다. 경부고속도로 경주IC에서 서라벌대로를 따라 2km 정도 직진한 후 오릉사거리에서 언양 방면으로 우회전해 2.4km 정도 더 가면 삼릉 입구 주차장이 나온다.

봄빛 따라 통일신라의 흔적을 좇는 길, 선덕여대왕길

경주는 곳곳이 문화유산이다. 모내기를 끝낸 논두렁 가운데에도 역사의 흔적이 남아 있다. 소담한 들꽃이 반겨주는 선덕여대왕길은 통일신라의 단초를 제공한 왕들과 선덕여대왕의 흔적을 돌아보는 길이다.

반월성 →1.8km→ 능지탑 →1.4km→ 선덕여대왕릉 →0.9km→ 사천왕사지 →0.7km→ 신문왕릉 →1.1km→ 효공왕릉 →2.1km→ 보문리사지 →1.5km→ 진평왕릉 →4km→ 명활산성

★ 총 13.5km, 5시간

경주의 문화유산을 몸으로 느끼는 길이 있다. 사단법인 화랑길에서 조성한 화랑길이다. 천년 고도의 길, 화랑길 1코스인 선덕여대왕길은 반월성에서 출발해 능지탑을 거쳐 선덕여대왕릉, 사천왕사지, 신문왕릉, 효공왕릉, 보문리사지, 진평왕릉을 지나 명활산성에 도착하는 길이다.

여정의 들머리인 반월성은 신라의 왕궁 터다. 반월성은 한갓지게 산책하기 좋

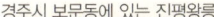

경주시 보문동에 있는 진평왕릉

은데 계절에 따라 벚꽃, 메밀꽃, 유채꽃, 연꽃 등이 연달아 피어 눈이 호강한다. 반월성에서 국립경주박물관을 지나 능지탑으로 향한다. 중생사 터에 있는 능지탑 주변에는 들꽃이 활짝 피어 있다. 능지탑은 문무대왕 화장터로 알려져 있다. 능지탑 옆에는 선덕여대왕릉이 자리한 낭산이 있다.

 선덕여왕은 역사의 한 페이지를 화려하게 장식하며 탁월한 지혜로 놀라운 업적을 이룬 여인으로 그녀에 대한 기록이 『삼국유사』에 남아 있다. 신라 제27대 왕으로 16년의 재위 기간 동안 세운 업적도 많지만, 그 업적보다 더 드라마틱한 것은 신라 최초의 여왕이라는 사실이다. 그녀의 일대기는 TV 드라마로도 제작되어 인기몰이를 했다.

문무대왕 화장터로 추정되는 능지탑 주위로 야생화가 흐드러지게 피었다.

여인의 몸으로 통일신라의 기초를 닦은 선덕여왕의 무덤, 선덕여대왕릉은 낭산의 송림 속에 있다. 경주 남산 삼릉의 송림처럼 제멋대로 휘어진 소나무가 많다. 울창한 소나무 숲은 햇볕을 피하기 좋아 호젓한 산책을 즐기기에 제격이다.

선덕여대왕릉 아래로 사천왕사지가 있다. 사천왕사는 호국 사찰이었다. 문무왕 14년(674년)에 당나라 대군이 침입하자 이를 불교의 힘으로 막고자 당시 밀교 승이었던 명랑법사에게 명령해 사천왕사를 건립토록 했다. 명랑법사는 낭산에 사천왕사를 짓게 했는데, 낭산은 예로부터 신들이 머무는 곳으로 신성하게 여겼다. 현재 발굴 작업을 진행 중인 사천왕사지에서는 귀한 보물들이 출토됐다. 그 중 하나가 바로 녹유사천왕상이다. 탁월한 예술가인 양지 스님이 만들었다는 녹

낭산의 송림에 둘러싸인 선덕여대왕릉

사천왕사지에서 출토된 녹유사천왕상

유사천왕상은 사실적인 조각품으로 당시 불교 예술의 높은 수준을 보여준다. 현재 국립경주박물관에 전시되어 있다.

사천왕사지에서 산업로를 따라 신문왕릉을 탐방하고 효공왕릉을 지나 보문리 사지에 있는 보문리사지 당간지주에 도착한다. 보문리사지 당간지주에는 여느 당간지주에서 보기 힘든 연화문이 새겨져 있다. 8세기에 만들어졌다는 것이 믿기지 않을 정도로 정교한 보물이다. 보문리사지 당간지주에서 1.5km쯤 지나 진평왕릉을 둘러보고 보문선원 방향으로 들어가 명활산성으로 향한다.

명활산성은 신라의 수도를 지키던 중요한 산성이었다. 선덕여왕 때 비담이 이곳을 근거지로 삼아 반란을 일으켰다. 기록에 의하면 비담은 선덕여왕 645년에 신라 최고의 관직인 상대등에 오른 뒤 '여자 군주는 나라를 다스릴 수 없다'는 명분을 내세워 반란을 도모했다. 비담의 반란 와중에 선덕여왕은 죽고 진덕여왕이

보물 제910호로 지정되어 있는 보문사지 연화문 당간지주

즉위한 뒤 김춘추와 김유신이 난을 평정하고 비담과 그의 구족을 멸문했다. 이 사건은 왕실 세력과 왕권을 견제하려는 귀족 세력의 싸움이었다. 역사 기록은 드라마처럼 낭만적인 사랑도 비애도 없는 아주 짧은 이야기로 마무리된다. 명활산성 성벽에서 보문호를 바라본다. 마음속으로 주춧돌 위에 기둥을 세우고 덕만과 비담이 연꽃이 화사하게 핀 길을 걷는 모습을 그려본다. 경주 걷기 여행의 묘미는 바로 상상에 있다. ●유정열

여행작가의 소곤소곤

경주는 지붕 없는 박물관이다. 선덕여대왕길의 출발점인 반월성 주변에도 문화 유적이 산재해 있다. 그중 선덕여왕과 관련된 유적을 찾아보자. 분황사, 황룡사지, 첨성대가 대

표적이다. 또한 국립경주박물관은 사천왕사지와 역대 왕릉에서 출토된 유물들을 전시하는데, 선덕여대왕길을 이해하는 데 큰 도움이 된다. 선덕여대왕길은 선덕여대왕릉이 있는 낭산을 제외하면 그늘이 드물다. 여름에는 햇살이 따가우니 챙 넓은 모자를 준비하자. 명활산성은 대중교통으로 이동하기 어려우므로 택시를 타는 것이 좋다.

 지역번호 054

위치 경북 경주시 인왕동~천군동

음식 신라 요석공주가 살았던 터에 지어진 요석궁(반월정식, 772-3347)은 경주시의 대표적인 한정식집이다. 대릉원 옆 쌈밥거리에 있는 별채반교동쌈밥(불고기쌈밥한정식, 773-3322)에서는 쌈밥과 6부촌육개장을 맛볼 수 있다. 요석궁과 교동법주 사이 골목에 있는 교리김밥(김밥, 772-5130)은 계란 지단이 가득한 김밥으로 유명하다. 경주 특산품 황남빵(황남빵, 749-7000)은 간식거리나 선물용으로 인기 높다.

숙박 경주고속버스터미널과 경주역 주변, 보문단지에 숙박시설이 많다. 라궁(778-2100, www.smpark.co.kr), 드림힐모텔(749-9600), 한화리조트(777-8400, www.hanwharesort.co.kr), 경주게스트하우스(745-7100) 등이 추천할 만하다.

찾아가는 길 서울강남고속버스터미널에서 경주행 버스(06:10~20:15, 심야 22:40, 23:55, 하루 17회 운행, 4시간 소요)를 탄다. 경주고속버스터미널에서 국립경주박물관행 버스(11, 600번 버스)를 이용한다. KTX 신경주역에서 700번 버스를 25분쯤 타고 월지(안압지) 앞에서 하차해 5분 정도 걸어간다. 경부고속도로에서 경주IC로 나와 서라벌대로를 따라 4.8km 직진하다가 배반사거리에서 포항·시청·박물관 방면으로 좌회전한다. 원화로를 따라 1km 정도 가다가 안압지를 지나면 반월성 주차장에 도착한다.

산기슭에서 바다로 흘러내리는 다랭이논과 푸른 앵강만이 아름다운 다랭이길

옛 선조들이 지게를 지고 땔감과 곡식을 나르던 남해 다랭이길은 척박한 자연에 기대어 삶을 일궈 온 사람들의 생명 길이다. 앵강만의 쪽빛 바다를 바라보며 걷다 보면 그리 길지 않은 길인데도 가슴이 뿌듯해진다.

가천 다랭이마을 입구→0.3km→다랭이마을 전망대→0.5km→가천상회→0.1km→암수바위→0.3km→몽돌해안→2.8km→홍현 해우라지마을 보건소

 총 4km, 1시간 30분

가천 다랭이마을은 산비탈을 깎아 만든 다랭이논으로 유명하다. 설흘산과 용봉산 7부 능선에서 바다 코앞까지 108여 개 층이 논이다. 삿갓 하나 겨우 올려놓을

잔잔한 앵강만과 노도

설흘산에서 앵강만으로 흘러내리는 다랭이논과 다랭이마을

만한 땅뙈기부터 300평 논자리까지 크기도 다양하다. 가천 사람들의 피땀이 서린 다랭이논은 경치가 아름다워 명승 제15호로 지정됐다. 남해 다랭이길은 가천 다랭이마을에서 홍현 해우라지마을까지 앵강만의 푸른 바다를 따라가는 길이다. 조붓한 숲길과 다랭이논이 눈부시게 어우러진 눈부신 풍경 덕분에 걷기의 즐거움이 가득하다.

 1024번 지방도를 따라 선구리 방향 250m 지점에 있는 전망대에 가면 가천 다랭이마을을 한눈에 조망할 수 있다. 설흘산에서 바다로 흘러내리는 다랭이논과 마을이 그림 속에 들어선 것 같다. 다랭이마을 풍경을 두루 감상하고 나서 마을 안쪽 바닷가로 가는 길에 있는 암수바위로 향한다.

 암수바위는 미륵 신앙을 토대로 한다. 사람들이 마을의 평안과 풍년을 비는 신앙의 대상이다. 암바위는 아기를 밴 여인의 형상을 하고 있고 수바위는 남자 성

유채꽃 만발한 다랭이길 뒤로 설흘산이 보인다

기 모양이다. 조선시대 영조 27년(1751년)에 처음 발견됐다. 남해 현령 조광진의 꿈속에 한 노인이 나타나 자신이 가천마을에 묻혀 있는데 그 위로 소가 지나다녀 몸이 불편하니 꺼내달라고 부탁했다. 이에 조광진이 그곳을 파보니 암수바위가 나왔고, 마을 사람들은 이곳을 미륵불로 봉안했다. 암수바위는 아이를 가지려는 사람들이 치성을 드리러 오는 곳으로도 유명하다.

  암수바위 아래는 바닷가 산책로이다. 거친 파도가 흰 포말을 뿜어내며 바위와 싸운다. 바위 위에서 가천마을을 바라보면 산을 깎아 농사를 지을 수밖에 없는 이유를 알게 된다. 다랭이길은 나무 데크로 이어진 산책로를 따라 계단식 논을 가로지른다. 논이 있던 자리에는 벼 대신 유채꽃이 피어 있다. 바람이 불어오면 유채꽃은 여행자를 반기는 듯 노란 머리를 흔들어댄다. 바다는 햇살을 받아 은빛으로 반짝인다. 가천 다랭이마을에서 벗어나면 바다를 조망할 수 있는 정자가 나온다. 여기서부터는 숲길이다.

깎아지른 절벽에 난 숲길은 조붓하다. 홀로 명상하며 걷기에 좋다. 누구의 방해도 받지 않고 바삭거리는 땅을 사뿐히 밟으며 파도 소리를 벗 삼아 걷는다. 나무와 나무 사이로 바다가 보인다. 한없이 평화로운 바다, 앵강만이다. 앵강만은 '앵무새 우는 소리가 들릴 만큼 고요한 바다'라는 뜻을 가지고 있다. 잔잔한 바다이지만 햇살을 받으면 온통 빛으로 일렁여 눈부시다. 그 바다에 노도가 홀로 떠 있다. 노도는 『구운몽』을 쓴 서포 김만중의 유배지로 알려져 있다. 조선 후기의 문신 김만중은 노도에서 3년간 유배 생활을 했다. 그는 이곳에서 56세로 생을 마감할 때까지 국문소설 『사씨남정기』와 『구운몽』 등을 썼다. 서포의 외로움과 어머니에 대한 그리움이 스며 있는 노도를 잠시 바라본다. 아름다운 풍광 뒤로 가슴 시린 슬픔이 바다 위에 일렁인다.

숲길은 군부대가 있던 곳도 지나고 너덜 지대도 지나 홍현 해우라지마을에 이른다. 해우라지마을 언덕에서는 마늘 농사가 성업이다. 바다에는 돌담을 만들어 고기를 잡는 전통 어업 방식인 석방렴(독살)이 있다. 작은 포구가 예쁘다.

여행작가의 소곤소곤

앵강만을 좀더 바라보며 걷고 싶다면 남해 바래길(www.baraeroad.or.kr) 2코스 '앵강다숲길'을 추천한다. 총 길이 18km로 약 6시간이 소요된다. 가천 다랭이마을에서 출발해 앵강만을 지척에 두고 3개 면에 걸쳐 9개 마을을 지난다. 가천 다랭이마을→홍현 해우라지마을→가족휴양촌→월포·두곡 해수욕장→용소폭포→미국마을→용문사→신전숲→원천횟집촌→벽련마을이 앵강다숲길의 경로이다.

지역번호 055

위치 경남 남해군 남면 홍현리

음식 가천 다랭이마을의 시골할매유자임막걸리(862-8381)에서는 다랭이논과 바다를 병풍 삼아 유자 향 가득한 막걸리와 고소한 해물파전, 해물된장찌개를 먹을 수 있다. 지족리의 우리식당(867-0074)에서는 남해 특산품인 죽방렴 멸치로 만든 멸치쌈밥과 멸치회무침을 먹을 수 있다. 남면 평산포구의 평산횟집(전복죽·생선회, 863-1047)도 괜찮다.

숙박 가천 다랭이마을과 그 주변에 민박집이 다수 있다. 독일인 마을 주변에도 머물 곳이 있다. 힐튼남해골프&스파(860-0100), 알프스하우스(867-3101), 마린원더스호텔(862-8880), 남송가족관광호텔(867-4710)을 추천할 만하다.

찾아가는 길 서울남부터미널에서 남해행 버스(07:00~19:30, 하루 11회 운행, 4시간 30분 소요)를 탄다. 남해시외버스터미널에서 하루 17회 운행하는 남해·가천 방면 버스를 타고 가천다랭이마을 버스정류장에서 내린다. 경부고속도로를 타고 가다가 천안~논산고속도로와 호남고속도로로 갈아탄 뒤 익산IC로 빠져나온다. 포항~익산고속도로를 타고 순천~완주고속도로로 진입한다. 순천IC에서 남해고속도로를 탄다. 남해고속도로 하동IC에서 남해대교를 건너 19번 국도를 타고 고현면 탑동교차로에서 서면 방면 77번 국도로 갈아탄 뒤 죽전리에서 남해힐튼 방면으로 우회전한 후 해안을 계속 따라가면 가천 다랭이마을이다.

가천 다랭이마을 앞바다

골목골목 다채로운 이야기가 차곡차곡 포개져 있는
근대문화유산 골목길

대구 중구 일대의 근대문화유산 골목길에는 근대의 역사와 이야기가 숨어 있다. 시대를 거슬러 생생하게 살아 있는 이야기를 만나자.

경상감영공원→0.7km→중앙시네마→0.25km→동아백화점→0.3km→현대백화점→0.1km→약령시한의학박물관→0.7km→대구제일교회 구당→0.2km→이상화 고택→0.25km→천주교계산성당→0.22km→챔니스주택→0.7km→계성중학교→0.23km→서문시장

 총 3.65km, 2시간

대구에는 크고 작은 골목이 많다. 고층 빌딩 사이로 오밀조밀한 골목이 어릴 적 추억에 잠기게 한다. 최근 대구의 골목들과 근대문화유산을 결합한 근대 골목 투어가 인기다. 2012년 장애물 없는 관광자원 부문에서 관광의 별에 선정되기도 했다. 근대골목길은 경상감영공원에서 출발해 진골목, 염매시장, 떡전골목, 약령시를 둘러보고 이상화 고택, 3·1만세운동길, 동산 선교사 주택, 계산성당 일대를 살펴본 후 서문시장으로 향한다. 근대 골목길 투어는 미로처럼 펼쳐진 골목에서 숨겨진 보물을 찾는 것 같은 재미가 있다. 골목길이 거미줄처럼 연결되어 자칫 길을 잃기 쉽지만, 골목에 남겨진 이야기를 더듬으며 천천히 걷는 재미를 생각하면 조금 헤매도 괜찮지 않을까?

골목 탐험의 출발점은 경상감영공원이다. 경상감영은 조선의 지방행정인 8도제 아래 경상도를 관할하던 곳으로 그 터를 보존하기 위해 1970년에 공원으로 조성됐다. 대구 중심에 위치해 처음에는 중앙공원으로 불리다가 1997년에 경상

90계단으로도 불리는 3·1만세운동길

감영공원으로 개칭한 뒤 현재에 이르렀다. 대구 시민들의 쉼터 역할도 함께해 주는 경상감영공원 옆에는 대구근대역사관이 있다. 대구근대역사관은 1932년에 조선식산은행 대구 지점으로 사용된 건물로, 지금은 대구의 근대 자료와 유물을 전시한다. 대구근대역사관에서 나와 진골목으로 향한다.

진골목은 중앙시네마와 동아백화점 주차타워 사이에 있는 골목이다. 진골목은 '긴 골목'이라는 뜻으로, 금복주 창업자인 김홍식, 코오롱 창업자인 이원만 등 당시 대구 부자들이 모여 살았던 곳으로 유명하다. 이곳에는 대구 최초의 서양식 양옥집인 정소아과가 있고, 정치인과 예술인의 사랑을 받았던 미도다방이 지금도 그 자리에서 성업 중이다. 진골목의 끝머리에 있는 대구화교협회는 대구 최고의 부자였던 서병국의 집이다. 진골목을 빠져나와 동아백화점 주차타워 앞에 가면 아이를 업은 어머니의 동상과 소설가 김원일의 『마당 깊은 집』을 형상화한

저항시인 이상화가 살던 고택

벽화가 있다. 진골목은 이 소설의 실제 배경이기도 하다.

　동아백화점 주차타워에서 떡전골목과 염매시장을 지나 현대백화점 뒤편으로 향한다. 현대백화점 뒤는 약전 골목 입구이자 옛 영남대로가 지나가는 골목이다. 2층 건물 외벽을 장식한 옛 약령시의 사실적인 벽화가 인상적이다. 한약 냄새가 물씬 풍기는 약전 골목을 지나면 대구약령시한의학박물관이 나온다. 약령시는 조선 효종 때(1658년)부터 1년에 두 차례 큰 한약재 시장이 열렸던 곳이다. 원래 경상감영 안에서 열렸으나 대구 읍성이 철거된 뒤 1908년에 현재 위치로 옮겼다. 대구약령시한의학박물관 바로 옆에는 경북 지방에 최초로 생긴 대구제일교회(구당)가 있다. 그다음에는 이상화 고택으로 향한다. 「빼앗긴 들에도 봄은 오는가」를 읊은 시인 이상화의 고택 주변에는 서울과 평양에 이어 세 번째로 세워진 고딕 양식의 계산성당과 국채보상운동의 주역인 서상돈의 생가가 있다. 계산

1900년대 성당 건축물로는 유일하게 남아 있는 고딕 양식의 계산성당

성당은 1900년대 성당 건축물로는 유일하게 남아 있는 문화유산이다.
　계산성당 앞 횡단보도를 건너 드라마 〈사랑비〉를 촬영한 음악다방 '쎄라비'에서 잠시 쉬어 간다. 옛 음악다방 분위기를 재현해 놓은 쎄라비의 과일 주스로 시원하게 목을 축인다. 쎄라비가 있는 건물 뒤편에 동산의료원으로 가는 계단이 있다. 이 계단은 3·1만세운동길, 혹은 90계단으로 불린다. 신명학교, 성서학교, 계성학교 학생들이 이 계단을 통해 서문시장으로 은밀하게 움직이며 3·1만세운동을 주도했다. 언덕에 오르면 의료박물관으로 쓰이는 선교사 챔니스주택, 교육역사박물관으로 꾸며진 블레어주택, 선교박물관으로 사용하는 스윗즈주택이 2002년에 새로이 크게 지어진 대구제일교회 앞에 모여 있다.
　동산 선교사 주택을 나와 달성로를 건너면 계성중학교가 있다. 계성중학교에는 영남 최초의 양옥 교사(校舍)인 아담스관이 있다. 계성중학교 옆에는 대

우리나라와 서양의 건축양식이 조화를 이룬 스윗즈주택

구 3대 시장 중 하나인 서문시장이 있다. 조선 후기부터 포목 시장으로 전국에 이름을 알린 서문시장은 이후 대구 섬유산업의 메카로 자리매김했다. 서문시장 안에는 저렴한 칼국수와 납작만두, 어묵, 순대, 감주 등 다양한 먹을거리가 입맛을 당긴다. 서문시장에서 배고픔을 달래주면 대구 근대문화유산 골목길 걷기가 끝난다. ●유정열

여행작가의 소곤소곤

대구 중구의 근대문화골목투어(gu.jung.daegu.kr/alley)는 총 5개 코스와 야경투어, 맛투어로 구성되어 있다. 정기 탐방일에 가면 전문 해설사의 안내를 받으며 돌아볼 수 있다. 근대문화유산이 밀집한 반월당역 주변에는 재미있는 골목이 많다. 대구 아가씨가 가장 많이 모인다는 동성로 보세 의류 골목인 야시 골목, 갤러리가 밀집한 봉산문화거리, 대봉동 방천시장 옆 둑방에 위치한 김광석 벽화 골목 등은 대구의 또 다른 명소이다.

지역번호 053

위치 대구광역시 중구 포정동~대신동

음식 동인동 봉산찜갈비(425-4203)은 매운갈비찜으로 인기 있는 식당이다. 남성동 종로초밥(252-0321)은 저렴한 가격의 초밥과 오뎅정식이 괜찮은 곳이다. 남산동 미성당(425-4203)은 대구의 대표적인 주전부리인 납작만두집이다. 쫄면과 함께 먹는 납작만두는 가볍게 즐길 수 있는 별미다.

숙박 대구는 대도시라 곳곳에 깨끗한 숙박시설이 많다. 대구그랜드호텔(742-0001), 팔공산온천관광호텔(985-8081), 히로텔(421-8988), 그랜드모텔(422-2481) 등 추천할 만하다.

찾아가는 길 서울강남고속버스터미널에서 동대구행 버스(06:00~01:30, 약 20분 간격 운행, 3시간 40분 소요)를 탄다. 동대구고속버스터미널에서 내려 지하철 동대구역에서 대구1호선을 타고 중앙로역에서 하차한 뒤 4번 출구로 나오면 경상감영공원이다. 혹은 서울역에서 출발해 동대구역에서 하차하는 KTX 열차(05:30~23:00, 10~20분 간격 운행, 1시간 50분~2시간 소요)를 탄다. 경부고속도로 금호 분기점에서 서대구 방면으로 진입한다. 혹은 중부내륙고속도로 서대구IC로 나와 서대구 방면으로 향한다. 북비산로를 따라 5.8km 직진한 후 대구역 사거리에서 우회전한다. 지하철 중앙로역으로 가기 전에 다시 한 번 우회전한다. 경상감영이 보이면 우회전한 후 지하주차장으로 들어간다.

햇빛 가득한 소도시의 정겨운 정취를 간직한
소도시 탐방길

밀양 소도시 탐방길은 소소한 도시의 풍경을 즐기며 눈과 마음에 추억을 아로새기는 길이다. 조선 3대 누각인 영남루가 반기고 영화 〈밀양〉의 촬영지를 찾는 재미가 쏠쏠하다.

밀양역 →0.7km→ 밀양남부교회 →0.35km→ 준피아노학원 →1.7km→ 삼문동사무소 →1km→ 밀양교 →0.3km→ 영남루 →0.45km→ 밀양 읍성 →0.4km→ 아랑각 →0.45km→ 밀양 관아 →0.2km→ 밀양재래시장

 총 5.55km, 2시간

530여 년의 역사를 가진 밀양 읍성

'햇빛 가득 넘치는 고을'이라는 뜻의 밀양은 그 이름처럼 빛으로 가득한 곳이다. 거리는 정감 어린 소도시 풍경을 고스란히 간직하고 있다. 골목을 돌아서면 분식점, 미용실, 잡화점, 전파상 등이 꼭꼭 숨어 있다. 오래된 시계, TV, 공구들이 먼지를 머금고 진열되어 있다. 골목 어귀에서 소꿉장난하며 놀던 어린 시절의 추억도 떠오른다. 골목에서 만난 모든 풍경은 추억을 담은 사진첩처럼 가슴을 따뜻하게 만들어준다.

소도시 탐방은 밀양역에서 출발한다. 밀양역은 1905년 1월 1일 경부선 개통과 함께 문을 열었다. 밀양역에서 걸어서 10분쯤 가면 영화 〈밀양〉의 촬영지가 있다. 제일 먼저 남자 주인공인 송강호(김종찬 역)가 교회 주차 봉사를 하던 가곡동 밀양남부교회가 보인다. 〈밀양〉이 개봉된 뒤 많은 사람들이 이곳을 찾았다. 여

영화 〈밀양〉에서 송강호가 주차 봉사를 하던 밀양남부교회

자 주인공인 전도연(이신애 역)이 칸 국제영화제에서 여우주연상을 받으면서 더욱 유명세를 탔다. 그때에 비해 지금은 그 수가 대폭 줄었지만 밀양 소도시 여행을 온 사람들이 여전히 많이 방문한다.

밀양남부교회에서 나와 용두교 방향으로 가면 신애가 살던 준피아노학원이 나온다. 현재 밀양시에서 관리하는 준피아노학원은 관광안내소 역할을 겸한다. 가곡동에서 용두교를 건너 삼문동 중앙로를 따라가면 신애가 머리를 다듬은 삼문동 미용실 '가위를 든 남자'와 신애의 생일파티가 열린 카페 '일마레'가 있다. 밀양대로에는 신애가 아들의 사망신고를 한 삼문동사무소가 있다. 영화에 등장한 곳에는 어김없이 주인공들이 등장한 장면을 붙여두거나 안내판을 설치해 놓았다.

삼문동에서 밀양교를 건너면 늠름하고 아름다운 누각 영남루가 보인다. 진주 촉석루, 평양 부벽루와 함께 조선의 3대 누각으로 손꼽히는 영남루는 밀양 관아의 옛 객사 건물로 현재 보물 제147호로 지정되어 있다. 낙동강 지류인 밀양강변에 위치해 있는데, 웅장한 외관과 고풍스러운 단청이 어우러져 옛 정취를 물씬 풍긴다. 누각에는 목은 이색, 퇴계 이황, 삼우당 문익점 등 당대 명필가들의 시문 현판이 걸려 있다. 전부 영남루와 주변 풍경의 뛰어난 아름다움을 칭송하는 내용이다. 그중 1843년 밀양 부사 이인재의 아들 이증석과 이현석 형제가 쓴 영남제일루(嶺南第一樓)와 영남루(嶺南樓) 현판이 여행객에게 가장 인기 있다.

영남루 맞은편에는 단군 영정과 단군 이래 역대 8왕조인 부여, 고구려, 가야, 신라, 백제, 발해, 고려, 조선 시조의 위패를 모신 천진궁이 있다. 그 옆에 작곡가 박시춘의 생가가 있고, 영남루에서 강가로 향하면 아랑 낭자의 슬픈 전설이 전해지는 아랑사당이 나온다. 아랑 전설은 밀양 아리랑으로 남았고, 영화 〈아랑〉과 드라마 〈아랑사또전〉의 모티프가 되기도 했다. 영남루 주변에는 530여 년을 이

조선시대 3대 누각 영남루. 영남루의 아름다운 풍경에 매혹된 당대 명필가들이 많은 현판을 남겼다.

어온 밀양 읍성이 있다. 읍성의 성벽을 따라 오르면 밀양시를 조망하기에 좋은 정자가 있다. 읍성에서 강변을 따라 조금 내려오면 옛 영남사의 부속 암자인 천년 고찰 무봉사도 있다.

영남루에서 나와 밀양 관아지로 향한다. 밀양 관아는 축조될 당시 100여 칸에 이를 정도로 큰 규모였으나 그중 일부만 복원되어 오늘에 이르렀다. 1927년 삼문동에 밀양군청이 건립되면서 이곳은 밀양읍사무소와 내일동사무소로 사용되다가 2010년에 관아로 복원됐다. 밀양 관아 앞에서는 밀양재래시장이 열린다. 소박한 장터의 풍경이 정감 있다. 소도시 풍경에는 대도시의 번잡함이 없다. 밀양 소도시 탐방은 조곤조곤 할머니의 이야기를 듣는 것처럼 정겹다. ●유정열

여행작가의 소곤소곤

밀양 시내를 둘러본 후 위양지로 가자. 밀양시에서 9.5km 떨어진 부북면 위양리 동쪽에

경상권 **337**

있는 위양지는 반영(反映)이 아름다운 작은 저수지다. 양민을 위한다는 뜻을 가진 위양지는 '양양지'라고도 불린다. 위양지는 축조 시기가 신라시대로 거슬러 올라갈 만큼 유서 깊다. 농경을 위한 수리 시설이지만 제방에 느티나무, 왕버들, 이팝나무 등 다양한 수종을 심어 경관림을 조성한 덕분에 지역 명소 역할도 한다. 버드나무와 하얗게 피어난 이팝나무가 어우러진 5월에 위양지의 아름다움은 절정에 달한다. 저수지 가운데 안동 권씨 후손이 지은 완재정이 그림처럼 자리해 있다. 사진작가들이 많이 찾는 곳이기도 하다.

지역번호 055

위치 경남 밀양시 가곡동~내일동

음식 밀양의 별미는 돼지국밥이다. 무안면 동부식육식당(돼지국밥, 352-0023)은 돼지국밥을 처음 만든 곳으로 같은 자리에서 3대째 이어져 내려왔다. 내이동 설봉돼지국밥(돼지국밥, 356-9555)은 부산식 국밥집이다. 밀양콩나물국밥집(콩나물해장국, 356-3604)에서는 담백하고 시원한 국밥을 아주 저렴한 가격에 맛볼 수 있다. 가볍게 먹을 수 있는 곳으로 삼문동 아줌마우동(우동·즉석떡볶이, 354-7510)을 추천한다.

숙박 밀양시에는 숙박시설이 많은 편이다. 영남의 알프스라 불리는 재약산 표충사 입구에 괜찮은 펜션들이 있다. 재약콘도모텔(351-1184), 통나무숲속마을펜션(353-6378), 코리아나모텔(353-9691), 발렌타인모텔(356-3718) 등이 추천할 만하다.

찾아가는 길 서울강남고속버스터미널에서 동대구행 버스(06:00~23:55, 심야 00:25, 01:05, 01:30, 20분 간격 운행, 약 3시간 40분 소요)를 타고 동대구고속버스터미널에서 하차한다. 동대구역으로 이동해 수시로 운행하는 밀양행 기차를 갈아타고 밀양역에서 내린다. 하루 14회 운행하는 서울~밀양 KTX를 타도 된다. 2시간 25분 걸린다. 대구~부산고속도로를 타고 남밀양IC로 나와 청도·밀양 방면으로 우회전한 후 밀양대로를 타고 직진한다. 예림교를 건너 가곡7길을 따라가다가 삼랑진역·밀양역 이정표를 보고 우회전한 후 300m쯤 가면 밀양역 주차장이 나온다.

오르고 걷고 달린다, 낙동강의 산길, 강길, 들길!
MRF 낙동강길

하늘이 만들어낸 낙동강 제1경 경천대에서 출발해 낙동강을 따라 걷다가 완만한 비봉산에 오른다. 반환점인 비봉산 정상에서는 낙동강이 한눈에 들어와 마음까지 시원하게 해준다. 힘차게 구불구불 흐르는 낙동강과 낮은 산들 사이에 펼쳐진 들판의 풍경이 그림 같다.

경천대 → 1.5km → 경천교 → 3.1km → 동봉 입구 → 1.3km → 비봉산 → 0.5km → 청룡사 → 1.4km → 〈상도〉 촬영장 → 1.1km → 경천교 → 1.9km → 경천대

총 10.8km, 4시간

경북 상주시에서 조성한 걷기 코스는 MRF 길이다. 산길(Mount Road), 강길(River Road), 들길(Field Road)을 걷거나 달리거나 오르는 길을 뜻한다. 제대로 된 MRF 길은 각각의 길이 독립된 것이 아니라 그 길들이 모두 함께 어우러져야 한다. 길에 포함된 산길은 200m 정도로 고도가 높지 않아야 하며, 출발점으로 되돌아오

동봉으로 오르는 길에 주렁주렁 매달린 리본. 이곳을 다녀간 사람들의 흔적이다.

경천대 전망대에 오르는 길에는 황톳길이 만들어져 있어 맨발로 걷기에 좋다.

는 원점 회귀가 기본이다. MRF 낙동강길은 바로 이 같은 정석에 충실한 길이다.

상주 MRF 길은 낙동강, 이안천, 시내 등 세 개 권역 13개 코스로 구성되는데, 낙동강 제1경인 경천대를 포함하는 낙동강 권역이 가장 인기가 많다. 시간이 넉넉하다면 13개 코스를 차곡차곡 걸어보는 것이 가장 좋지만, 한 곳만 골라 걸어야 한다면 제1코스 낙동강길을 추천한다.

낙동강길은 경천대에서 시작된다. 태백의 황지에서 출발해 굽이굽이 이어지는 1300여 리 물길 중에서 강과 어우러진 경관이 빼어나기로 이름난 곳이다. 하늘이 만들어낸 절경이라 하여 '자천대(自天臺)'라고도 불렸는데, 조선 인조 때 우담 채득기 선생이 이곳에서 은거 생활을 하면서부터 하늘을 떠받든다는 뜻의 경천대(擎天臺)로 부르기 시작했다.

경천대에서 유유자적 흐르는 아름다운 물길을 보면서 출발하는 길은 낙동강

낙동강 제1경 경천대

을 따라 이어지다가 경천교로 향한다. 낙동강 다리 가운데 가장 짧은 다리인 경천교에는 전국 제일의 자전거 도시답게 커다란 자전거가 얹혀 있다. 다리를 건너면 회상나루터가 있던 곳이다. 지금은 터만 남아 있지만, 육로 교통이 발달하기 전에는 풍양과 상주와 안동을 이어주는 중요한 관문이었다.

경천교를 지나서 동봉 입구까지 향하는 길은 강변 옆을 걷는 오솔길이다. 임도지만 차량이 다니지 않아 낙동강 풍경을 눈에 담으며 한가로이 걷기에 좋다. 동봉 입구부터 본격적인 산길이 시작된다. 소나무 숲길을 따라 이무기바위에 오르면 그곳에서 동봉을 거쳐 비봉산 정상까지 능선으로 연결된다.

그러나 비봉산 정상도 해발 230m로 높지 않을뿐더러 능선에서 바라보는 낙동강 물길이 아름다워 걸음이 힘겹지 않다. 특히 비봉산 정상 전망대에서 바라보는 낙동강 풍경은 그야말로 절경이다. 힘차게 구불구불 흐르는 낙동강 주변으로 낮은 산들이 솟아 있고 강과 산 사이에 펼쳐진 들판이 한 폭의 그림 같다.

전망대에서 돌아오는 길은 내리막길이다. 내리막이라 발걸음은 가벼워지고 길의 곳곳에 청룡사, 드라마〈상도〉촬영장 등 볼거리도 많아 쉬엄쉬엄 걷기에 더없이 좋다. 비봉산 중턱에 자리 잡은 청룡사는 낙동강을 굽어보기 좋은 곳이고, 강변에 세워진〈상도〉촬영장에서는 낙동강에서 솟아오른 듯 우뚝 서 있는 비봉산을 올려다보기 좋다. ● 구동관

경천대교 자전거길에 얹혀 있는 자전거 설치물

여행작가의 소곤소곤

경천교를 건너기 전에 자리 잡은 자전거 박물관은 잠시 들를 만한 곳이다. 우리나라 최초의 자전거 박물관으로 자전거에 대한 다양한 전시 자료들과 만날 수 있다. 특히 무료로 자전거를 대여해 줘서, 걷기를 마치고 돌아오는 길에 자전거 여행까지 더할 수 있다. 걷는 길도 좋지만, 자전거를 타고 돌아보는 낙동강도 아름답다.

 지역번호 054

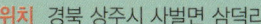

위치 경북 상주시 사벌면 삼덕리
음식 경천대 인근에 청석골식당(버섯전골·오리고기, 536-6022), 한솔식당(한식, 536-3687), 경천대 펜션회타운(회, 536-7472) 등이 있다. 상주시 인근에서는 백련지식당(연밥, 541-0203), 새지천식당(칼국수, 534-6402)이 유명하다.

숙박 경천대 주변에 펜션과 모텔이 몇 곳 있지만 상주 시내의 숙박시설을 이용하는 것이 낫다. 상주 삼백의아침(010-2303-8314, cafe.daum.net/samho), 경천대모텔(535-7012), 상주관광호텔(536-3900, www.sangjuhotel.co.kr), 블루원상주골프리조트(530-8888, www.blueonesangju.com) 등이 추천할 만하다.

찾아가는 길 서울강남고속버스터미널에서는 1시간 간격으로, 동서울터미널에서는 30분 간격으로 상주행 직행버스를 운행한다. 상주에서 경천대행 시내버스로 갈아탄다. 하루 5회(06:30, 09:10, 12:25, 14:40, 17:20) 운행한다. 경부고속도로와 영동고속도로를 타고 중부내륙고속도로로 연결해 상주IC로 나온 뒤 보은 방면으로 350m 이동한 후 외답삼거리에서 경천대 방면으로 우회전해 6km 가면 경천대 입구가 나온다.

비봉산 정상에서 내려다본 낙동강 풍경

산길, 물길, 마을길 따라 걷는 길, 비룡산 둘레길

회룡포 마을을 중심으로 산길과 물길을 따라 한 바퀴 도는 비룡산 둘레길은 아기자기한 볼거리가 많은 길이다. 특히 회룡대에서 물방울 다이아몬드처럼 보이는 물돌이 마을 회룡포의 전경이 더없이 아름답다.

회룡포 주차장→1.8km→장안사→0.4km→회룡대 제1전망대→0.2km→비룡산 봉수대→1km→제2전망대→0.8km→용포마을→0.5km→회룡포 마을→0.8km→회룡포 주차장

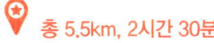 총 5.5km, 2시간 30분

비룡산 둘레길은 원점 회귀형 코스로 산이 높거나 험하지 않아 큰 부담 없이 걸을 수 있다. 길의 시작은 회룡포 주차장이다. 주차장에서 '회룡포 전망대 등산로'라고 적힌 이정표를 따라 들어서면 용주팔경시비(龍州八景詩碑)가 세워져 있다. 용주팔경시비에는 조선 후기 은둔 시인인 구계 김영락이 용주(용궁의 옛 이름)의 8경을 노래한 아름다운 시 여덟 편[포금명월(抱琴明月, 포금산의 밝은 달), 무이청풍(武夷淸風, 무이산의 맑은 바람), 알운초가(遏雲樵歌, 알운산의 나뭇꾼 노래), 훤평도화(喧坪稻畵, 훤이들의 벼꽃), 비룡귀운(飛龍歸雲, 비룡산에 걸친 구름), 천축소종(天竺疎鐘, 천축산의 저녁 종소리), 금강어화(錦江漁火, 금강의 고기 잡는 불빛), 와우낙조(臥牛落照, 와우산의 낙조)]이 새겨져 있다.

용주팔경시비를 지나 평지와 약간의 오르막 구간을 지나면 장안사에 닿는다. 잠시 장안사를 둘러보고 10여 분 거리에 있는 정자 회룡대로 향한다. 나무 계단이 길게 이어져 조금 힘들 수 있다. 나무 계단이 끝나는 지점의 갈림길 아래로 회룡대가 보인다. 회룡대 아래 전망대에 서면 회룡포 마을이 한눈에 들어온다. 회

소나무가 우거진 비룡산 둘레길

회룡포 마을로 들어서기 전에 지나가는 용포마을

룡포는 낙동강으로 합쳐지는 내성천이 350도 휘감아 돌아 나가는 물돌이 마을로 육지 속 섬마을이다. 어찌 보면 물방울 다이아몬드같기도 하다. 논밭 옆에 옹기종기 모여 앉은 아홉 가구, 그 마을을 부드럽게 감싸는 내성천과 고운 백사장이 영화 속에 나오는 한적하고 평화로우며 아름다운 마을처럼 보인다.

회룡대를 떠나 봉수대를 거쳐 소나무가 우거진 숲길을 30여 분 걸으면 제2전망대가 나온다. 너른 산등성이에 만들어놓은 제2전망대에서는 회룡포 마을이 좀더 가까이 보이는데, 회룡대보다 규모가 크고 정자도 널찍해 좋은 휴식처 역할을 해준다.

제2전망대에서 왼쪽 길로 가면 용포마을로 이어지는 하산길이다. 경사가 완만하고 내리막인 데다가 소나무가 우거진 숲길이라 걷기 편하다. 용포마을에서 뽕뽕다리를 건너면 회룡포 마을이다. 회룡포에는 '회룡포 올레길'이라 이름 붙인

회룡포 마을로 들어가는 뽕뽕다리

짧은 산책길이 있다. 이 올레길이 끝나면 또 하나의 뽕뽕다리가 나온다. 뽕뽕다리는 건축 공사장에서 쓰는 구멍 숭숭 뚫린 강판을 잇대어 만든 다리로 물이 차면 구멍 사이로 물이 퐁퐁 솟는다 하여 그 같은 이름이 붙여졌다. 수심이 깊지 않아 여름에는 바짓가랑이를 걷어붙이고 맨발로 강을 건너는 사람도 많다. 강이 맑아 바닥이 훤히 보이고 작은 물고기들이 떼 지어 몰려다닌다.

비룡산과 회룡포를 걷는 여정을 마쳤다면 '용궁순대'로 유명한 용궁면으로 나가 순대 맛을 보고 승용차로 30여 분 거리인 삼강 주막에 들르자. 1900년경에 지어졌다는 삼강주막은 낙동강 물길 1300여 리에 유일하게 남아 있는 주막으로 뱃사공과 보부상, 길손들의 휴식처이자 숙소 역할을 하던 곳이다.

현재는 보부상과 뱃사공이 밤을 묵어가는 집채를 복원하고 주막을 보수했지만 옛 모습이 보존되어 있다. 여행객을 위해 배추전이나 손두부, 도토리묵에 막

낙동강변에 유일하게 남아 있는 삼강 주막

걸리를 한잔할 수 있도록 꾸며놓았으니 옛 정취를 떠올리며 잠시 쉬어 가자.

 여행작가의 소곤소곤

걷는 시간을 줄이고 싶다면 승용차나 택시를 타고 장안사까지 올라가도 된다. 장안사에 주차도 가능하다. 비가 많이 오는 날에는 회룡포로 들어가는 **뽕뽕다리가 종종 물에 잠기니 주의해야 한다.** 낙동강 도보교(비룡교)를 이용하면 삼강 주막에서 출발해 회룡포로 바로 건너갈 수 있다. 비룡산 둘레길과 함께, 삼강 주막이나 회룡포 주차장에서 출발해 강변길을 길게 한 바퀴 도는 코스도 선택할 수 있다.

지역번호 054

위치 경북 예천군 용궁면 대은리

음식 용궁면에 가면 순대집이 많다. 흥부네토종순대(653-6220), 박달식당(652-0522) 등이 유명하다. 용궁양조장에 가면 맛 좋은 용궁막걸리를 살 수 있다. 예천읍 백수식당(652-7777)의 육회비빔밥도 별미다.

숙박 황토민박(655-3973), 여울마을(655-7120), 회룡포쉼터(655-9143) 등 회룡포에서 숙박할 수 있다. 예천 읍내로 나가면 황금모텔(655-3456), 그랜드모텔(652-9000) 등이 있다. 전통한옥마을인 금당실마을(654-2222, geumdangsil.invil.org)에서 고택 민박을 할 수도 있다.

찾아가는 길 🚌 동서울터미널에서 용궁시외버스정류장까지 하루 8회 버스를 운행한다. 용궁면에서 개포행 버스(하루 9회 운행)를 타고 가다가 항석삼거리에서 하차한다. 예천 읍내에서 회룡포까지 운행하는 군내버스가 하루 3회 운행되니 이를 이용해도 좋다. 🚗 중앙고속도로 예천IC나 중부고속도로 점촌함창IC로 나와 예천 읍내를 거쳐 34번 도로를 타고 용궁면 방향으로 간다.

내성천이 감싸 안은 물돌이 마을, 회룡포

보부상의 애환이 깃든 '동해의 차마고도', 금강소나무숲길

울진과 봉화를 넘나드는 십이령 바지게길 130리, 고단한 삶을 짊어진 보부상의 걸음이 이 길을 다졌다. 하루 탐방객 수가 제한되어 있어 조금만 부지런하면 숲을 전세 내어 호젓하게 걸을 수 있다.

두천리 →1.4km→ 바릿재 →1.7km→ 산양 서식지 →3.4km→ 찬물내기 →1.1km→ 샛재 →3.4km→ 너삼밭재 →1.8km→ 저진터재 →0.7km→ 소광리 금강송펜션

총 13.5km, 7시간

십이령길은 내륙인 경북 봉화와 바닷가인 경북 울진을 잇는 가장 가까운 길이었다. 조선시대부터 방물 고리에 댕기, 비녀, 분통 등을 담아 멜빵에 맨 봇짐장수와 지게에 생선, 소금, 목기 등을 진 등짐장수 같은 보부상들이 이 길을 수없이 걸었다. 보부상들은 날마다 울진에서 해산물을 잔뜩 이고 지고 130리 산길을 걸어와 봉화에서 농산물로 바꾸고 울진으로 돌아가는 고된 삶을 살았다. 이 길을 오

금강소나무숲길에서 만나는 시냇가

나무껍질이 붉은 아름드리 금강소나무

가던 보부상들은 바릿재, 평밭, 샛재, 너삼밭재, 너불한재, 저진치, 한나무재, 넓재, 고치비재, 멧재, 배나들재, 노루재 순으로 열두 고개를 차례로 넘고 작은 고개만도 30~40개나 넘었다. 1980년대 초 불영계곡 옆으로 36번 국도가 개통된 후 보부상의 길은 역사 속으로 사라졌지만 그들의 걸음으로 만들어진 길은 금강소나무숲길이라는 이름의 트레킹 코스로 남았다.

'십이령 바지게길'이라 불리는 금강소나무숲길은 3년간의 생태조사 끝에 2010년 1구간 개통을 시작으로 5개 구간 중 현재 1구간(13.5km)과 3구간(18.7km)이 개방됐다. 2개 구간 모두 3일 전에는 인터넷으로 예약해야 걸을 수 있으며 화요일에는 개방하지 않는다. 1구간은 하루 80명, 3구간은 하루 100명만 방문할 수 있는데, 숲해설가와 함께여야만 입장이 가능하다.

금강소나무숲길에 접어들어 곧 마주치게 되는 내성행상불망비 비각. 소천장 반수와 접장의 은공을 기리며 보부상들이 직접 세운 공덕비다.

오전 9시, 1구간의 시작점인 울진군 북면 두천1리에서 숲길로 접어들자마자 길가 비각(碑閣)에 쇠로 만들어진 비석 두 기(基)가 보존되어 있다. 내성행상불망비라 불리는 이 비석들은 조선 말기 봉화 소천장을 관리하던 반수(우두머리)와 접장(장터 관리인)의 은공을 잊지 말자고 보부상들이 세운 공덕비다. 두천1리를 떠나 첫 번째 고개인 바릿재를 넘어 찬물내기에서 주민들이 나르는 점심을 먹고 임시로 만들어진 화장실을 이용한다.

숲길은 산림유전자원보호림과 왕피천 생태경관보호지역 사이를 관통한다. 이곳은 비무장지대를 제외하고 멸종위기종 1급인 산양이 가장 많이 서식하는 곳이기도 하다. 산 능선에는 나무껍질이 붉은 금강소나무가 병풍처럼 늘어서 있다. 금강산 줄기에서 태백산맥을 따라 울진·봉화 일대와 강릉·삼척을 비롯한 백두

사람과 자연이 공존하는 자연 그대로의 금강소나무숲길

금강소나무숲길이 마지막으로 넘는 고개, 저진터재

대간 지역에 분포하는 금강소나무가 숲을 이루는 나무의 90퍼센트를 차지한다. 샛재 주변에는 어명을 받아야만 베어낼 수 있었다는 문화재 복원용 금강송들이 노란 띠를 두른 채 서 있다. 어른 두 사람이 두 팔을 이어 감싸 안아도 모자랄 정도로 거목이다. 샛재를 넘어 너삼밭재에 이르는 구간은 계곡을 따라 푹신한 솔잎을 밟으며 하늘을 가린 활엽수 지붕 밑으로 걷는 길이다.

보부상의 애환이 어린 길은 녹록지 않다. 탐방 시간도 오래 걸릴뿐더러 개인적으로 방문할 경우 새벽에 출발하거나 그 전날 출발해야 하는 수고스러움을 동반해야 한다. 하지만 숲길을 걷는 동안 이보다 더 맑을 수 없는 공기 속에서 멋진 풍경을 마주하노라면 그런 수고쯤이야 금세 잊힌다. ●이주영

여행작가의 소곤소곤

두 구간 모두 길이 험하지 않지만 긴 편이어서 아이들과 함께하기에는 무리가 있다. 도중에 빠져나갈 길이 없고, 처음부터 끝까지 숲해설가와 보폭을 맞춰 걸어야 한다. 출발지와 도착지가 달라서 대중교통을 이용하는 것이 좋지만 서울에서 출발할 경우 두천1리행 첫차 시간이 아침 6시 25분으로 탐방을 시작하는 9시에 맞추기 어렵다. 탐방 예약(054-781-7118, www.uljintrail.or.kr)을 할 때 출발지인 두천1리 마을 민박도 함께 예약해 탐방 전날 울진에서 머무는 게 좋다. 출발지까지 승용차를 이용한다면, 탐방 후 도착지인 금강송펜션에서 4시 30분 버스를 타고 출발지인 두천1리로 돌아갈 수 있다.

지역번호 054

위치 경북 울진군 북면 두천1리

음식 금강소나무숲길에는 식당이나 매점이 없으니 개인적으로 준비하거나 탐방을 예약할 때 지역 주민들이 준비해 주는 식사를 신청한다. 죽변항 주변에는 식당이 많다. 대중회식당(대게·물회, 783-6923), 정훈이네횟집(골뱅이물회, 782-7919)이 유명하다.

숙박 탐방 예약을 할 때 각 구간의 시작점이 되는 마을 민박을 함께 예약할 수 있다. 두천1리에서 차량으로 15분 거리인 덕구온천관광호텔(782-0677, www.duckku.co.kr)도 머무르기 좋다.

찾아가는 길 동서울터미널에서 울진행 직행버스(07:10~20:05, 약 40분 간격 운행, 약 4시간 소요)를 탄다. 울진시외버스터미널에서 하차해 두천1리행 버스(06:25, 13:10, 16:15, 18:00, 하루 4회 운행, 25분 소요)로 갈아탄다. 서울 기점으로 중부내륙선이나 중앙고속도로를 이용하면 가장 가깝다. 봉화~울진 구간은 도로의 굴곡이 심하기 때문에 운전할 때 조심해야 한다. 영주에서 36번 국도 봉화~울진 방향으로 달리다가 울진에서 917번 지방도를 타고 15km 이동한다. 마을길로 들어가면 왼쪽 옆으로 계곡이 흐르고 공터에 정자가 놓여 있는 주차장이 있다. 내비게이션 안내가 끝나는 지점에서 앞으로 50m쯤에 있는 작은 다리를 건넌다.

보부상들이 행로의 안전과 번영을 기원한 샛재의 조령성황사

가고파의 바다를 바라보며 그리운 사람 만나는
만날고개 너머까지, 무학산 둘레길

무학산 둘레길은 호젓하다. 봉국사부터 만날고개까지 짧지 않은 코스를 걷는 동안 마산 시내와 합포만, 창원시의 랜드마크인 마창대교가 한눈에 들어온다. 코스 도중에 청량감을 안겨주는 편백나무 숲은 꼭 들르자.

봉국사→1km→광명암→3.4km→서원곡→3.1km→완월폭포→2.4km→만날고개→0.8km→만날고개 버스정류장

총 10.7km, 3시간 30분

무학산 둘레길은 봉국사에서 시작된다. 길 옆 나무와 나무 사이로 멀리 창원중공업단지와 창원시의 랜드마크인 마창대교가 보인다. 마창대교가 있는 마산 앞바다에는 돌섬이 봉긋하게 솟아 있다. 사람들은 마산 앞바다를 '가고파의 바다'

삼림욕을 할 수 있도록 벤치와 간단한 운동기구가 놓인 편백삼림욕장

돌탑으로 가득한 서학사 진입로

라고 부른다. 〈가고파〉를 읊은 시조시인 이은상의 고향이 마산이기 때문이다. "내 고향 남쪽 바다"로 시작하는 가곡을 흥얼거리며 광명암으로 발걸음을 옮긴다.

광명암에서 웰빙 산책로를 지나면 앵지밭골에 이른다. 앵지밭골은 마산여중 뒤쪽 계곡을 말한다. 앵지밭골을 따라 걸으면 쉼터가 나타난다. 이곳에서 약수터와 봉화산으로 가는 등산로로 연결되는 갈림길이 나온다. 약수터나 등산로로 빠지지 않고 지금까지 걷던 방향으로 내처 산책로를 따라가면 편백삼림욕장에 이른다. 두 손을 크게 벌리고 심호흡을 해본다. 편백나무 특유의 진한 향이 코를 찌르는데 가슴속까지 뚫리는 청량감이 전해진다. 몸과 마음이 금방 시원해진다. 도시 가까운 곳에서 자연의 에너지를 받을 수 있다는 것은 분명 행복이다.

편백삼림욕장에서 삼림욕을 끝내고 30분 정도 걸으면 돌탑으로 가득한 서학

서원곡 입구 너른 마당에 있는 솟대들

사에 당도한다. 가파른 길에 돌탑이 빼곡히 들어서 있다. 서 있기도 힘든 경사진 곳에도 많은 돌탑들이 모여 있는 게 신기하다. 누군가의 소중한 바람이 실린 돌탑에 작은 돌 하나를 올려 무사 안녕을 빌어본다. 서학사 옆은 무학산 계곡 서원곡이다. 무학산 등산로 입구인 서원곡에는 조선 중기 문신인 정구를 기리기 위해 세운 회원서원이 있었지만 흥선대원군의 서원철폐령으로 훼손되어 끝내 복원하지 못했다.

서원곡에서 완월폭포로 가는 길목에 팔각정이 있는데 마산 시내를 조망하기에 좋다. 팔각정에서 수선정사를 지나 편백나무 숲을 통과하면 무학산 둘레길의 마지막 코스인 만날고개에 이른다. 만날고개에는 슬픈 전설이 전해진다. 고려 말기 가난한 마산포 양반 이씨에게 효심 깊은 딸이 있었다. 딸은 가난한 집안을 위해 부유한 진사댁의 불구 아들에게 시집갔다. 딸은 불구인 남편을 극진히 보살

만날고개로 향하는 오솔길

폈지만 시집살이가 고달프기만 했다. 친정 부모를 그리워하던 딸은 시부모의 허락을 얻어 드디어 만날고개에서 남편의 배웅을 받으며 친정 나들이에 나섰다. 친정에서 즐거운 시간을 보낸 후 다시 만날고개로 돌아왔는데, 남편은 불구의 몸을 한탄하며 고생한 아내에게 편하게 살라는 유언을 남기고 자결했다. 이후 딸은 청상과부로 수절하면서 이따금 만날고개에서 친정 식구들을 만나 서로 부둥켜안고 아픔을 보듬어주며 울었다. 이후 사람들은 이 고개를 만날고개라 불렀다. 그리고 해마다 음력 8월 17일이 돌아오면 헤어진 사람과 만나기를 염원하며 만날고개에 모였다고 한다.

만날고개에서 내리막길로 내려가면 벽화가 아름다운 당산벽화마을이 있다. 당산마을 골목 사이로 오후의 부드러운 빛이 벽화를 감싼다. 기분 좋은 피로감이 몰려들고 마음은 한결 편안해진다. ●유정열

여행작가의 소곤소곤

무학산에는 등산로가 거미줄처럼 이어져 있다. 사람들이 가장 많이 찾는 등산로는 율곡마을 코스로, 세원암에서 출발해 만날고개, 대곡산(516m), 황새발고개, 안개약수터를 거쳐 무학산 정상에 이른다. 5.2km 거리로 3시간 정도 소요된다. 중리역에서 만날재까지 종주해도 5시간이면 넉넉하다. 좀더 짧게는 서원곡 주차장에서 출발해 팔각정, 걱정바위, 서마지기를 거쳐 무학산 정상에 이르는 코스도 있다. 무학산 둘레길에는 등산로로 빠지는 갈림길이 많아 자칫 길을 잘못 들어설 수도 있으니 사전에 둘레길 코스를 확인하자.

 지역번호 055

위치 경남 창원시 마산회원구 석전동~마산합포구 월영동
음식 백제령삼계탕(삼계탕, 248-8800)은 깔끔한 맛집이다. 남성동 운지식당(247-5758)은 멸치조림에 쌈을 싸서 먹는 멸치쌈으로 유명하다. 오동동 일대에는 담백한 복국집과 아구찜집이 몰려 있다. 그중 광포복집(복국, 242-3308)과 고향아구찜(아구찜, 242-0500)이 인기가 높다.
숙박 사보이관광호텔(베니키아, 247-4455), 마산아리랑관광호텔(294-2211), 패션호텔(245-4552) 등 마산합포구와 마산회원구 일대에 숙박시설이 많다.
찾아가는 길 서울강남고속버스터미널에서 마산행 버스(06:05~01:00, 15~55분 간격 운행, 4시간 5분 소요)를 탄다. 마산시외버스터미널에서 103번 버스를 타고 석전사거리 버스정류장에서 내린 후 봉국사로 이동한다. 혹은 서울역에서 출발하는 마산행 KTX(월요일~목요일 하루 7회, 금요일~일요일 하루 11회 운행, 3시간 내외 소요)를 이용해도 된다. 경부고속도로를 달리다가 중부내륙고속도로 김천 분기점에서 창원 방향으로 향한다. 내서IC를 나와 좌회전한 후 통영~시청~마창대교 방면으로 좌회전한다. 함마대로를 따라 2.7km 직진한 후 마재고개 삼거리에서 우회전한다. 북성로를 따라가다가 통영 방면인 오른쪽 방향으로 향한다. 석전서4길에서 우회전한 후 개나리맨션을 끼고 다시 우회전하면 봉국사 입구이다.

진해 앞바다가 눈앞에 펼쳐지는 하늘숲길, 진해드림로드

진해는 벚꽃으로 유명한 도시지만 울창한 숲을 따라 조용히 산책하기에도 좋은 곳이다. 도시 근교 임도를 단장해 만든 진해드림로드는 아름다운 바다를 바라보며 산길을 걸을 수 있는 길이다.

장복산공원(장복 하늘마루 산길 출발점)→3.82km→안민고개(장복 하늘마루산길 종점이자 천자봉 해오름길 출발점)→9.89km→만장대(천자봉 해오름길 종점)

 총 13.71km, 4시간

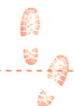

장복 하늘마루 산길, 천자봉 해오름길, 백일 아침고요 산길, 소사생태길 4구간으로 이루어진 진해드림로드는 총 길이가 25km 가까이에 이른다. 진해 뒤편을 에두르는 장복산 임도를 따라가다가 백일 아침고요 산길에서 일단 도로로 빠져나온 후 다시 화등산 자락을 지나는 소사생태길로 접어들었다가 내려오는 길이다.

진해드림로드와 안내 표지판

진해드림로드 가운데 가장 많은 사람들이 찾는 천자봉 해오름길

임도를 단장해 조성한 길이기에 자전거를 타는 사람들도 많이 찾는다. 그러나 길 전체를 다 걷기만 하는 데도 꼬박 10시간이 걸리니 하루에 주파하기 힘들다.

그래서 드림로드 4개 코스 가운데 1코스 장복 하늘마루 산길과 2코스 천자봉 해오름길을 걷는 것을 추천한다. 진해와 앞바다가 펼쳐지는 조망이 뛰어나 사람들이 가장 많이 오가는 길이다. 장복산공원에서 마진터널 쪽으로 오르다가 터널 입구에 못 미쳐서 오른편으로 장복 하늘마루 산길 출발점이 나온다. 길의 시작은 편백나무 숲이다. 울창한 숲이 장관을 이룬다.

장복 하늘마루 산길은 시야가 트여 있어 진해 드림로드에서 가장 전망 좋은 구간이다. 걷는 길 내내 진해를 내려다볼 수 있다. 중간쯤 전망대를 만들어놓아 장복산과 진해 앞바다를 멀리까지 바라볼 수 있다. 장복 하늘마루 산길이 끝나는 곳에서 안민고개 데크로드 둘레길과 만난다. 진해드림로드는 7, 8부 능선을 따

인적이 드물어 이름처럼 고요한 백일 아침고요 산길

라 옆으로 이어가는 길이고 안민고개 데크로드 둘레길은 산 밑에서 쭉 올라와 안민고개를 넘어가는 길이다.

장복 하늘마루 산길에서 2코스인 천자봉 해오름길 출발점까지 가려면 안민고개 데크로드 둘레길을 약 100m 올라가야 한다. 진해드림로드 중에서 가장 긴 천자봉 해오름길은 다채로운 숲과 전망을 보여주는 길이다. 시야가 탁 트인 길을 걷다가 어느 순간 쑥쑥 뻗어 올라간 나무들이 호위하는 숲길을 걷는가 하면 아늑한 정원 같은 길이 나오기도 한다. 길은 역시 임도로 평탄하다.

천자봉 해오름길은 사람들의 왕래가 가장 많은데 창원 시민들은 안민고개 데크로드 둘레길을 따라 올라왔다가 천자봉 해오름길로 접어들곤 한다. 해오름길을 걷다 보면 진해가 천혜의 군항임을 알리기라도 하듯 해군테마공원이 나온다. 그 앞바다가 이순신 장군이 임진왜란 때 첫 승리를 거둔 옥포 해전지다. 곧이어

유격장 체험시설도 나오는데 잠시 쉬며 유격장도 체험할 만하다.

천자봉 해오름길은 중간에 있는 천자암에서부터 풍경이 바뀐다. 길의 폭이 좁아지는 대신 숲은 더욱 울창해진다. 사람들은 안민고개에서 천자암 구간까지 가장 많이 걷는다. 진해 시내에서 천자암까지 차도로 연결되어 있는데, 이 차도를 따라 해오름길을 도중에 빠져나갈 수 있기 때문이다. 천자암에서 만장대까지 올랐다가 하산해도 된다. 만장대에서도 오른편으로 내려가는 하산길이 있다.

백일 아침고요 산길 출발점으로 가려면 만장대 왼편 오르막길로 10여 분 올라가야 한다. 백일 아침고요 산길은 그 이름처럼 인적이 드물어 고요한 길이다. 사람 발길이 줄어든 대신 숲은 아담하고 자연의 모습 그대로 여행자를 맞는다. 백일 아침고요 산길을 걷다 보면 도로로 내려오게 된다. 여기서 마지막 구간인 소

가장 인적이 드물어 자연 그대로의 생태를 간직한 소사생태길 종점

사생태길을 걸으려면 도로를 따라 이동해 소사생태길 출발점으로 가야 한다. 끊어진 길이니만큼 사람의 왕래도 가장 적은 편이다. 임도에는 수풀이 무성하다. 자연의 원래 얼굴을 감상하기에는 가장 좋은 길이다. ● 이민학

 여행작가의 소곤소곤

진해드림로드는 구간마다 각기 다른 매력을 지니고 있어 모두 걸어보기를 권한다. 그러나 전체 길은 길어서 하루에 전부 걷기에 무리이다. 안민고개 데크로드 둘레길은 벚꽃길로도 유명하니 이른 봄에 찾아 1박2일 일정으로 다녀오는 것도 좋겠다.

 지역번호 055

위치 경남 창원시 진해구 태백동

음식 길에서 내려오면 진해구이다. 진해역 중심으로 식당이 몰려 있다. 동심(냉면, 546-0900), 진상(대구탕, 547-1678), 못대(생선구이백반, 544-3777)가 유명하다.

숙박 진해구에서 깨끗한 방을 찾기는 어렵다. 의창구 명곡광장 사거리나 창원시청 근처 모텔촌을 이용하자. 대중교통으로 30분 정도 거리니 크게 불편하지 않다. 휴모텔(238-8777~8), 모텔캐나다(237-8787), 아미가모텔(237-3627)이 추천할 만하다.

찾아가는 길 창원종합버스터미널에서 159번 버스를 타고 시민회관 버스정류장에서 내린다. 400m 정도 도보로 이동하면 장복 하늘마루 산길 입구에 도착한다. 도심 속 산길이므로 코스별로 하산길을 선택해 내려오면 도로와 버스정류장이 나온다. 남해제1고속도로 서마산IC로 나와 진해시청 방면으로 향하다가 어린교에 들어선다. 신촌광장삼거리에서 우회전한 뒤 봉양로와 진해역을 거쳐 진해대로에 접어든다. 장복로사거리에서 장복산공원 주차장으로 향한다.

편백나무와 소나무 어우러진 세 산자락을 걷는 창원 시민의 산책길, 숲속나들이길

도심 가까운 곳에 걷기 좋은 산이 있다는 것은 커다란 축복이다. 편백나무와 소나무가 가득한 세 산자락을 잇는 숲속나들이길은 창원 시민들의 숨통 같은 길이다. 그중 가장 많이 찾는 1코스는 창원 시내를 바라보며 걷는 오붓한 숲길이다.

창원종합사격장 버스정류장 →0.5km→ 창원종합사격장 주차장 →1.2km→ 사격장 약수터 →1.5km→ 독수리 바위 →1.5km→ 월유정 →0.9km→ 갈림길 →0.6km→ 용추5교 →2.5km→ 괴산약수터 →4.4km→ 제1약수터 →2km→ 대암산 평바위 →2.8km→ 성주동 대방동성아파트 버스정류장

 총 17.9km, 4시간

숲속나들이길 이정표

창원의 진산(鎭山) 정병산에서 비음산과 대암산까지 세 산자락을 잇는 15.4km가 숲속나들이길 제1구간이다. 창원 시민들이 주말마다 즐겨 찾는 오붓한 숲길이다. 출발점은 창원종합사격장이다. 주차장에 차를 대고 사격장을 돌아 정병산으로 향하면 곧바로 약수터가 나온다. 여기서부터 편백나무 숲이 울창하게 펼쳐진다.

편백나무 숲에는 쉴 수 있는 평상이 간간이 보인다. 삼림욕 효과가 뛰어나

다는 편백나무가 빽빽이 들어찬 숲은 한여름에도 서늘하다. 편백나무 숲에서부터 산자락을 따라 한 사람이 겨우 지날 만한 숲길이 조붓하게 이어진다. 20여 분 걸었을까, 왼쪽으로 비스듬한 언덕에 서 있는 굵직굵직한 소나무가 춤추듯 반겨 준다. 숲속나들이길의 명물인 '팔군무송'이다.

　소나무 여덟 그루가 춤추는 팔군무송 언덕을 지나면 곧바로 정병산 7부 능선쯤에 우뚝한 커다란 바위가 보인다. 독수리 바위다. 그 바위 아래 정자가 있다. 숲속나들이길은 대부분 숲길이라 창원 시내가 간간이 보이는데 이곳에서만큼은 한눈에 내려다볼 수 있다. 정자의 이름은 월유정이다. 달빛도 놀다 가는 정자라는 뜻이다.

　숲속나들이길은 세 산자락을 돌아가는 길이라 꽤 길다. 산이 이어져 있어 별생각 없이 걸으면 언제 다른 산으로 들어섰는지도 모른 채 계속 걷게 된다. 길 곳곳에서 정병산이나 비음산 정상으로 올라가는 길과 아래쪽 창원 시내로 내려가는

편백나무가 빽빽이 들어찬 숲

숲속나들이길은 창원시를 내려다보는 독수리 바위 아래를 지난다.

달빛도 놀다 가는 정자, 월유정

길로 갈린다. 하산길은 용추주차장, 토월공원 등 다양하다. 걷다가 지쳐 그냥 내려오면 곧바로 창원 시내이다.

외줄기 길인 데다가 이정표도 잘 갖춰져 숲속나들이길을 걷다가 헤맬 염려는 없다. 용유정을 지나 좀더 걸으면 길은 정병산에서 비음산 자락으로 이어진다. 비음산은 봄철이면 붉게 타오르는 진달래로 유명하다. 비음산 길 중간쯤에 약수터가 있다. 목을 축이며 잠시 쉬어 간다. 숲속나들이길은 군데군데 쉼터가 조성되어 있고 나무 의자도 놓여 있다. 창원 시민의 산책길이라는 설명이 괜한 게 아니다.

대암산 자락으로 넘어가기 전에 용추계곡을 만난다. 평상시에는 물이 적어 계곡이라 하기에는 조금 부족해 보인다. 숲길이라서 능선처럼 조망이 뛰어나지는 않지만 한여름에도 서늘해 걷기에 좋다. 도시와 아주 가까워 평일에도 산책 나온 사람들로 붐빈다. 부부, 연인, 친구들끼리 삼삼오오 줄지어 걷거나 약수터에 설치해 놓은 체육시설에서 운동하는 모습을 쉽게 볼 수 있다. 혼자 걸어도 전혀 위험하지 않다.

용추계곡을 건너 괴산약수터를 지나면 이제 대암산 자락이다. 지금까지 아담한 숲길이었다면 대암산 자락길은 산행을 하는 듯한 느낌이 든다. 길은 평탄하지만 큼직큼직한 바위들이 박혀 있기 때문이다. 괴산약수터를 지나 4.4km 걸으면 제1약수터가 나온다. 약수터에서 내려오면 대방동성아파트 단지다. 1코스 종점은 대암산 평바위로 제1약수터에서 2km가량 더 걸어야 한다. 평바위에서 하산하면 유니온빌리지로 내려오는데, 버스를 타려면 대방동성아파트 단지로 돌아가야 하니 약수터에서 길을 끝내는 게 편하다. ● 이민학

겨우 한 사람이 지나갈 정도로 조붓한 숲속나들이길

여행작가의 소곤소곤

숲속나들이길 근처에 사는 사람들은 많은 갈림길로 올라왔다가 내려갈 수 있지만 외지 사람들은 교통편을 고려하지 않을 수 없다. 숲속나들이길에서 내려와서 택시를 잡기에 가장 좋은 곳은 용추계곡 아래로 내려오는 용추주차장 쪽이다. 거리가 15.4km로 약간 긴 편이기에 창원 시민들은 중간쯤에 있는 괴산약수터를 하산길로 많이 선택한다.

 지역번호 055

위치 경남 창원시 의창구 퇴촌동~성산구 성주동
음식 출발지에서 식사를 한다면 의령소바(비빔국수, 262-5337), 나드리복집(복불고기, 261-5743), 영등포집(갈비탕, 281-6191)을 추천한다. 도착지에는 마산집(비빔밥, 283-4635)이 있다.
숙박 의창구 명곡광장 사거리와 창원시청에서 대각선으로 맞은편 번화가에 깨끗한 모텔촌이 있다. 휴모텔(238-8777~8), 모텔캐나다(237-8787), 아미가모텔(237-3627) 등을 추천할 만하다.
찾아가는 길 창원종합버스터미널에서 58, 59, 101, 103, 111번 시내버스를 타고 창원종합사격장 버스정류장에서 하차한다. 도착지에서는 성주동 덕산아파트 버스정류장에서 707번 버스를 타고 창원종합버스터미널에서 하차한다. 혹은 성주동 대방동성아파트 버스정류장에서 103, 115, 210, 507번 버스를 타고 창원종합버스터미널에서 내려도 된다.
남해제1고속도로 동마산IC에서 창원 방면 의창대로로 달리다가 도계광장에서 창원병원 사거리 지하차도로 향한다. 삼동교차로에서 창원종합사격장 주차장으로 간다. 무료로 주차할 수 있다.

꽃비 내리는 길을 걷다! 박경리 토지길

하동은 박경리의 대하소설 『토지』의 무대이다. 화개장터에서 출발해 십리벚꽃길과 쌍계사를 거쳐 불일폭포와 국사암까지 이어지는 박경리 토지길 제2코스는 하동 여행의 알짜배기 코스이기도 하다. 아스라한 벚꽃과 포근한 차밭을 거쳐 시원한 폭포까지 다채로운 매력이 여행자를 사로잡는다.

화개장터→1.8km→십리벚꽃길→4km→차 시배지→1km→쌍계석문바위→1.25km→쌍계사→2.5km→불일폭포→2.45km→국사암

총 13km, 4시간

박경리 토지길 제2코스의 시작은 화개장터이다. 가수 조영남의 노래 〈화개장터〉로 유명해졌다. 경남과 전남을 이어주는 화개장터는 과거에 대규모 5일장이 열리던 곳이다. 비록 예전 화려했던 시절과는 비교할 수 없을 만큼 쇠락했지만 새로 조성된 화개장터에는 국밥집, 도토리묵, 재첩국집, 주막, 엿장수, 산나물이

조선시대에 다섯 손가락 안에 드는 5일장이었던 화개장터

십리벚꽃길과 차밭이 아름답게 어우러진 풍경

나 녹차 같은 특산품 판매장, 옛날 대장간 등이 있어 시골 장터의 정취를 물씬 느낄 수 있다.

화개장터에서 나와 쌍계사 방면으로 가면 십리벚꽃길이 펼쳐진다. 봄이면 길 양옆이 온통 벚꽃으로 만발한다. 연인이 이 길을 걸으면 사랑이 깊어져 혼례를 올린다 하여 '혼례길'이라고도 불린다. 보행자들을 위해 차도 옆에 나무 데크를 놓아 안전하게 걸을 수 있도록 배려했다.

십리벚꽃길을 지나면 평지는 물론 가파른 산비탈 곳곳까지 푸른 차밭이 펼쳐진다. 이곳은 우리나라 차나무 시배지로 '차 시배지 기념비'가 세워져 있다. 근처 하동차문화센터에 가면 차의 종류와 역사를 한눈에 살펴볼 수 있으며 직접 다례 체험도 할 수 있다.

쌍계사 입구에는 쌍계사로 들어가는 돌문 역할을 하는 석문바위가 있다. 바위

벚꽃이 솜사탕처럼 만발한 십리벚꽃길

쌍계사 대웅전 앞마당

2개로 이루어져 있는데 왼쪽 바위에는 '쌍계(雙磎)', 오른쪽 바위에는 '석문(石門)'이라는 한자가 새겨져 있다. 통일신라 말기 뛰어난 문장가인 최치원이 쓴 글자이다. 이 바위를 지나면 쌍계사가 나온다. 신라 성덕왕 23년(724년)에 의상의 제자 삼법이 창건한 고찰로 보물과 국보 등 문화재가 많다.

쌍계사를 둘러본 뒤 불일폭포를 향해 산길로 접어든다. 불일폭포로 가는 길목에 불일암이라는 조그마한 암자가 있다. 보조국사 지눌이 수도했던 암자이다. 불일암에서 나와 경사진 계단을 내려가면 불일폭포가 나온다. 해발 720m에 위치한 불일폭포는 지리산 10경 중 하나로 높이 60m, 너비 3m에 이르는 이단 폭포이다. 폭포 아래 용소에 살던 용이 승천하면서 꼬리로 살짝 쳐서 청학봉과 백학봉을 만들고 그 사이로 물이 흘러 폭포가 됐다는 전설이 전해진다. 폭포에서 떨어진 물은 쌍계사 계곡을 지나 화개천으로 흘러든다. 폭포수 위에는 오색 무지개가 자주 걸리며, 물줄기는 한여름에도 냉기가 느껴질 정도로 시원하다. 쌍계사에

물입폭포

쌍계사의 말사인 국사암. 사천왕수(四天王樹)라고 불리는 수령 1200년의 느릅나무가 있다.

서 불일폭포까지는 2.5km로 1시간 30분 정도면 갈 수 있는데, 적당한 오르막과 내리막이 골고루 있어 짧은 거리에도 등산하는 기분을 느낄 수 있다. ●임인학

여행작가의 소곤소곤

박경리 토지길은 2개 코스로 구성된다. 여기에 자세히 소개한 길은 2코스이다. 1코스는 섬진강 평사리공원→평사리 들판→동정호→고소성→최 참판 댁→조씨 고택→취간림→악양루→섬진강변→화개장터(총 18km, 5시간)로 너른 평사리 들판을 걸을 수 있다. 2코스는 약간의 산행을 감수해야 하지만 불일폭포가 만들어내는 장관을 마주한다는 장점이 있다.

지역번호 055

위치 경남 하동군 화개면~경남 하동군 운수리

음식 쌍계사 입구의 쌍계수석원식당(돌솥비빔밥, 883-1716)과 단야식당(산채정식·사찰국수, 883-1667)이 유명하다. 화개장터 주변에서는 동백식당(재첩요리, 883-2439)과 혜성식당(은어회·참게탕, 883-2140)을 추천한다. 하동읍 동흥식당(883-8333)과 평사리의 고소성식당(883-6642)은 섬진강 명물인 재첩국을 잘하는 집으로 소문났다.

숙박 화개골 물가에 자리 잡은 쉬어가는누각(884-0151)은 식사도 가능한 한국관광공사 선정 굿스테이 업소이다. 섬진강호텔(884-8071), 고궁모텔(884-5300), 그린힐모텔(884-0004) 등도 있다.

찾아가는 길 서울남부터미널에서는 화개를 경유하는 하동행 시외버스가 하루 7회 출발한다. 남해고속국도 하동IC로 나와 19번 국도를 타고 하동 방면으로 가다가 하동 우회도로에서 악양 평사리 삼거리(최 참판 댁 초입)로 향한다. 1023번 지방도에서 우회전하면 화개장터이다.

옛 선비의 멋과 풍류를 따라가는 길, 선비문화탐방로

풍치 좋은 계곡에 자리 잡은 정자는 옛 선비들이 시를 짓고 책을 읽으며 여흥을 즐기는 공간이 되어 줬다. 선비문화탐방로 중 정자탐방로는 이런 정자를 여럿 품은 계곡을 따라 걷는 길이다. 정자라는 풍류 공간을 통해 관조의 즐거움을 만끽할 수 있다.

거연정·군자정 →0.4km→ 영귀정 →0.5km→ 다곡교 →1.1km→ 동호정 →1km→ 호성마을 →0.7km→ 람천정 →1.5km→ 황암사 →1km→ 농월정

 총 6.2km, 2시간 30분

옛사람들은 산이 수려하고 물이 맑은 곳에 정자를 세워 자연과의 동화를 꿈꿨다. 단지 유흥의 공간처럼 느껴지지만 사실은 삶의 희로애락을 풀어놓았던 곳이다. 선비들은 이곳에서 시를 짓고, 열띤 토론을 하고, 책을 읽었을 것이다. 그러다

나무 데크로 연결된 선비문화탐방로

분위기가 무르익어 흥이 넘치면 노래하고 춤추는 여흥의 공간도 되었을 터이다. 선비문화탐방로는 이런 정자를 여럿 품은 계곡을 따라 걷는 길이다. 좀더 정확하게 말하면, 함양군 안의면에 있는 정자 여덟 채 중 화림동 계곡을 끼고 앉은 정자 일곱 채를 돌아보는 코스이다. 정자라는 풍류 공간을 통해 관조의 즐거움을 만끽할 수 있는 곳, 책 한 권을 품에 안고 풍치 좋은 그 길을 걸어보자.

선비문화탐방로는 총 10.2km 길이로 조성되어 있다. 1구간인 정자탐방로는 거연정에서 농월정까지 이어지는 6.2km 코스이고, 2구간인 선비탐방로는 농월정에서 광풍루로 이어지는 4km 코스이다. 두 구간 중 길이 잘 정돈되어 있는 1구간을 추천한다. 출발점인 거연정부터 종착점인 농월정까지 천천히 구경하며 걷는 데 편도 2시간 30분 정도가 걸린다. 대부분 평탄한 나무 데크라 걷기에 부담스럽지 않고, 중간중간 풀이 웃자란 흙길과 벼가 넘실대는 논길이 이어져 지루할 틈이 없다.

정자탐방로의 들머리는 거연정과 군자정이 연다. 들쭉날쭉한 바위에 주초석

깊고 푸른 계곡미를 자랑하는 거연정

화림동 계곡에서 가장 크고 화려한 누각, 동호정

농월정 앞 암반을 타고 흐르는 물

(柱礎石)으로 높낮이를 맞춰 세운 거연정은 보길도의 동천석실을 닮았다. 그저 앉아 '눈으로 풍치를 감상하는 정자'로, 정자에서 내려다보는 계곡이 제법 깊고 푸르다. 거연정 아래쪽에 자리한 군자정은 물가의 너른 바위에 사뿐히 올라앉아 있다. 조선 성종 때의 대학자인 정여창이 시를 읊었던 곳이라 하여 군자정이라는 이름이 붙었는데 소박하지만 기품 있다.

다곡교를 지나 탁족하기 딱 좋은 위치에서 만나는 정자는 동호정이다. 큰 바위가 여러 개 듬성듬성 놓인 징검다리를 건너면 동호정 앞에 너르게 펼쳐진 차일암에 닿는데, 이 거대한 암반은 여름이 되면 물놀이객의 천국으로 변한다. 차일암을 마당으로 둔 동호정은 화림동 계곡에서 가장 크고 화려한 누각이다. 누각으로 오르는 제멋대로 깎아 걸친 나무 계단과, 눈에 띄는 대로 아무 나무나 가져다가 지은 듯 보이는 천장이 멋스럽다. 인위적으로 가공한 흔적이 거의 없어서 더욱 마음이 가는 누각이다.

거연정에서 3.7km 떨어진 람천정에 이르면 계곡은 좀더 넓어지고 수려해진다. 너른 암반을 잇는 좁은 시멘트 다리가 조금 아쉽지만, 그래도 물결이 하얗게 솟구치는 계곡 위를 건너 스릴이 넘친다. 람천정과 농월정 사이에 있는 황암사까지는 타박타박 걷기 좋은 흙길이다. 주위 무논에서는 개구리 울음소리도 우렁차다.

마지막 코스인 농월정은 화림동 계곡의 화룡점정이다. '밝은 달밤에 한잔 술로 계곡 위에 비친 달을 희롱한다'는 이름처럼 절경을 자랑하는 정자였는데, 몇 해 전 화재로 소실되어 그 아름다움을 지금은 짐작만 할 뿐이다. 그런데도 울창한 송림과 계곡물을 끼고 펼쳐진 너럭바위의 모습은 여전히 장관이다. 그 바위에 걸터앉아, 걷느라 수고한 발에게 '탁족'을 선물할 일이다. ●이시목

여행작가의 소곤소곤

1구간인 정자탐방로에서는 동호정 앞 징검다리와 람천정 계곡의 다리만 조심하면 된다. 비가 많이 내리는 여름철에는 동호정 앞 징검다리의 중간 부분이 잠기기도 하는데 그럴 때는 과감하게 신발을 벗고 건넌다. 이에 비해 람천정 계곡의 다리는 잠수교이다. 다리가 계곡물에 잠겼다고 겁먹지 말고 계곡 오른쪽으로 이어지는 우회로를 따라 걸으면 된다. 정자탐방로 구간이 짧게 느껴진다면, 2구간인 선비탐방로까지 완주하자. 농월정에서 오리숲으로 이어지는 4km, 1시간(농월정→1.3km→월림마을→1km→구로정→1km→점풍교→0.7km→오리숲) 코스로 농로와 아스팔트 길, 금천변을 따라 걷는다.

 지역번호 055

위치 경남 함양군 안의면

음식 선비문화탐방로에서 가까운 안의면은 갈비찜으로 유명하다. 안의면 소재지의 삼일식당(962-4492)이 유명하다. 함양 읍내의 어탕국수집인 조센집(963-9860)과 오곡정식을 내는 늘봄가든(962-6996)도 전국적으로 이름난 맛집이다.

숙박 거연정과 군자정, 동호정 앞에 머물 만한 데가 한 곳 이상 있고, 대부분 농월정 앞에 몰려 있다. 안의면 용추계곡에 있는 용추자연휴양림(963-8702, www.yongchoo.or.kr)은 가족과 함께 계곡욕을 즐기며 묵기에 좋다. 숙박시설에 대한 자세한 정보는 함양군 문화관광 홈페이지(tour.hygn.go.kr)를 참고하자.

찾아가는 길 안의버스터미널에서 30분 간격으로 출발하는 서상행 군내버스를 타고 가다가 봉전정류장에서 내리면 거연정이다. 대전~통영고속도로 서상IC를 빠져나와 안의 방향 26번 국도를 타고 7km 정도를 달리면 거연정휴게소 주차장에 닿는다.

합천

물소리, 바람 소리, 세월 가는 소리를 따라 걷노라면!
해인사 소리길

청아한 물소리가 주위를 가득 채우는 홍류동 계곡을 걸으면서 귀 기울이면 새소리, 바람 소리, 세월 가는 소리까지 귓가로 흘러든다. 편안하게 걸으면서 사색하기에 더없이 좋은 길이다.

대장경세계문화축전장, 황산1구 마을회관 → 2.5km → 무릉교 → 0.6km → 칠성대 → 1.2km → 농산교(농산정) → 1.1km → 길상암(명진교) → 0.9km → 영산교 → 0.5km → 해인사 성보박물관

 총 6.8km, 2시간 40분

통일신라 말기 유학자 최치원이 노년을 보내다가 어느 날 갓과 신발만 남겨 둔 채 홀연히 신선이 되어 사라졌다는 이야기가 전해지는 가야산 해인사 홍류동 계곡에 길이 열렸다. '해인사 소리길', 혹은 '가야산 소리길'이라 불리는 이 길

최치원이 은거한 농산정

웅장한 폭포 소리와 청아한 물소리가 강약을 반복해 들려온다.

은 '2011년 대장경천년세계문화축전'을 앞두고 개통됐다. 대장경 천년관이 있는 황산1구 마을에서 시작되어 홍류동 매표소를 지나 해인사 성보박물관까지 총 6.8km 거리로 해인사를 나오는 거리까지 합하면 9km에 이르는 탐방로이다.

길의 대부분을 차지하는 계곡은 붉은 단풍으로 흐르는 물조차 붉어 보인다고 해서 홍류동 계곡이라 이름 붙여졌다. 가야산 19경 중 16경을 볼 수 있는 가을 단풍 명소로 널리 알려졌지만, 무엇보다 이 길은 최치원의 길이다.

최치원이 수도하던 농산정, 그의 시가 새겨진 암벽치원대, 그가 붓을 씻었다는 바위인 체필암, 그가 앉아서 글을 쓰고 시를 읽었다는 완재암……. 곳곳에 최치원의 발자취가 오롯이 남아 있다. 그중 풍치가 가장 빼어난 농산정은 뛰어난 학자이자 문장가인 최치원이 신분제도의 높은 벽에 가로막혀 자기 뜻을 현실 정치에 펼쳐보지 못하고 깊이 좌절한 채 가야산에 들어와 은둔한 곳이다. 농산정

청량한 바람도 걸음걸음 속도를 맞춰 걷는다.

을 처음 지은 시기는 알 수 없는데, 최치원의 후손과 유림이 1930년에 중건했고, 1990년대에 다시 보수공사를 해서 현재에 이르렀다. '송림 사이로 흐르는 물이 기암괴석에 부딪히는 소리가 최치원의 귀를 먹게 했다'는 계곡 물소리가 잦아들 즈음, 해인사 종소리가 묵직하게 가슴을 울린다.

  해인사 소리길은 우주 만물이 서로 통하고 자연이 교감하는 생명의 소리를 들을 수 있는 길, 나와 가족과 사회와 민족이 화합하는 소통의 길이자 깨달음의 길, 귀 기울이면 물소리, 바람 소리, 세월 가는 소리가 들리는 길이라고 해서 붙여진 이름이다. 웅장한 바위 사이로 떨어지는 폭포 소리와 계곡을 흐르는 청아한 물소리가 수백 년 송림에서 뿜어 나오는 달콤한 바람과 함께 거세졌다 잦아들기를 반복한다.

  길은 대장경세계문화축전 주차장~농산정(1구간), 농산정~길상암(2구간), 길상

홍류동 계곡

맑은 물이 흐르는 계곡을 따라 걸으며 여러 개의 다리를 건넌다.

암~주유소(3구간) 3개 구간으로 나뉜다. 대체로 경사가 완만해 편안 걸음으로 느릿느릿 걸어도 3시간이면 너끈하다. '명상의 길', '침묵의 길', '맨발로 걷기', '함께하는 길', '마음 씻기', '비움의 다리' 등 10여 개의 테마별 체험 코스가 걷는 재미를 더한다. ● 이주영

🐦 여행작가의 소곤소곤

해인사 버스정류장에서 출발점인 대장경세계문화축전장으로 이동하는 버스가 40분 간격으로 운행한다. 대체로 편안한 코스이지만 전체를 다 걷기가 부담스럽다면 소리길 3구간의 출발점인 길상암부터 해인사까지만 걸어도 좋다. 해인사에 들렀다면 팔만대장경을

경상권 395

꼭 봐야 한다. 관람 시간은 아침 8시 30분~오후 6시다. 문화재 훼손을 방지하기 위해 사진 촬영은 불가능하다.

지역번호 055

위치 경남 합천군 가야면 야천리
음식 마늘, 부추, 파, 달래, 흥거 5신채를 넣지 않는다는 사찰 음식을 맛볼 수 있는 식당이 많다. 해인사 버스정류장 주변에 식당 단지가 조성되어 있다. 산사의아침(사찰음식, 932-7328), 전주식당(산채백반, 931-2323)이 유명하다.

숙박 해인사 부근에는 숙박시설이 많다. 해인사관광호텔(922-2000)이 있고, 해인사에서 템플스테이도 운영한다. 프로그램형 템플스테이가 부담스럽다면 자율 스케줄이 가능한 평일 템플스테이를 이용한다.
찾아가는 길 서울남부고속터미널에서 수시로 대구행 버스를 운행한다. 대구서부시외버스터미널에서 해인사행 시외버스(06:40~20:00, 40분 간격 운행)를 탄다. 대전시외버스터미널(07:10, 12:05, 17:25)과 진주시외버스터미널(09:30, 13:10, 17:10)에서는 하루 세 번 해인사행 버스가 운행된다. 대구로 들어가기 전에 고속도로를 벗어나서 '해인사' 표시가 된 길로 진입한다. 혹은 88고속도로를 타고 해인사IC로 간다.

한국여행작가협회

(가나다순)

구동관
• revolkoo@korea.kr

여행작가이자 가족여행실천가이다. 가족들과 함께 매월 한 차례 정도 다닌 여행 기록을 '초록별 가족의 여행' 홈페이지(www.sinnanda.com)에 남겨왔다. 월간 《여행스케치》, 《도시 문제》 등 잡지와 사보를 비롯하여 《소년조선일보》, 《담배인삼신문》에 여행기를 연재했고 강원교통방송, 진주MBC, 대전KBS 라디오에서 여행안내를 한 바 있다.

김수남
• sackful@naver.com

마을여행가. 체험학습 전문여행사를 10년간 운영했으며, 농어촌 체험마을 컨설팅을 주 업무로 하는 관광개발회사를 설립하여 오랫동안 우리 마을과 소통해 왔다. 최근 고창 선운산 자락에 눌러앉아 우리 마을 속에서 새로운 여행을 하고 있다. 생태관광과 공정여행을 추진하는 쉼표(주)를 설립하여 지역을 활성화시키는 일에도 앞장서고 있다. (사)한국여행작가협회 부회장 역임. 저서『여행의 재발견, 구석구석 마을여행』을 비롯해 우리 마을을 소개하는 글을 주로 쓴다.

김혜영
• babtol2000@naver.com

프리랜서 여행작가이며 네이버 여행 블로그 '토토로의 여행공작소'를 운영하고 있다. 여러 월간지, 신문, 방송, 웹진, 포탈업체 등 각종 매체에 영향력 있는 여행파워블로거로 소개된 바 있다. 기업체 사외보에 여행 칼럼을 연재 중이며 저서로는『5천 만이 검색한 대한민국 제철여행지』가 있다.

박동식
• jayuin66@hanmail.net

글과 사진을 통해 세상과 소통하길 원하는 작가로 감성적인 글과 사진으로 많은 팬들의 가슴을 어루만지는 서정적인 작업을 해왔다. 잡지『모닝캄』,『마제스떼』,『임프레션』,『뚜르드몽드』등에 여러 차례 해외문화도 소개해 왔다. 10년간 월간『PAPER』에 글과 사진을 연재했으며 각종 사보와 잡지에 비슷한 작업을 하고 있다. 저서로는『Just go 대한민국』,『내 삶에 비겁하지 않기』,『슈퍼라이터』,『여행자의 편지』,『열병』,『제주도』,『마지막 여행』등이 있다.

유정열   ● hiandy@nate.com

프리랜서 사진가이며 여행가이다. 여행 전문 잡지와 《모닝캄》, 그 외의 일간지와 사외보에 여행 이야기를 기고하고 있다. 〈호주 멜버른〉 가이드북, 인디밴드 앨범 촬영, BMW코리아 〈On the Road〉, G마켓 〈빛으로 그리다〉 사진작가로 참여했다. 현재 (사)한국여행작가협회 총무이사를 역임하고 있다. 저서로는 『대한민국 베스트 촬영지 55』, 『놀라운 우리나라 여기가 어디지?』, 『여기! 내가 찾던 여행지 100』 등이 있다.

유현영   ● chella74@naver.com

한옥 처마 아래로 난 등굣길에 무시로 봤던 붉은 벽돌의 성당과 근대 건축물들, 수백 년 세월에도 짙푸르던 나무의 너른 그늘과 사람들에 대한 유년의 기억은 마음속 든든한 배경이 되어준다. 걷는 것을 좋아하고 길 위에서 만나는 풍경, 사람들을 통해 세상과 소통하는 법을 배우고 있는 작가는 현재 사보, 잡지 등의 매체를 통해 소중한 경험들을 글과 사진으로 나누고 있다.

이겸   ● a_yi@naver.com

사진가이자 여행작가로 활동 중이며 10회의 개인전과 다수의 단체전을 열었다. 사진집 『경주慶州-가각본』을 펴냈으며 월간 『샘이 깊은 물』과 『내셔널지오그래픽National Geographic』의 편집위원을 지낸 바 있다. 더불어 '에드워드 김의 HEK'에서 월간 『한국화보, SEOUL』의 사진기자와 취재기자로 활동한 바 있다. 저서는 『가고 싶은 만큼 가고, 쉬고 싶을 때 쉬어라』, 『돌에 새긴 희망, 미륵을 찾아서』, 『마지막 은둔의 땅, 무스탕을 가다』, 『메구스타 쿠바』, 『걷는 자의 꿈. 존 뮤어 트레일』, 『머물지 말고 흘러라』 등이 있다.

이민학   ● mdix2000@naver.com

여행잡지 편집장 및 발행인을 지냈으며 여행 관련 기고와 저술 활동을 하고 있다.

이시목   ● san1889@naver.com | blog.naver.com/san1889

대학에서 국문학을 전공했다. 1997년부터 여성지 및 여행잡지 등에서 여행전문기자로 활동했으며 감성적인 글쓰기에 관심이 많다. 현재 각종 잡지와 기업체 사내외보, 방송 등에 여행안내를 하고 있으며, 저서로 『내 마음 속 꼭꼭 숨겨둔 여행지』, 『TV보다 재밌는 1박2일 가족여행이 떴다』 외에 다수의 공저가 있다. 늘 새로운 눈으로 풍경을 마주할 수 있기를 꿈꾼다.

이신화   ● nadri97@naver.com | www.sinhwada.com

잡지사와 신문사에서 취재기자로 활동하다가 현재 여행 전업작가로 활동한다. 『서울근교 낭만드라이브 완벽가이드 101선』, 『그래 떠나고 보는 거야』, 『서울 근교 여행 베스트 33선』, 『몸이 좋아하는 건강여행 1, 2』, 『걸어서 상쾌한 사계절 트레킹』, 『결혼 전에 꼭 가봐야 할 낭만적인 여행지』, 『좌충우돌 여행기』, 『없어지기 전에 꼭 가봐야 할 여행지 맛집 967』, 『DSLR 메고 떠나는 사계절 최고의 여행지들』, 『on the camino』, 『대한민국 맛집 119』, 『사계절 우리가족 건강여행』, 『대한민국 100배 즐기기』 등 총 14권의 저서가 있다.

이종원   ● ljhkhs44@hanmail.net

(사)한국여행작가협회 부회장이자 여행동호회 '모놀과 정수(www.monol.co.kr 회원수 17,000명)' 대표이다.

현대백화점·신세계백화점 문화센터에서 여행강사로 활동 중이다. 2012년에는 한국관광의 별 문화관광부장관상을 수상했으며, 제주도 거문오름에 대한 글이 중학교 3학년 국어 교과서에 수록됐다. 『대한민국 숨겨진 여행지 100』, 『우리나라 어디까지 가봤니? 56』, 『한국의 숨어 있는 아름다운 풍경』 등 개인 여행서 3권과 공저 20여 권을 집필했다.

이주영
• cles7948@naver.com

"오늘은 어제보다 신나게, 내일은 오늘보다 행복하게"가 삶의 모토이다. 사보, 잡지, 방송 등 각종 매체에서 여행작가로 활동 중이며, 2010년 한국 관광의 별 문화관광부장관상을 수상한 카페 '나여추(나 홀로 여행가기, 나만의 추억 만들기)'와 블로그 '여행, 그 달콤한 중독'을 운영하고 있다. 저서로는 『주말에 어디 가?』, 『여행작가들은 여행 가서 뭘 먹을까』(공저), 『대한민국 머물기 좋은 방 210』(공저) 등이 있다.

이진곤
• krjglee@gmail.com

여행이란 시작과 끝이 있어 인생과 같다고 말하는 작가는 여행을 통해 얻은 값진 삶의 이야기를 풀어내려고 귀를 기울이고 바라본다. 10년 넘게 여행 마니아에서 여행자라면 한 번쯤 공감하고 느꼈던 것을 글과 사진으로 소통하고자 작가의 길에 들어섰다. 공저를 시작으로 현재는 웹진에 여행 칼럼을 기고하고 있다.

임인학
• ihlim@hanmail.net

잡지사 취재기자와 사진기자를 거쳐 현대모비스와 LG유플러스 홍보팀에서 일했다. 나이 마흔 되던 해에 월급쟁이 생활을 청산하고 전업 여행작가로 활동하며 각종 매체에 여행기를 기고했다. 여행에 관한 책으로 『한국의 사계여행』(봄, 여름, 가을, 겨울 총 4권)을 냈다. 우리나라 토종개에 관심이 많아 1994년 '한국의 토종개'라는 주제로 사진전을 열었며 『우리 진돗개』, 『우리 삽살개』, 『돌아온 삽사리 '곰이'와 '몽이'』라는 책을 내기도 했다. 현재 편집회사 '어진'을 운영한다.

진우석
• mtswamp@naver.com

'길의 탐미주의자', '걷기 달인'으로 통한다. 학창 시절 홀로 지리산을 종주하며 우리 국토에 눈떴고, 등산 잡지에서 일하며 '걷는 인생'이 되었다. 한동안 네팔 히말라야와 파키스탄 카라코람에서 모험적인 트레킹을 즐겼다. 〈EBS세계테마기행〉에 출연했고, 《서울신문》과 《주간동아》 등에 걷기와 트레킹 기사를 연재했다. 저서로는 『대한민국 3대 트레일』, 『걷기 좋은 산길 55』, 『이번 주에 오르고 싶은 산』, 『파키스탄 카라코람 하이웨이 걷기여행』이 있다.

채지형
• pinksally@nate.com www.traveldesigner.co.kr

모든 답은 길 위에 있다고 믿는 여행가로 방송과 신문, 잡지, 온라인을 종횡무진하며 여행과 삶에 대한 글을 쓴다. 『안녕, 여행』, 『여행의 힘』, 『여행작가 한번 해볼까』, 『지구별 워커홀릭』, 『어느 멋진 하루』, 『까칠한 그녀의 스타일리시 세계여행』, 『노웨어』 등 다수의 여행책을 집필했으며, KBS 라디오에서 여행 코너를 진행하고 있다. 『인형으로 본 세상』을 비롯해 네 번의 사진전을 가졌다.

국립중앙도서관 출판시도서목록(CIP)

대한민국 다시 걷고 싶은 길 / 지은이: 한국여행작가협회. --
- 고양 : 위즈덤하우스, 2014
  p. ; cm

ISBN 978-89-5913-786-2 13980 : ₩15800
국내 여행[國內旅行]

981.102-KDC5
915.1904-DDC21   CIP2014013002

대한민국
다시 걷고 싶은 길

초판 1쇄 발행 2014년 5월 15일 초판 2쇄 발행 2016년 9월 15일

지은이 사단법인 한국여행작가협회 **펴낸이** 연준혁

출판 1분사장 편집장 한수미
편집 정지연

펴낸곳 (주)위즈덤하우스 **출판등록** 2000년 5월 23일 제13-1071호
주소 경기도 고양시 일산동구 정발산로 43-20 센트럴프라자 6층
전화 031)936-4000 **팩스** 031)903-3893 **전자우편** yedam1@wisdomhouse.co.kr
홈페이지 www.wisdomhouse.co.kr

값 15,800원 ⓒ 한국여행작가협회, 2014 ISBN 978-89-5913-786-2 13980

* 잘못된 책은 바꿔드립니다.
* 이 책의 전부 또는 일부 내용을 재사용하려면
  사전에 저작권자와 (주)위즈덤하우스의 동의를 받아야 합니다.